dumont taschenbücher

Barbara Salberg-Steinhardt, geb. 1935, ist Oberstudienrätin für Kunsterziehung in Köln. Nach dem Abitur Studium der Kunstgeschichte, Pädagogik und Philosophie in Wiesbaden und Mainz. Selbst künstlerisch tätig: Arbeiten in verschiedenen Techniken, Wandgestaltungen in Innenräumen und am Außenbau, zwischenzeitlich illustrierende Arbeiten für einen eigenen graphischen Verlag und Entwicklung von Ausmalgraphiken für Kinder. Verschiedene Ausstellungen im In- und Ausland. Veröffentlichung: Bildnerische Gestaltung. Vom Material zum Objekt (München 1979).

Henry-André, Ex Libris. 1895

Barbara Salberg-Steinhardt

Die Schrift

Geschichte · Gestaltung · Anwendung

Ein Lern- und Lehrbuch
für die Praxis

DuMont Buchverlag Köln

CIP-Kurztitelaufnahme der Deutschen Bibliothek

Salberg-Steinhardt, Barbara:
Die Schrift : Geschichte – Gestaltung – Anwendung ;
[e. Lern- u. Lehrbuch für d. Praxis] / Barbara
Salberg-Steinhardt. – Erstveröff. – Köln :
DuMont, 1983.
   (DuMont-Taschenbücher ; 133)
   ISBN 3-7701-1454-X
NE: GT

Erstveröffentlichung
© 1983 DuMont Buchverlag, Köln
Fachliche Beratung, Satz und Druck: Rasch, Bramsche
Buchbinderische Verarbeitung: Boss-Druck, Kleve

Printed in Germany   ISBN 3-7701-1454-X

Inhalt

Vorwort

Das vorliegende Buch befaßt sich mit dem Phänomen Schrift. Mit dem Zeitalter der Technik, einem Zeitalter der Bildüberflutung, in dem Bilder und Texte zudem endlos und auf kleinstem Raum gespeichert und gelagert werden können, schien der Buchstabe als abstraktes Zeichen in seiner Bedeutung gemindert.

Das Gegenteil beweist sich – nicht nur durch die Tatsache, daß man Texte sogar schneller herstellen kann. »Visuelle Kommunikation« und »Zeichentheorie«, die Aktualität und Kunst als Teil von Realität gleichermaßen beschreib- und deutbar machen, haben erwiesen, daß Schrift als besonderes Zeichen innerhalb aller anderen hypothetischen Zeichen noch mehr Bedeutung gewinnt. Somit ist Schrift auch ein wichtiger und exemplarischer Lehrgegenstand in der Ausbildung und für das Leben.

Schrift vermittelt »Form« und bietet die Möglichkeit zu kreativem, phantasievollem Arbeiten und experimentellem Variieren mit diesem festgelegten Bestand an Formen. Sie hat eine soziale Funktion, da sie Bezüge herstellt, die Kommunikation fördert und den Menschen sensibel und kritikfähig macht.

Die Gliederung des Inhalts dieses Buches ergibt sich aus den verschiedenen Methoden, die bei der intensiven Auseinandersetzung mit dem Thema angewendet werden können. Zunächst sind es aktuelle Phänomene und zweckdienliche Fakten, die einer Sache oder einer Gestaltung ihre Legitimation verleihen. Dazu kommen die verschiedensten augenblicklichen oder zeitgemäßen Einflüsse aus der Umwelt, die ihr Bedeutung und besondere Gewichtung geben: Schrift als Form für moderne Sprach- und Inhaltsübermittlung, als Faktum von Wirtschaft und Nachrichtenwesen, als Vehikel für soziale Kommunikation im Maschinen- und Industriezeitalter, als interpretiertes und vielseitiges optisches Zeichen, als Sinnenreiz im Zeitalter des Bildes.

Historische und künstlerbezogene Betrachtungsweisen unterstreichen die Bedeutung des Schriftzeichens in seiner heutigen Verwertbarkeit und seiner besonderen Form. Empirische Untersuchungs- und Betrachtungsmethoden, auch solche sozialer Art, machen Strukturen deutlich, die als Vorliebe und Stil, aber auch als Unabdingbarkeit in der Gestaltung wie auch im Leben oder in bestimmten Denkungsweisen sichtbar werden.

Eigene manuelle, experimentelle Beschäftigung mit Schrift, Umgang mit Materialien, Werkzeugen und Techniken bilden dabei die immer aktuelle Ausgangssituation für Erkenntnisse allgemeiner Art.

Die sechs Hauptteile des Buches sind aufeinander bezogen und bauen aufeinander auf. Auch die Erörterungen von Einzelthemen schließen an Vorhergehendes an, sind Vorbereitung zu Folgendem, können jedoch ebenso als eigenständige Beiträge gelesen werden. Die kurze Zusammenfassung am Ende eines Hauptkapitels hebt noch einmal die wichtigen Fakten hervor. Begriffserklärungen und Literaturangaben schließen das Buch ab und erleichtern ein weiterführendes und vertiefendes Studium.

Hinweis: Die abgedruckten Anzeigen dienen der Erläuterung des Textes. Die in ihnen gemachten Angaben entsprechen möglicherweise heute nicht mehr den Tatsachen.

I Der Mitteilungscharakter der Schrift

Wer sich mit Schrift beschäftigt, erfährt und erkennt, daß es Spaß macht, gestalterisch mit Buchstaben umzugehen, daß ganz allgemein die Phantasie angeregt wird und daß der Umgang mit Schrift für optische Phänomene sensibel macht.

Wenn man bedenkt, daß es zunächst Aufgabe von Schrift ist, etwas mitzuteilen, so ist es erstaunlich, wie vielseitig diese Mitteilung sein kann, sei es durch Art und Schreibweise der Schrift, sei es von der Absicht und vom Inhalt her. Eine unleserliche Schrift jedoch wäre wirkungslos. (Das schließt nicht aus, daß sie in der darstellenden Kunst trotz Unleserlichkeit immer noch Signalcharakter haben und als Kompositionselement von Bedeutung sein kann.) Der Leser und Schriftkundige sollte also wissen, daß Buchstaben und Texte nach bestimmten Gesetzen geordnet sind und Buchstabenformen in ihrer Grundform erhalten bleiben müssen, wenn man Text entziffern und lesen können soll, daß Buchstaben auch als reine Form wirksam sind und neben der inhaltlichen auch optische Mitteilung machen, sogar Schmuck sein können, daß Inhalt und optisch erfaßbare Form sich gegenseitig bedingen und den Lese- und Wahrnehmungsvorgang sowie die optische Aussage und Wirkung beeinflussen.

Zur Diskussion:
Die abgebildete Beilage zu Kaugummibonbons (Abb. 1), die hier in Originalgröße wiedergegeben ist, wirft – wenn man sie genauer betrachtet und versucht, den Text zu lesen und in Verbindung zu dem dazugehörigen Produkt zu verstehen – verschiedene Fragen auf, etwa:

1 Beilage zu Kaugummi-
bonbons. Reproduktion
in Originalgröße

1. Wie viele Schriftarten gibt es auf dem abgebildeten Mini-comic?
2. Wie sind sie angeordnet?
3. Haben Sie schon mal Schrift gesehen, die so klein gedruckt war,
   daß man sie kaum entziffern konnte? Auf welchen Schriftträgern
   war sie angebracht?
4. Wie ist es mit der Größe der Schriften auf der Abbildung?
5. Welche Mitteilung soll die Schrift auf dem Mini-comic machen?
6. Welchen Wert messen Sie dieser Mitteilung bei?

Schrift teilt uns etwas mit. Sie stellt durch die Buchstaben und deren
Verbindung zu Silben, Worten, Sätzen und Texten die Möglichkeit
dar, das gesprochene Wort sichtbar zu machen und durch Aufzeichnung dauerhaft aufzubewahren. Das verleiht ihr Macht. So teilt uns
Schrift, genau wie das gesprochene Wort, etwas mit. Sie ist Träger
von Botschaften. Wir müssen die Schrift entziffern können, um die
Botschaften zu empfangen und zu verstehen.

2   Sinnentfremdete Schriftverwendung: Eine Mitteilung »erschlägt« die andere.

Auch große Schriften müssen nicht immer lesbar sein (Abb. 2).
Ein Überangebot an Mitteilung verwirrt. Da der Blick kein »Besonderes« heraussuchen kann, weil alle Schriften gleichbedeutend in Größe und Anordnung sind, nimmt der Betrachter nichts auf. Er kann nicht entscheiden, was zu entziffern für ihn nützlich ist. Das Überangebot überfordert ihn, er wendet sich ab.

1 Lesbarkeit

Lesbarkeit bedeutet: eindeutiges und deutliches Buchstabenzeichen, seine leserliche und sichtbare Anbringung, Kenntnis einer Sprache und Sprachgebrauch mit verschiedenen Absichten, ja Sprachangleichung an die Absicht und an die mitteilenden Möglichkeiten mit Schrift. Aus sehr verschiedenen Gründen ist es wichtig, daß man lesen und Schriften entziffern kann.

a) Festlegung von Zeichen

Über die Römer kam das lateinische Alphabet in den mitteleuropäischen Raum. Die Römer wiederum haben es von den Griechen übernommen, die die Zahl der Buchstaben fast in der heute gebräuchlichen Form festgelegt haben: Die Buchstabenformen sind einem bestimmten geometrischen System unterworfen; Ausgangsformen sind Kreis, Viereck und Dreieck (Abb. 3), dazu Senkrechte und Schräge. Sie bilden das »Gerüst« oder »Skelett« der Buchstaben.

3   Kreis, Viereck, Dreieck als Ausgangsformen
    der Buchstaben

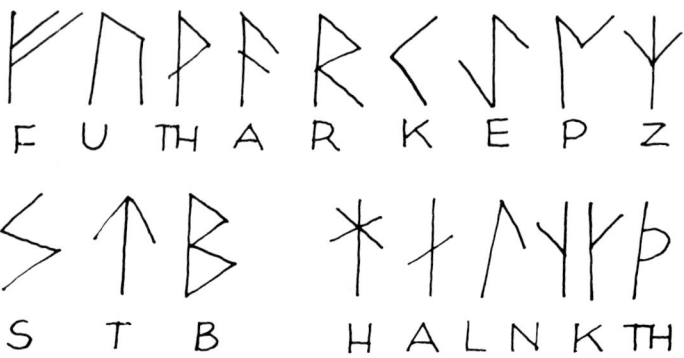

4 Runen waren nicht richtungsbestimmt; ihre Einzelelemente streben in verschiedene Richtungen. Aus diesem Grund kann man sich solche Zeichen nicht gut merken.

b) Konstantes Erscheinungsbild

Die Grundform des einzelnen Buchstabenzeichens muß immer erkennbar sein. Man kann die Buchstaben schreiben oder drucken, ausschmücken und verzieren, mit formverwischenden Techniken erstellen, aber die Form muß immer erkennbar bleiben (Abb. 5).

5 Bei aller Ausschmückung muß die Grundform eines Buchstabens erkennbar bleiben.

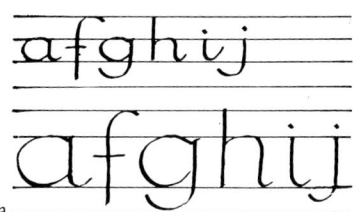 

6 a, b)   Außereuropäische Schriften können, wie die vergleichsweise gezeigte tibetische (b) noch viel mehr Hilfslinien benutzen.

Mit dem Üben von Schrift erlernt man die Buchstabenbilder. Es beginnt mit der Handschrift. Empfehlenswert ist, daß man dabei vier Hilfslinien gebraucht, damit die Buchstaben in der Größe einander entsprechen und sich in der Höhe angemessen voneinander unterscheiden (Abb. 6a). Die beiden Mittellinien tragen bei Kleinbuchstaben den Körper des Buchstabens oder die Mittellänge, die beiden äußeren Linien begrenzen die Ober- und Unterlängen. Außereuropäische Schriften können, wie etwa die tibetische, noch viel mehr Hilfslinien benutzen (Abb. 6b).

Wenn wir die Handschrift beherrschen, schreiben wir sie motorisch, fast automatisch. Das verführt zum Verschleifen der ausgeprägten Buchstabenformen: Die Handschrift erfährt eine persönliche Färbung, was zu Unleserlichkeit führen kann. Um die Leserlichkeit möglichst zu erhalten, ist es nötig, daß man nicht zu schnell schreibt und sich beim Schreiben konzentriert. Auch das Üben von Grundbuchstaben, ebenso von rhythmischen Bewegungsabläufen (Abb. 8), beides bereits in sehr frühem Alter, trägt zu einer ausgeprägten Formwiedergabe bei.

Im Laufe der Zeit haben sich für manche Buchstaben mehrere Formen herausgebildet (Abb. 9), die sich allerdings ähnlich bleiben. Meist ergeben sich bei den einzelnen Buchstaben durch den manuellen Schreibvorgang und die Bewegungsrhythmik kleine Veränderungen, die man wegen der Gewöhnung an eine Form oder wegen der guten Entzifferbarkeit im Zeilenband oder im Schriftbild neben bereits vorhandenen beibehalten hat. Außerdem wurden sie, wie zum Beispiel im Falle des Buchstabens s, zusätzlich für zwei verschiedene Aussprachen verwendet, für die stimmlose und die

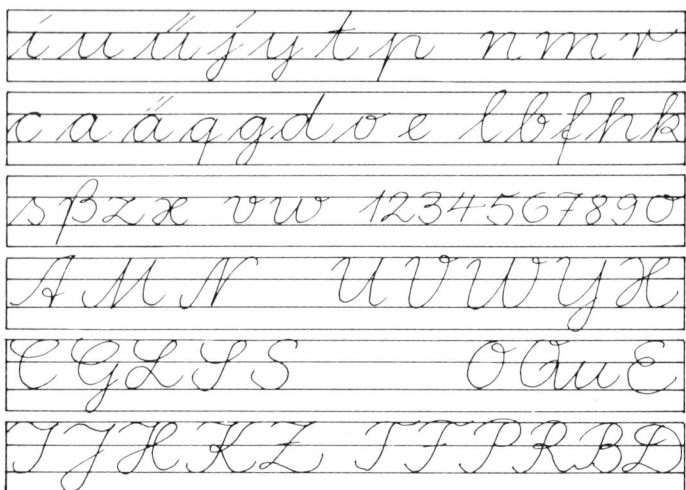

a

7a, b) Für Schulanfänger ist das Erlernen der Buchstaben auf vorgegebenen Hilfslinien auch heute noch unerläßlich (a). Neben solchermaßen gezügelten Übungen
können solche stehen, die dem Schmuck- und Bildcharakter und einer freieren
Gestaltung des Buchstabens Raum geben. Diese schulen den Blick für Ausgewogenheit in Bezug zur ganzen Fläche (b: Übung mit gezackten Bändern, 5. Klasse).

b

stimmhafte, oder zur Bezeichnung seiner Stellung am Anfang, in der Mitte oder am Ende. Neuere Buchstabenbildungen erscheinen modern, alte, die aber trotzdem durch den Gebrauch zeitgemäß sind, erscheinen klassisch oder altertümlich.

Dem undefinierbaren Aufschrei in der Sprache entspricht in der Schrift das Gekritzel. Weit entfernt von jeder Organisation in Buchstabengestalt und Schriftbild, ungeachtet eines adäquaten und passenden Schreibuntergrundes, füllt es in »freirhythmischen« Schwüngen oder als unbeschreibbares Linienknäuel Papier oder Wände, und sein äußeres Erscheinungsbild hat nicht den Aussagewert von Schrift. Gleichwohl kann man Kindergekritzel als eine Art von Schrift bezeichnen, denn es teilt auf eigentümliche und körpereigene Art etwas mit. Auch wenn kein »Leser« diese Mitteilung zu entziffern versucht, höchstens der Psychologe oder Pädagoge mit geschultem Blick, so bestaunt doch das kritzelnde Kind quasi seine eigene, zum Bild gewordene Bewegung, das, was es selbst hervorgebracht hat, und erlebt sich selbst darin. So dient das Gekritzel dem Kleinkind als Lebensäußerung schlechthin, beinhaltet Motorik und Rhythmik, auch Bedächtigkeit oder Temperament, während es etwa in den Kritzelschriften und Graffiti Erwachsener Schrei nach Leben, nach Erlösung als Beschwörung, Anklage und sichtbar gemachte Verzweiflung bedeuten kann. Fast könnte man sagen, daß Kritzelschriften der spontanen und konkreten Lebensäußerung von Kleinkindern nahekommen: Heimlich, oft im Dunkeln unter wenig gemütlichen Umständen angebracht, sind sie ein Schrei, der zwar verboten ist, aber dennoch mit der Absicht, gehört zu werden, als Urinstinkt schnell und schicksalshaft sich artikuliert.

Die Graffiti an antiken Stätten können auf vielfältige Art und Weise Aufschlüsse über archäologische und geschichtliche Vorkommnisse geben, sind kulturhistorisch außerordentlich wertvoll. Das Grab des Hl. Petrus kann zum Beispiel anhand von Wandkritzeleien mit großer Wahrscheinlichkeit an einer bestimmten Stelle in Rom nachgewiesen werden. So befinden sich auch in der heutigen Zeit Kritzeleien, heimlich angebracht, vorwiegend an öffentlichen Plätzen, wo viele sie lesen können, ebenfalls an verborgenen Orten, die sich mehr für das Eingeständnis von Urinstinkten oder Obszönitäten eignen. Überhaupt bezeichnet der »unangebrachte« Ort, an

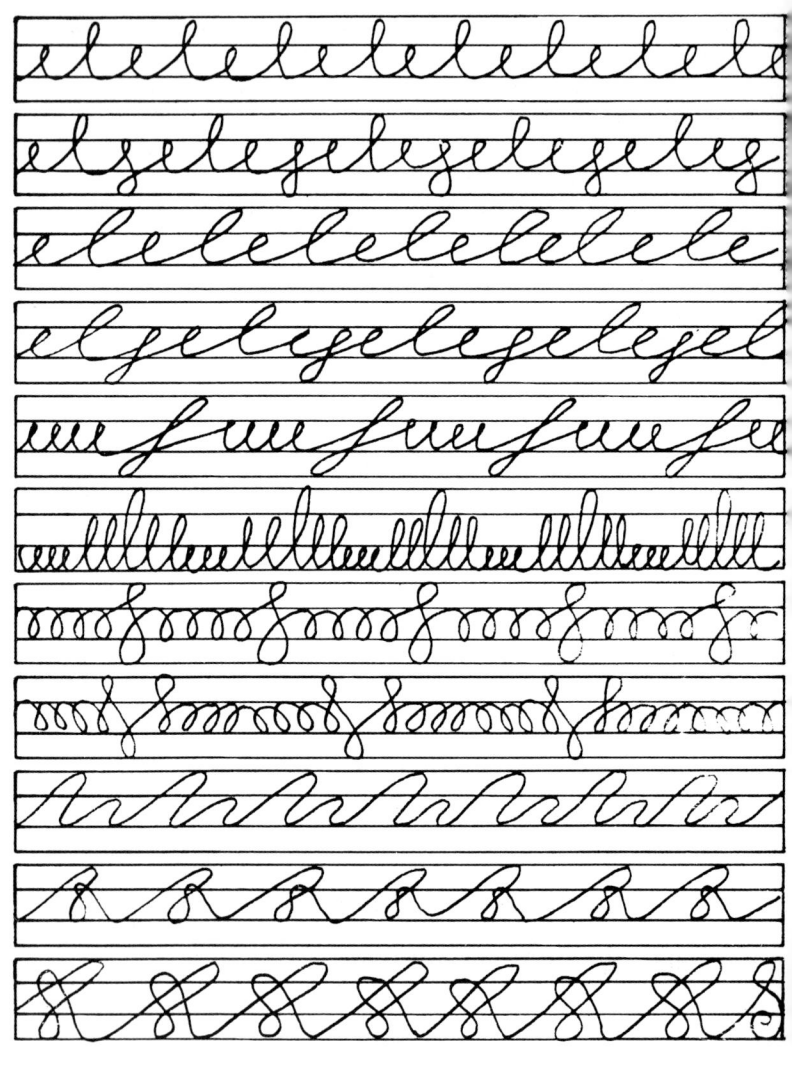

8 Rhythmische Übungen in einem Vierzeilengerüst. Der Schwung der Hand und des ganzen Körpers überträgt sich auf den Schreibfluß, ebenso auf das Schrift- und Zeilenband.

dem sich Geschriebenes befindet, dieses als Kritzelei. Wenn sich Aggressionen in U-Bahn-Stationen oder Toiletten in Kritzeleien entladen, so sind die in ihnen gemachten Mitteilungen eigentlich noch milde im Vergleich zu solchen an Kerkerwänden, die den Leser bedrücken und ihm die Kehle zuschnüren, angesichts des Aufschreis aus Einsamkeit, Todesangst und Verzweiflung.

Ihre Nervosität reagieren Telefonierende häufig mit dem Stift in der Hand ab und füllen in ruckartigen Bewegungen die Seiten des Telefonbuches mit Hieroglyphen. Stockend oder weichschwingend halten sie die Emotionen während des Gesprächs fest wie ein Elektrokardiogramm die unbewußte Tätigkeit des Herzens. Teilnehmer einer Tagung »malen« fremdländisch-ornamentale Zeichen auf Notizblöcke, Leser versehen kostbare Bücher mit Randbemerkungen. All dies gilt als Kritzelei, auch wenn Notizen in einem Buch unentbehrliche Gedankenstütze sein können.

Man könnte zusammenfassend sagen, daß Gekritzel schlechthin gegen jede ästhetische Ordnung verstößt und oft schwer oder gar nicht lesbar ist. Trotzdem macht auch Gekritzel eine Fülle von Aussagen, entweder als kaum leserliche Mitteilung oder als graphisch wirksames Liniengefüge, das Schrift nachempfindet durch die Art der rhythmischen Abläufe. Auch wenn es manchmal eine deutliche Absichtserklärung schuldig bleibt, so ist dieses bildhafte Gestammel und Gestotter oft nicht ohne Absicht entstanden.

9 Mehrere Formen des jeweils gleichen Buchstabens

c) Zweck und Funktion

Schrift muß also entzifferbar und lesbar sein, damit man die übermittelten Botschaften verstehen kann. Die einfachste, klargeschriebene oder gesetzte Schrift kann jeden erdenklichen Zweck der Mitteilung erfüllen.

Durch die Vielfalt ihres Erscheinungsbildes kann Schrift jedoch noch viele andere Funktionen erfüllen, die nicht unbedingt mit der Leserlichkeit in Zusammenhang stehen müssen: Sie ist nicht nur ein Sinnzeichen, sondern kann auch Schmuck, Muster, Ornament, Signal und Symbol bedeuten.

Schrift hat allerdings beileibe nicht in erster Linie ästhetische Anliegen: Sie ist vornehmlich und zunächst ein Mittel der Kommunikation, unterstützt Handel und Wirtschaft, fördert Wissenschaft und Kultur, bedeutet Zivilisation.

Unter »Kulturelles« erscheinen gelegentlich in Tages- oder Wochenzeitungen Artikel, die sich detailliert mit Leseproblemen

10   Schülerarbeit (5. Klasse), Filzstift

22

beschäftigen. Solche ergeben sich nicht allein aus einer wie auch immer entstandenen oder vorhandenen Leseschwäche des Auges, sondern resultieren vielmehr aus der mangelnden optischen Qualität des Leseangebots: Zu kleine Buchstaben, mit zu wenig oder zu viel Schwärze gedruckte Buchstaben, zu unübersichtlicher Satz und zu schlechtes, zu graues oder zu saugfähiges Papier sind der Grund dafür, daß das Lesen mühselig wird, unter Umständen sogar gesundheitsschädlich ist, zumal der Leser als Konsument von gedruckter Ware und mannigfaltiger Erscheinungen von Schrift in seiner Umwelt seine Augen ständig belastet.

Andere Gesichtspunkte als ausschließlich die gute Leserlichkeit spielen hingegen eine Rolle, wenn man Buchstaben oder Initialen aus künstlerisch-dekorativen Gründen vergrößert (Abb. 10).

2 Ordnung

Ordnung und Proportionierung helfen, Übersicht zu schaffen. Übersichtliches läßt sich leichter verstehen und erkennen.

Es gibt Ordnungen im einzelnen Buchstaben, im geschriebenen Wort, in der Zeile, im Schriftblock, auf der Schriftseite, von Seite zu Seite und innerhalb eines ganzen Buches oder einer ganzen Zeitung. Beim Buch oder bei der Zeitung ergibt sich die Ordnung zusätzlich aus dem Inhalt. Ordnung bedeutet gestaltete Form.

a) Buchstabenbau und Proportion

Gleichgültig ob man einen Buchstaben schreibt, zeichnet oder konstruiert, Ordnung und Anordnung sind stets zu beachten. Um eine gute und passende Form zu finden, werden Einzelteile des Buchstabenskeletts einander zugeordnet. Dadurch entsteht die raumumgreifende Gesamtform des Buchstabens. Sie umschließt einen Innen- oder Binnenraum und »schneidet« gleichzeitig ein Stück aus dem Untergrund heraus. Der Rest-Außenraum umschließt seinerseits den Buchstaben.

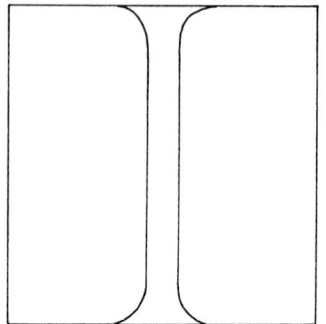

11 Unterschiedliche Aufteilung des Untergrundes: Das I hat viel Umraum, das G umschließt viel Innenraum und läßt wenig Umraum zurück.

Die Abbildung (Abb. 11) zeigt Buchstaben, bei denen die Untergrundfläche unterschiedlich bedeckt und umschlossen wird. Sie wurden in ein Quadrat gestellt. Das I hat viel Umraum, der wichtig ist, damit es wegen seiner schmalen Gestalt nicht erdrückt wird; das G umschließt viel Innenraum und läßt wenig Umraum zurück.

»Skelett« und »körperliche Substanz« des Buchstabens machen die Ordnung und Proportionierung der Buchstabengestalt aus. Ein Buchstabe kann von der Skelettform her schmal, normal, breit und – je nach Körper – fein, normal, mager, halbfett, dreiviertelfett oder fett sein. Die Einzelelemente des Buchstabens können dabei von gleicher oder verschiedener Breite, in der geometrischen Ausbildung auch unterschiedlich geformt sein, zum Beispiel konisch, d. h. an- und abschwellend. Dabei kann der Buchstabenkörper fest oder hohl, d. h. konturiert sein (Abb. 12).

Das Verhältnis der einzelnen Buchstabenteile zueinander nennt man Proportion. Gute Proportionen wirken harmonisch und ausgewogen und verleihen dem Buchstabengebilde Standfestigkeit. Gute, bewährte und oft wiederholte Proportionen bezeichnet man als »klassisch«. Klassische Buchstabenformen sind optimal ausgewogen.

Reine Großbuchstabenschriften lassen sich nicht so flüssig schreiben und auch nicht so flüssig lesen; man liest sie eher buchstabie-

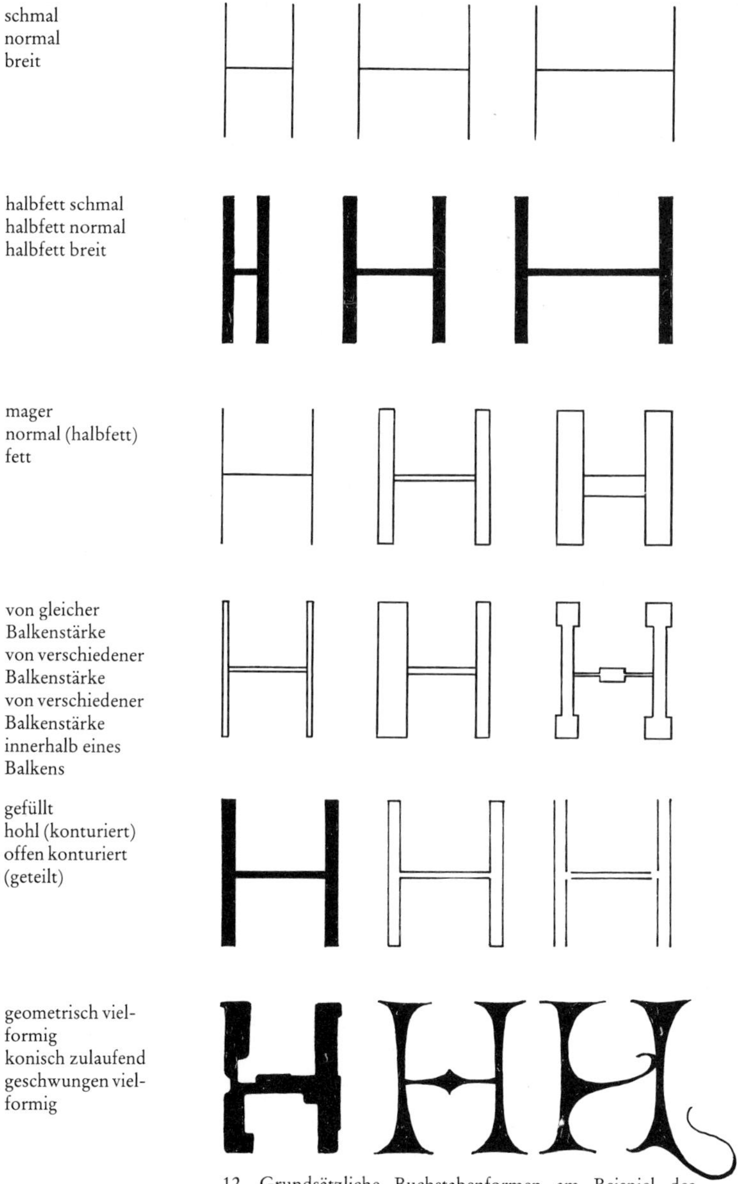

schmal
normal
breit

halbfett schmal
halbfett normal
halbfett breit

mager
normal (halbfett)
fett

von gleicher
Balkenstärke
von verschiedener
Balkenstärke
von verschiedener
Balkenstärke
innerhalb eines
Balkens

gefüllt
hohl (konturiert)
offen konturiert
(geteilt)

geometrisch viel-
formig
konisch zulaufend
geschwungen viel-
formig

12 Grundsätzliche Buchstabenformen am Beispiel des
Großbuchstaben H

A B C D E F G H I

a) Zweizeilensystem

b) Vierzeilensystem

a b c d e f g h i j k l m n o p q r s t

c) Großbuchstaben in Verbindung mit Kleinbuchstaben in einer Zeile

Am Abend gingen Adele und Alm

13 a–c) Schreibschrift

rend. Großbuchstaben haben gleiche Höhe, und es empfiehlt sich, eine obere und eine untere Linie als Begrenzung und Schreibhilfe für die Großbuchstabenzeile zu verwenden (Abb. 13a). Für Kleinbuchstaben benötigt man als Schreibhilfe – wie bereits erwähnt (vgl. Abb. 6) – vier Begrenzungslinien. Die zwei mittleren Linien tragen den Buchstabenkörper oder die *Mittellänge,* die obere und die untere Linie begrenzen die *Ober-* und *Unterlängen* (Abb. 13b). Ober-, Unter- und Mittellänge müssen sich in der Proportion entsprechen. Ober- und Unterlängen kann man »unnormal« verlängern, wenn man einen bestimmten Ausdruck damit erreichen will. Um eine flüssigere Zeile zu erhalten, die rhythmisch bewegt erscheint, kann man auch manche Oberlängen kürzer halten, als die obere Begrenzungslinie es angibt.

Wenn man bei einer Schreibschrift mit einzeln gesetzten Buchstaben in einer Zeile Groß- und Kleinbuchstaben vereint, werden die Anfangsbuchstaben der Worte etwas niedriger gehalten, als die Markierungslinie für die Oberlänge der Kleinbuchstaben es angibt. Auch das verleiht der Zeile mehr Rhythmik. Man liest nicht mehr buchstabierend, sondern erfaßt schneller ein ganzes Wortbild (Abb. 13c).

Auch bei Entwürfen, die Schrift in der Gestaltung mit verschiedenen Materialien vorbereiten sollen, empfiehlt es sich, Hilfslinien für die Skizzierung der Buchstaben zu verwenden (Abb. 14).

Eine Übung, bei der die Handschrift durch Zusammenschieben der Buchstaben bis zur Unleserlichkeit verändert wird (Abb. 15), gibt Anstoß dazu, der eigenen Handschrift und den Bewegungen,

a

b

14a, b)   Auch bei der Schriftgestaltung mit verschiedenen Materialien empfiehlt sich
die Verwendung von Hilfslinien: a) Gestickte Buchstaben in Stil- und Plattstich –
b) Buchstaben in Kettenstich

die man beim Schreibvorgang ausführt, neue Aufmerksamkeit zu
schenken. Man wird nicht selten feststellen, wie »ausgeschrieben«
und festgelegt die eigene Handschrift ist. Deshalb muß die Hand
sehr bewußt gesteuert werden, um nicht in die gewohnte Rhythmik

15   Schrift (gotische Textura), die durch Zusammenschieben der Buchstaben bis zur
Unleserlichkeit verändert ist.

16a

16b

16a, b) Phantasieschriften:
a) Phantasieschrift, basierend auf der mittelalterlichen Minuskel, mit übertrieben hohen Oberlängen; Absprengtechnik – b) Phantasieschrift mit Handschriftcharakter: Ober- und Unterlängen, die zu überdimensionalen Blasen ausgebildet sind, bestimmen das Schriftbild.

17 Buchumschlag der Nietzsche-Ausgabe des de Gruyter-Verlages, Berlin: Beispiel für Ligaturen

zurückzuverfallen. Die bewußte Senkrechtanordnung aller Schreib-
elemente und die kurzen Ober- und Unterlängen erweisen sich als
ungewohnt, die Aufmerksamkeit wird gesteigert. Eine solche
Schreibarbeit ist gleichzeitig eine gute Konzentrationsübung.

In manchen Schriften werden unproportional lange Ober- und
Unterlängen als stilbildendes Element bewußt eingesetzt (Abb. 16).

Auch *Ligaturen*, d. h. die enge Verbindung von zwei Buchstaben
zu einem Doppelbuchstaben, können die Rhythmik und die Ornamentwirkung einer Zeile oder eines Schriftbildes erhöhen (Abb. 17).
Ebenso wie die Ligaturen ergaben sich die *Abbreviaturen*, Abkür-
zungen für Silben und Wörter, aus dem Schreibfluß. Manchmal sind
Ligaturen gleichzeitig Abbreviaturen. Abbreviaturen werden
hauptsächlich in der Schrift der Römer benutzt.

b) Ordnung in der Zeile

Das Erscheinungsbild der einzelnen Buchstabentypen und die Art
ihrer Aneinanderreihung, ihre *Fügung*, bestimmen die Zeile und
ihren Abstand zur nächsten Zeile. Innerhalb der Zeile unterscheiden

a) offene Fügung

b) normale Fügung

c) dichte Fügung

18 a–c) Buchstaben-Fügungen

wir die *offene*, die *normale* und die *dichte Fügung* (Abb. 18). Bei der
normalen Buchstabenfügung ist der Buchstabenabstand ein wenig
kleiner als der Innenraum des Buchstabens. Dies ist die am besten
leserliche Anordnung der Buchstaben. Dichte Fügung erschwert das
Lesen. Je magerer eine Schrift ist, desto dichter läßt sie sich zwar
fügen, verträgt jedoch größere Abstände zwischen den Buchstaben,
ohne daß das Schriftbild seine Geschlossenheit verliert, während –
umgekehrt – eine fette Schrift geschlossener wirkt, wenn ihre

Buchstaben enger zusammenstehen. Der Buchstabenabstand kann nicht etwa gemessen oder mathematisch festgelegt werden; je nach Aussehen der einzelnen Buchstaben kann er ständig variieren.

Wörter, bei denen die Buchstaben sehr weit gefügt sind, bezeichnet man als »gesperrt«. Gesperrt Gedrucktes ist auffallend und wird als Blickfang oder Betonung verwendet.

Die Ordnung in der Zeile beginnt mit der Schreibrichtung. Eine Zeile in lateinischer Schrift schreibt man zum Beispiel von links nach rechts. Die einzelnen Zeilen werden von oben nach unten angeordnet. Diese Schreibrichtung galt und gilt jedoch nicht für alle Schriften. So war die phönikische Schrift, eine der ältesten Schriften, nicht richtungsbestimmt, die frühe griechische Schrift wurde von rechts nach links geschrieben, und die frühe römische Schrift war kurvenwendig (Abb. 19).

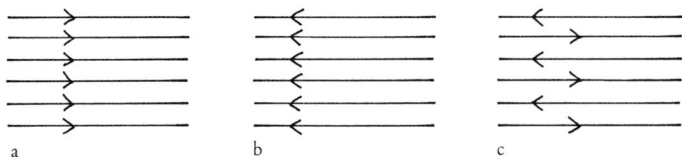

a   b   c

19 a–c) Zeilenverläufe: a) Lateinische Schrift – b) Frühe griechische Schrift – c) Frühe römische Schrift

Geschriebene Buchstaben, auch wenn sie nicht direkt miteinander verbunden sind, garantieren eher einen zusammenhängenden Fluß im Zeilenband. Lose nebeneinanderstehende Großbuchstaben müssen in der Fügung besonders dann ausgeglichen werden, wenn sich Buchstaben mit Senkrechtgliedern häufen (Abb. 20).

Bei reinen Großbuchstabenschriften muß der Abstand zwischen den einzelnen Wörtern selbstverständlich größer sein als der zwi-

20 Großbuchstaben mit vielen Senkrechtgliederungen müssen in der Fügung ausgeglichen werden.

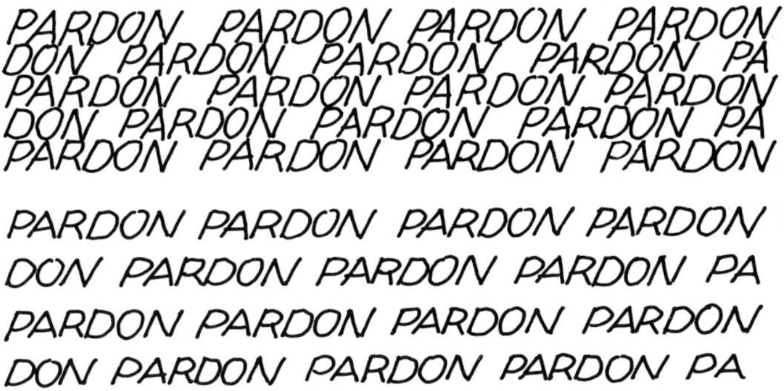

PARDON PARDON PARDON PARDON
DON PARDON PARDON PARDON PA
PARDON PARDON PARDON PARDON
DON PARDON PARDON PARDON PA
PARDON PARDON PARDON PARDON a

PARDON PARDON PARDON PARDON b
DON PARDON PARDON PARDON PA
PARDON PARDON PARDON PARDON
DON PARDON PARDON PARDON PA

21 a, b) Wort- und Zeilenabstände: a) Geringer Zeilenabstand, weiter Wortabstand –
b) Normaler Zeilenabstand, normaler Wortabstand

schen den einzelnen Buchstaben eines Wortes. Normaler Zeilenabstand erfordert dabei normale Wortabstände, während ein enger
Zeilenabstand weite Wortabstände erfordert (Abb. 21).

Rücken die einzelnen Zeilen so dicht untereinander, daß zwischen
ihnen kein Abstand mehr besteht, so sind innerhalb des Schriftblok-
kes die einzelnen Zeilenbänder nicht mehr zu erkennen. In diesem
Falle sollte man die Wortabstände besonders deutlich machen, denn
sie geben im Gesamtgefüge des Blockes eine Ordnung zu erkennen.

c) Ordnung im Schriftblock

Der Schriftblock wird durch das Untereinandersetzen von Zeilen
gebildet. Die Schriftzeilen können dabei in verschiedenen Abständen wiederholt angeordnet sein (Abb. 22). Der Zeilenabstand

22 a–c) Zeilenfügungen im Schriftblock

a) dichte Zeilenfügung   b) normale Zeilenfügung   c) weite Zeilenfügung

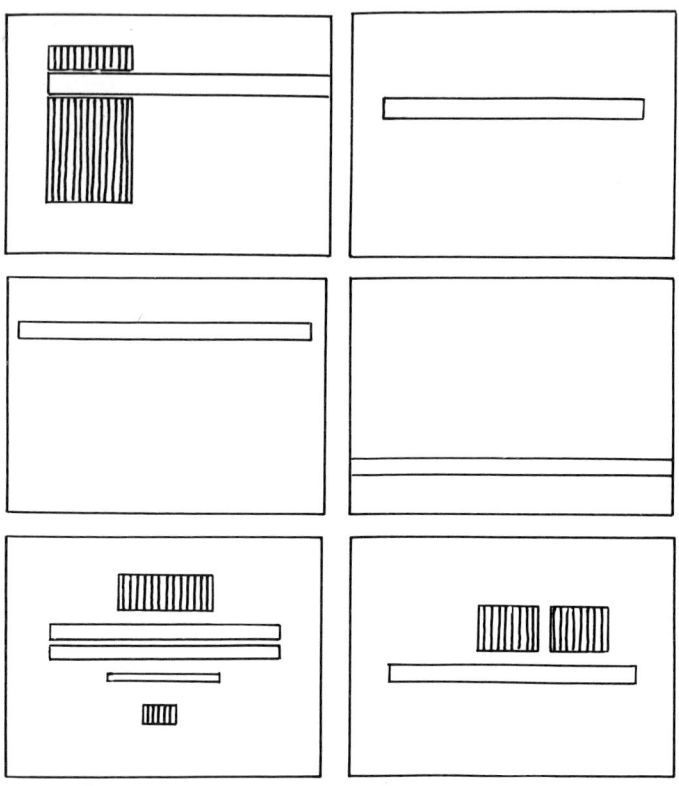

23 Anordnungsmöglichkeiten von Schriftzeilen und Bildern auf einer Seite (schraffierte Flächen = Abbildungen oder Schmuckformen)

richtet sich nach Größe und Art der Buchstaben und des zu bildenden Blockes, der noch als solcher zu erkennen sein muß. Enger Wort- und enger Zeilenabstand bieten nur eine minimale Lesbarkeit.

Der Schriftblock erhält sein Aussehen durch die Zusammenstellung der Zeilen. Je nach Länge und Anordnung der Zeilen ergeben sich unterschiedliche Blockformen. Von Bedeutung für den Block ist auch die Größe des Blattuntergrundes und seine Stellung auf dem Untergrund. Schon eine einzelne Zeile kann auf einer Fläche verschieden gesetzt werden (Abb. 23).

**Teppichboden-Fabrik
in Norddeutschland,
modern eingerichtet,
sucht einen in der
Branche bekannten**

VERKAUFS-
DIREKTOR

Eilbewerbungen erbeten

24   Stellenanzeige mit nur zwei Schrifttypen

Die abgebildete Annonce (Abb. 24) weist nur zwei Schrifttypen auf, was eigentlich selten ist. Häufig vereint man auf sehr kleinem Raum sehr viele unterschiedlich große und verschieden geformte Schrifttypen. Die in unserem Beispiel reichlich bemessene freie Fläche macht auf die Schrift, also den Text, besonders aufmerksam.

In unserem zweiten Beispiel ist die Vielfalt von Schriften eklatant (Abb. 25). Zu beobachten ist, daß sie sich zudem auf kleinstem Raum gruppieren. Außerdem ist der Einfluß der Schreibschrift zu bemerken. Alle Einzelheiten der verschiedenen Schriften und Piktogramme auf dieser Werbeseite mußten zunächst entworfen und

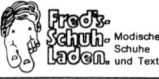

gezeichnet werden. Hier kann man nicht mehr von Schriftblöcken sprechen: Einzelne Wörter bestimmen die optische Wirkung.

Je breiter der Blattrand, d. h. der Rand um den Schriftblock, ist, desto weiter können die Zeilenabstände sein. Auch fette und große Schrift verträgt breite Ränder.

Der *geschlossene* Block besteht aus gleichlangen Schriftzeilen, die in gleichmäßigem Abstand untereinander angeordnet sind.

Der Schriftblock kann so auf der Seite angeordnet sein, daß die Ränder verschieden breit sind (Abb. 26). Unterhalb des Schriftblockes sollte der Rand etwas breiter sein als an den übrigen Seiten, da der Schriftblock optisch nach unten drückt. Wenn er die gleiche Breite wie die anderen Ränder hat, empfindet man den unteren Blattrand als schmaler. Aus diesem Grunde verbreitert man ihn. Das gleicht die Täuschung aus, alle Ränder erscheinen gleich breit, und die Seiten wirken ausgewogen und proportioniert.

Der *offene* Schriftblock, also der aufgelockerte oder freirhythmisch gestaltete Block, besteht aus verschieden langen Zeilen (Abb. 27). Diese können an einer Seite unregelmäßig auslaufen *(einseitiger Flattersatz)*, nach beiden Seiten unregelmäßig auslaufen *(zweiseitiger Flattersatz)* oder von der Mitte aus nach beiden Seiten symmetrisch gesetzt sein *(Flattersatz auf Mittelachse)*. Der Flattersatz empfiehlt sich besonders für Texte, die man sinnvoll nicht in gleichlange Zeilen setzen kann, etwa für Gedichte. Auch handschriftlich geschriebene Zeilen kann man mit etwas Übung sehr wirkungsvoll setzen. In seiner figurenbildenden Symmetrie wirkt der Flattersatz auf Mittelachse sehr dekorativ und wird daher gern für Urkunden verwendet (Abb. 28).

Aus gestalterischen Gründen kann man auch auf einen allseitigen Blattrand verzichten (Abb. 29).

Die Satzweise kann die Textaussage in besonderer Weise verdeutlichen (Abb. 30), folgt aber häufig auch lediglich bestimmten Modeströmungen. Sie kann allerdings noch viel mehr, als nur den Inhalt eines Textes bildhaft oder sinngemäß durch seine Anordnung sichtbar machen: Sie kann dazu benutzt werden, den Leser zu

◁ 25 Gemeinschaftswerbung mehrerer Firmen in einer Tageszeitung in einer Vielfalt von Schriften und Signets

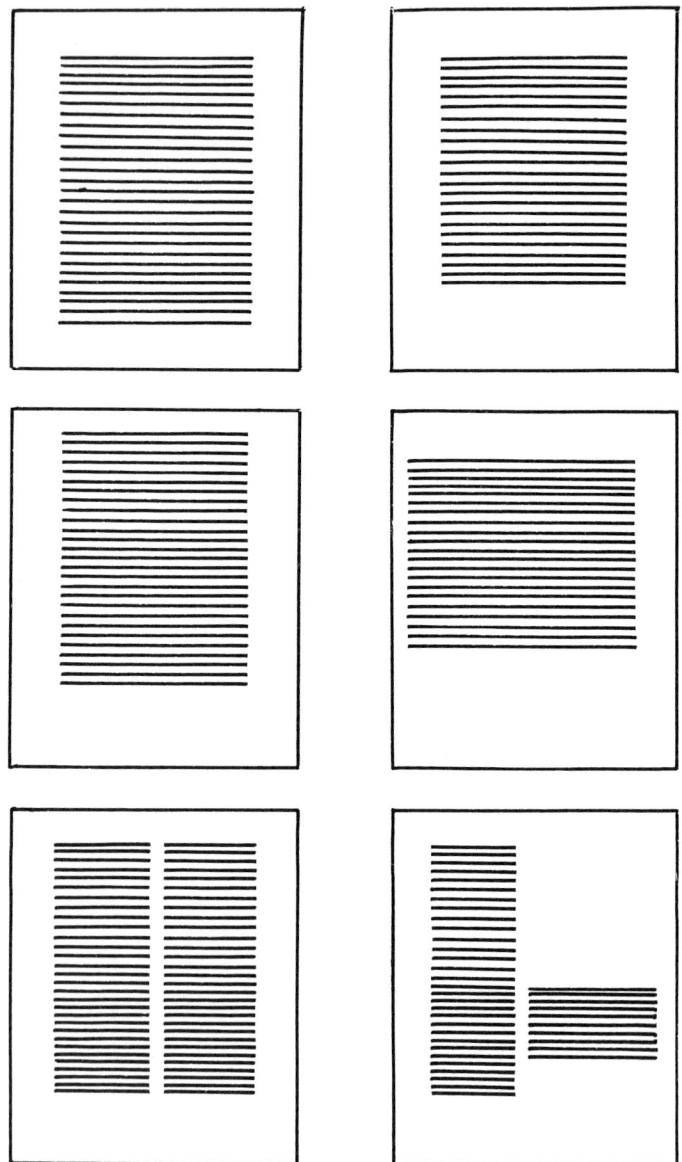

26   Verschiedene Möglichkeiten der Anordnung von Schriftblöcken auf einer Seite

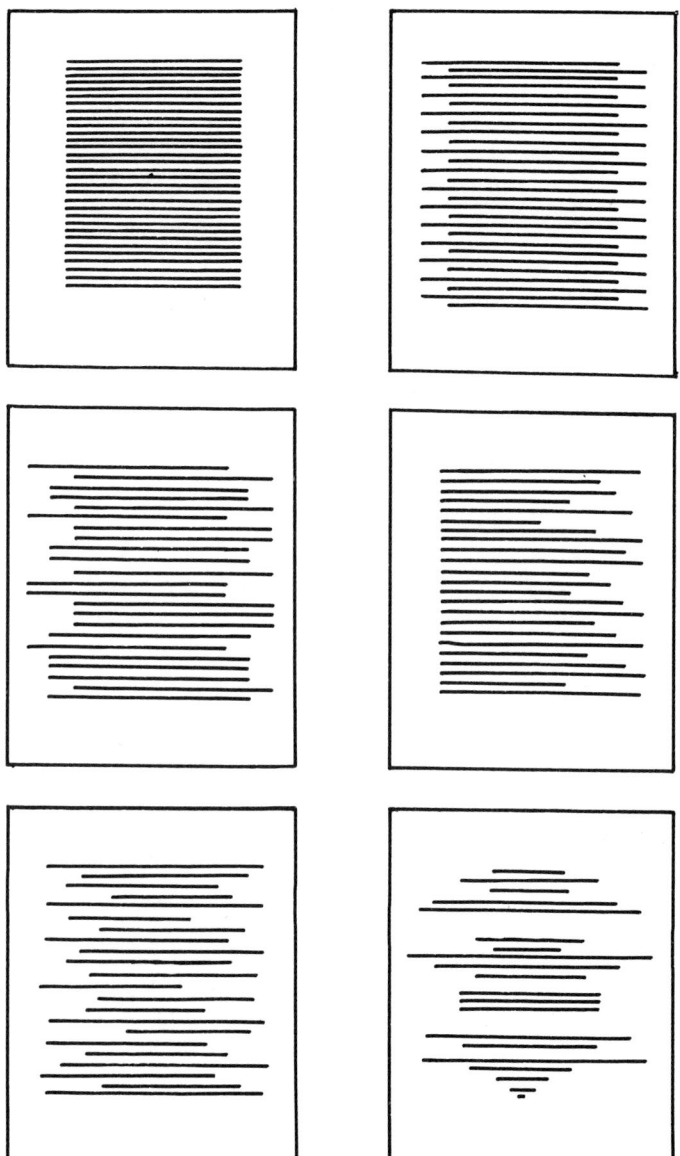

27 Offene Schriftblöcke im Unterschied zum geschlossenen Schriftblock (oben links)

Das Deutsche Institut

verleiht seinem langjährigen Vorsitzenden und Gründer der Abteilung
mittelalterliche Forschung

Herrn Dr. Dr. Wolff Gerhard von Ebnswangen

für verdienstvolle Arbeit /
wofür im Namen der Landesregierung
Herr Dr. Hermann Hobeling /
Herr Dr. Walter und Herr Dr. Guenther danken /

Die silberne Plakette des Jahres 1956

Hannover / den 23. Oktober 1956
gezeichnet:

28 Entwurf einer Urkunde: Flattersatz auf Mittelachse mit figurenbildender Symmetrie

irritieren oder gar zu manipulieren. Betrachtet man in diesem
Zusammenhang die Schlagzeile eines millionenfach gelesenen Boulevardblattes, so wird deutlich, daß das große Fragezeichen seine
Wirkung verliert, wenn das »er« nicht in den Satz einbezogen,
sondern übersehen wird (Abb. 31). Erkenntnis: Kleines und Kleingedrucktes übersieht man; der Leser nimmt etwas anderes wahr, als
tatsächlich gedruckt wurde.

29 Gestaltung des Schriftblocks mit unterschiedlicher Bewertung des Blattrandes ▷

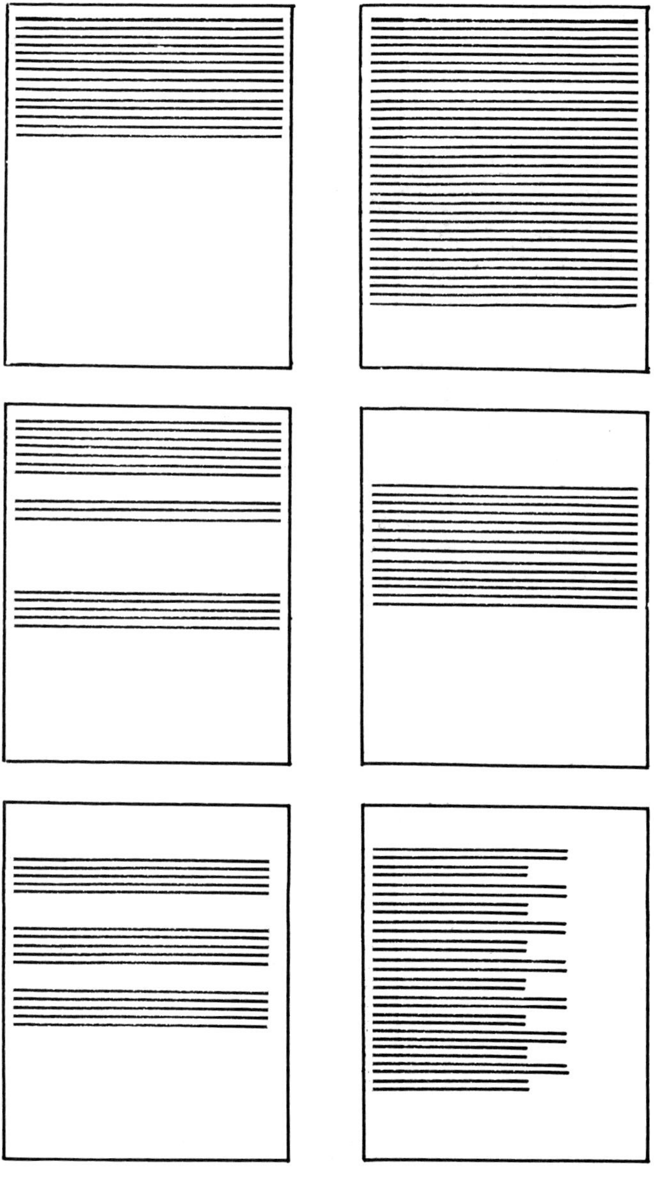

Sein Sohn Schlug er Polizisten?

Vom Text ablenkendes Bild mit beliebigem Inhalt

31   Satzweise, die der Irritation und Manipulation Vorschub leistet

3   Sprache und Schrift

Schrift und Sprache stehen in einem sehr engen Verhältnis zueinander. Dieses läßt sich unter zwei Aspekten näher beschreiben, und zwar unter einem historischen und unter einem aktuellen, auf die Gegenwart bezogenen.

a)   Von der »Gedankenschrift« zur »Buchstabenschrift«

Die Buchstaben entwickelten sich erst sehr spät in der Menschheitsgeschichte. Zunächst setzten die Menschen mit mythischen Bildern oder Zeichen Signale: Sie riefen sich eine Macht oder eine Gottheit in Erinnerung, machten sie durch eine auf sie fixierte Aussage gegenwärtig und durch die Art der Aufzeichnung dauerhaft anwesend und beschwörbar. So wirkte das Bild auf zweierlei Weise magisch: Es vergegenwärtigte und beschwor oder machte gewogen. Die gesetzten Zeichen oder Symbole erzählten knapp einen umfassenderen oder sogar mehrere Inhalte, die nicht Sprache ins Bild setzten, sondern neben der Sprache standen und zusätzlich zu dieser Dinge oder Anliegen verdeutlichten, die man mit Sprache allein vielleicht

41

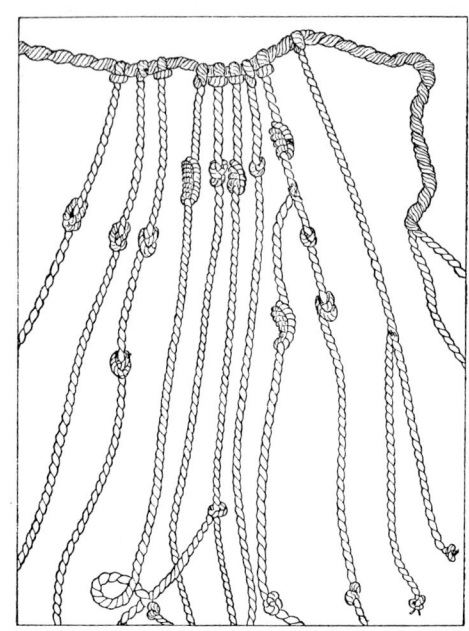

32 Teil eines Quipu, des Zähl- und Rechengerätes der Inkas: Ein Quipu, oft bis zu 4 kg schwer, bestand aus einer Hauptschnur und mehreren verschiedenfarbigen Seidenschnüren, in die unterschiedlich große Knoten geknüpft wurden, die jeweils eine Zahl bedeuteten.

gar nicht hätte ausdrücken können. Diese bildhaften Mitteilungen gleichen in dem, was sie sagen und aussagen wollen, modernen Piktogrammen, deren Aufgabe es ebenfalls ist, schnell und direkt viel mitzuteilen. Sie erzählen nicht wie Sprache, sie sind eher ein Schrei, der aufhorchen läßt. Hier steht die Schrift, besser gesagt: das Zeichen oder das Bild, das der Schrift vorausging, neben der Sprache. An deren Stelle, ebenfalls zur Erinnerung, haben einige Völker quasi als Registratur Knoten benutzt (Abb. 32) oder Gegenstände aus der Natur, die man einritzte oder zinkte.

Aus der »Gedankenschrift« entwickelte sich allmählich die »Wortschrift«: Ein bestimmtes Bild oder Zeichen bedeutete ein bestimmtes Wort, in den Bilderschriften meist sogar einen ganz bestimmten Gegenstand, der sich gut bildhaft darstellen ließ. Durch Phonetisierung, bei der das Zeichen einen von einer bestimmten Bedeutung unabhängigen Lautwert erhielt, wurde es zum Wortsilbenzeichen. So kannte die ägyptische Schrift zunächst Bildzeichen, danach Lautzeichen und zusätzlich Deutzeichen. Während das Bildzeichen ganz konkrete Angaben über das Gemeinte machte, nannte das Lautzeichen lediglich mehrere Konsonanten, die ein Objekt beschrieben. Die Deutzeichen wurden später diesem abstrakten Zeichen hinzugefügt, weil die Lautzeichen das Gemeinte nicht immer eindeutig erkennen ließen. Am Ende dieses Abstraktionsvorganges, bei dem sich aus Bildern Lautzeichen bildeten, steht also lediglich noch ein Laut, der Silben- oder Wortzeichen sein kann (Abb. 33).

Diese Entwicklung war zwangsläufig, denn bedingt durch Handel, Wirtschaft und Wissenschaft mußten auch viele abstrakte

33 Vergleichende Übersicht über die Entwicklung der Hieroglyphen von der ältesten Zeit bis zur demotischen Schrift, d. h. zur stark abgekürzten Alltagsschrift

Hieroglyphen.					Hieroglyphische Buchschrift.	Hieratisch.			Demotisch
2900-2300 v.Chr.	2700-2600 v.Chr.	2000-1800 v.Chr.	um 1500 v.Chr.	500-100 v.Chr.	um 1500 v.Chr.	um 1900 v.Chr.	um 1300 v.Chr.	um 200 v.Chr.	400-100 v.Chr.

43

Begriffe deutlich gemacht werden. Das Verdienst der Griechen war es, zu einem Konsonantenalphabet, das nicht einfach zu handhaben war, die Vokalzeichen erfunden und gefügt zu haben. Erst mit dem so vervollständigten Alphabet konnte und kann man eine Sprache in ihrem Aufbau und in ihrer Betonung mittels Buchstaben nachvollziehen. Viele nationale Sprachen, etwa die, die auf der lateinischen (römischen) basieren, haben jedoch verschiedene Laute, die nicht einfach darzustellen sind. Die französische Sprache zum Beispiel hat sich einige Zusatzzeichen einfallen lassen müssen, um besondere Betonungen zu kennzeichnen. Auch in der deutschen, heute nicht mehr gebräuchlichen Schreibschrift gibt es verschiedene Zeichen für das kleine s (vgl. Abb. 9), eines für ein stimmloses, eines für ein stimmhaftes s und sogar ein Zeichen für das Schluß-s.

Um den Klang und die Betonungen einer Sprache angeben zu können, hat man eine Lautlehre (Phonetik) entwickelt (wichtig für die Verständlichmachung einer fremden Sprache), die das Erlernen, das richtige Aussprechen einer Sprache erleichtern soll. Man gibt diese Sprachzeichen in Lehr- oder Wörterbüchern in Klammern jeweils hinter einem Wort an und bezeichnet so seine aus dem geschriebenen Wort nicht ablesbare Aussprache.

Wenn mit der »Schriftlichkeit« das Gedächtnis vielleicht auch weniger trainiert wird, so ist die schriftliche Fixierung gegenüber der mündlichen Überlieferung ein ungeheurer Fortschritt und von großem Vorteil. Gedanken, die man schriftlich fixiert, kann man besser ordnen und sich so ihres inhaltlichen Wertes versichern, ihn überprüfen und korrigieren. Allerdings wären ohne die mündliche Überlieferung wahrscheinlich nicht so viele Mythen und Sagen entstanden, da schriftlich Festgehaltenes nicht so wandlungsfähig ist wie mündlich Überliefertes, das der Erzähler variieren und »modernisieren« kann, indem er aktuelle Geschehnisse dem Vorgegebenen hinzufügt und so in die Überlieferung integriert.

Mündliche Kommunikation ist wegen des augenblicklichen »Feed-backs« weit lebendiger und persönlichkeitsbezogener als schriftliche Fixierung und Mitteilung. Denn in dem Augenblick, in dem der Adressat das schriftlich Mitgeteilte in Händen hält, kann sich die Situation und der Zustand des Schreibers bereits grundlegend geändert haben. Allerdings kann man sich an so Mitgeteiltes eher erinnern, es gegebenenfalls jederzeit nachlesen. Damit wird »Geschriebenes« gewichtig.

So wird auch die Erinnerung an etwas Gelesenes eher wach, wenn man es vielleicht in einer bestimmten Betonung vorgetragen erlebt und aufgenommen hat. Die akustische Komponente trägt ganz wesentlich dazu bei, optisch Aufgenommenes zu verstärken und im Gedächtnis zu speichern. Deshalb lesen viele Leute sich das laut vor, was sie lernen und sich einprägen wollen. Ebenso schreiben viele Lernende bereits schriftlich Fixiertes noch einmal ab, um sich Buchstabe für Buchstabe, Wort für Wort den Lernstoff einzuprägen. Das Lesen leistet einer gewissen Schnelligkeit und Flüchtigkeit, die manches Detail übersehen läßt, Vorschub, zumal bei Anfängern.

b) Das Erscheinungsbild von Schrift und seine Aussagemöglichkeiten

Die lautgetreue Schreibung eines Wortes, einer Sprache nennt man *Phonographie.* Dabei bietet Schrift nicht nur die Möglichkeit, Sprache »richtig« darzustellen und optisch erfahrbar zu machen, sie hält sie auch gleichzeitig fest. Sie kann eine »reine« Sprache wie das »Hochdeutsche« ebenso mitteilen wie Mundarten. Das Schriftbild, das eine Sprache oder eine mündliche Ausdrucksweise nachvollzieht durch eine ganz bestimmte Ausformung der einzelnen Buchstaben, setzt Signale, die das Gesagte und seine Besonderheiten zusätzlich verdeutlichen können. So kann Schrift noch vieles mehr übermitteln als nur Inhalt. Grundvoraussetzung solcher Übermittlungsmöglichkeiten ist, abgesehen von vielen gefühlsbetonten Eindrücken, das Erkennen des einzelnen Buchstabenzeichens. Das unterschiedliche Aussehen gleicher Buchstaben kann darüber hinaus natürlich Mitteilung machen.

Schrift und ihre Form können Lautes, Leises, Festliches, Trauriges, Beschwingtes oder Ernstes ausdrücken und vieles andere mehr. Eine Schrift kann jedoch auf jeden Menschen verschieden oder auch sehr schnell anders wirken, wenn sie mit anderen Mitteilungsmethoden kombiniert wird.

Schon die Setzungsweise, etwa in ausschließlich Klein- oder Großbuchstaben oder eine Kombination beider Buchstabenarten, beeinflußt den Text. Zusatzzeichen, zum Beispiel Satzzeichen, machen Pausen und Sprachrhythmus deutlich. Leises Lesen setzt sich von lautem Lesen ab, »Überfliegen«, »Diagonallesen« oder Aufnehmen lediglich der Überschriften als Orientierung wertet anders als lautes, vielleicht sogar entsprechend betontes Vortragen von Geschriebenem. Die Art der Schrifttypen, ihre Anordnung im Schriftbild, ein besonderer Sprachstil oder die Wortwahl wird jeden Leser, besonders den geschulten, zu einer eigenen ihm angemessenen Vortragsweise auffordern. Durch die vielen Schriftformen und die verschiedene Darstellung von Geschriebenem, die unterschiedlichste Absichten verfolgen, haben sich außerdem verschiedene Sprachformen gebildet. Schrift und Sprache beeinflussen sich wechselseitig: Verträge etwa sind im »Juristen-Deutsch«, Kritzeleien auf Wänden vielleicht in »Vulgär-Deutsch« geschrieben, während man zum Beispiel auf eine Urkunde gemessene Worte in kunstvollen, schönen Lettern setzt.

Es gibt viele Möglichkeiten der Akzentuierung und Verdeutlichung. Wenn man zum Beispiel innerhalb eines Textes einen Satz hervorheben will, kann man ihn in einer abweichenden, vielleicht kursiven oder halbfetten Schrifttype setzen, ihn farbig oder gesperrt drucken, durch Interpunktion, Wechsel von Groß- und Kleinbuchstaben sinnvoll gliedern. Dadurch wird sein Inhalt besser verständlich gemacht. Bestimmte Schriftbilder – gerade, gerundete, geschwungene, ausgeschmückte Schriften – signalisieren nicht nur Betonung, sondern auch Tonlage, Art der Sprache, das Verhältnis von Inhalten zueinander, Vorrangigkeiten, Anmerkungen und Erfahrungen mit bekannten Schriftmustern (»alte« Schriften, Computerschriften).

Überschriften stellen besondere Hinweise dar und werden in Textverbänden als solche gekennzeichnet. Überschriftzeilen können durch ihre Graduierung (Abb. 34) anzeigen, ob das folgende Kapitel ein Haupt- oder Unterkapitel ist. Überschriften können durch entsprechende Kennzeichnung innerhalb eines Textes mit mehreren auffallenden Überschriftzeilen wiederum Leitfunktion übernehmen, etwa als Schlagzeile auf einem Titelblatt.

Noch ein Tässchen-Hedwig

Vergangene Nacht schlug der Tiermensch im Asbestanzug zu.

Ich setze zum Sprung an. Bin gut gesichert. Gleich hab ich ihn. Doch die Oberfläche, an der ich meine Rettungsleine verankert hab, ist zu bröckelig. Ich stürze mit meinem Seil in die Tiefe. Direkt vorm Ziel. Instinktiv kugel ich mich zusammen. Das ist mein Glück. Ein jäher Aufprall, aber ich rolle sachte und unversehrt aus. Noch ein wenig benommen und ganz geblendet, versuche ich mich zu befreien. Alles um mich herum ist ganz weiß und glatt. Da helfen all meine Kletterkünste nichts. Spiegelblank. Ich versuch's mit dem oft trainierten Katapultsprung. Vergeblich. Auch meine berühmten Seiltricks müssen bei diesen Dimensionen kläglich versagen. Ich bin in einer sterilen, weißen Hölle eingekerkert. Nur ganz oben, weit, weit über mir, scheint jemand hämisch zu lachen. Ich probier's auch noch mit Anlauf. Alles nichts. Und dann noch der bestialische Gestank aus dieser Kloake! Ich kriege einen Koller. Klaustrophobie! Wie von der Tarantel gestochen, rase und rutsche ich die Wände entlang, überschlage mich, stürze, verliere das Bewußtsein.

Ich weiß nicht mehr, wie lange ich so gelegen habe. Einen Tag? Zwei? Irrer Hunger sticht in meinem Magen. Da – ich höre eine Tür schnappen. Ein Stöpsel an einer Kette wird in einen Abfluß einer Wanne gestopft. Meiner Wanne. Das ist die Chance meines Lebens. Behend wie ein Affe schnelle ich an den silbernen Gliedern empor und bin frei.

Jetzt kann ich mich an dem verdammten Brummer an der Decke rächen, ich Spinne.

34 Gestaltungsmöglichkeiten von Text und Überschriften verschiedener Wertigkeit
(Letraset)

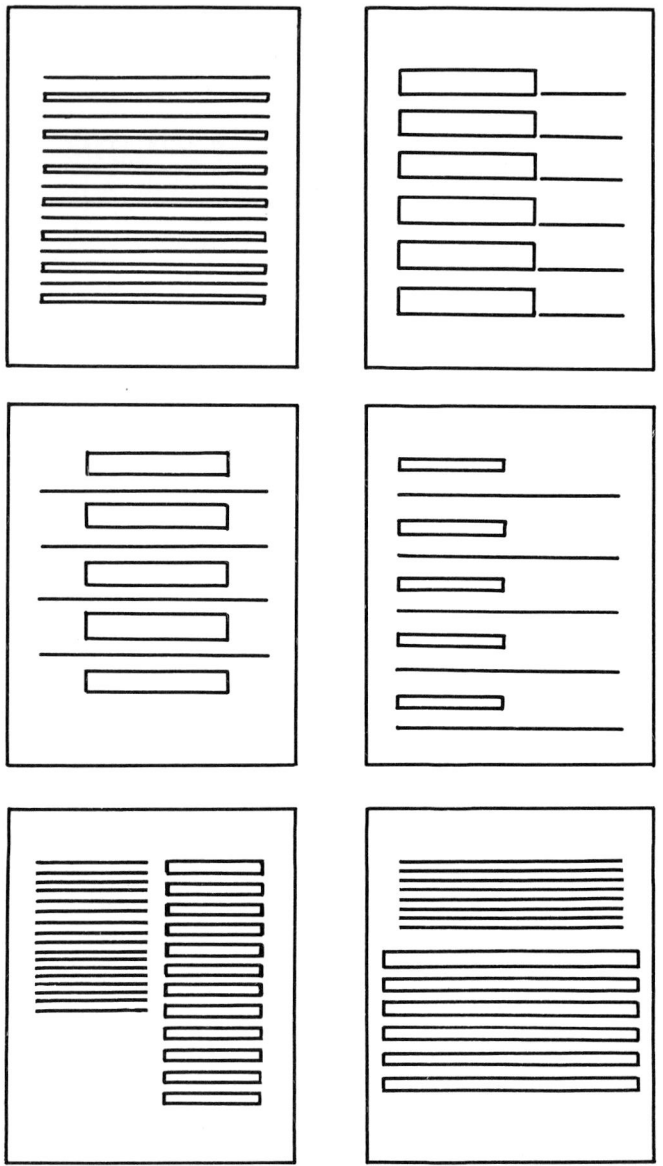

35 Wechsel von zwei verschiedenen Schriften im Schriftblock

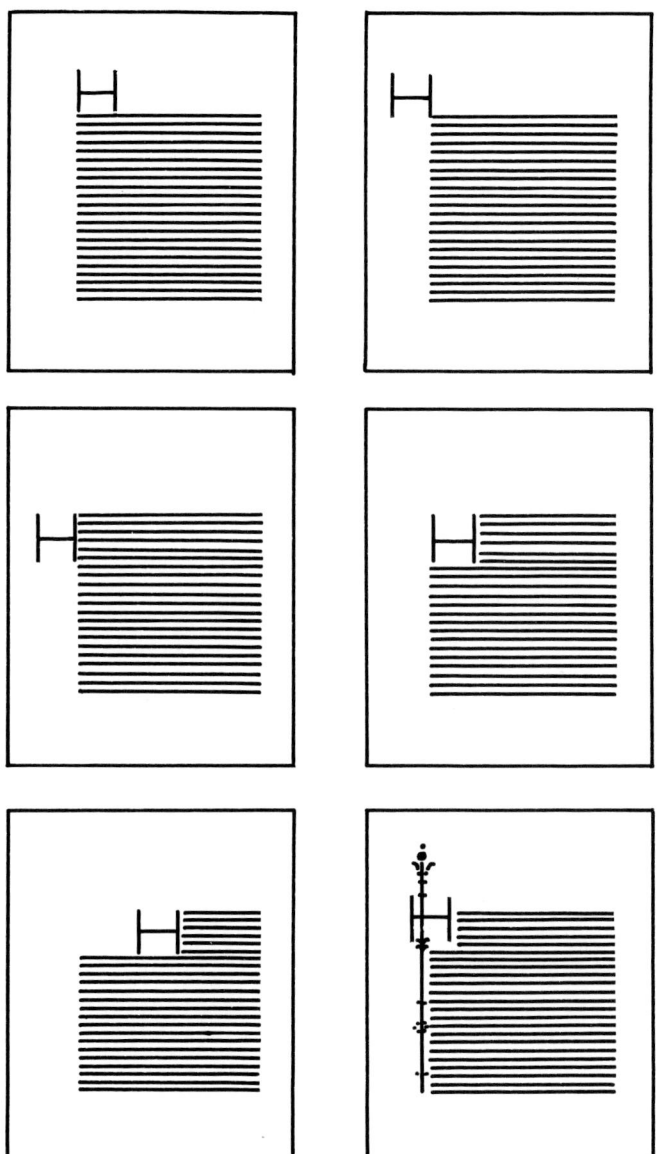

36 Kennzeichnung des Seiten- oder Kapitelbeginns

Sequentia sancti evangelii secundum Lucam.

IN JENER ZEIT WARD DER ENGEL GABRIEL

... illo tempore ... est angelus gabriel

VON GOTT IN EINE STADT GALILAAS NAMENS

a Deo in civitatem galileae cui nomen

NAZARETH ZU EINER JUNGFRAU GESANDT.

nazareth ad virginem desponsatam viro

SIE WAR VERLOBT MIT EINEM MANNE

... nomen erat joseph / De domo David /

NAMENS JOSEPH AUS DEM HAUSE DAVID

et nomen virginis maria . et ingressus

UND DER NAME DER JUNGFRAU WAR

angelus ad eam dixit ave gratia plena;

MARIA. DER ENGEL TRAT BEI IHR EIN UND

Dominus tecum; benedicta tu in mulieribus.

SPRACH:
GEGRÜSSET SEIST DU / VOLL DER GNADE / DER HERR
IST MIT DIR. DU BIST GEBENEDEIT UNTER DEN
WEIBERN.

Lucas c / vers 26–28

37 Durch die unterschiedliche Schrift für den lateinischen und den deutschen Text
wird auch äußerlich kenntlich gemacht, daß es sich um Original und Übersetzung
handelt.

Auch verschiedene Schriften in verschiedenen Größen im Schriftblock können der Kennzeichnung und Akzentuierung dienen, zum
Beispiel bei zweisprachigen Texten – Originaltext und Übersetzung
– oder zur Verdeutlichung der verschiedenen Dialogrollen eines

Theaterstückes (Abb. 35). Komplexere Inhalte sind durch die Verwendung verschiedener Schriften, die auch schmückenden Charakter haben können, besonders gut zu veranschaulichen (Abb. 37).

Den Beginn eines Kapitels oder einen Seitenanfang kann man durch besondere Setzung von Großbuchstaben kennzeichnen, die damit gliedernde, aber auch schmückende Funktion übernehmen (Abb. 36).

Die Schrifttype kann sehr präzise auf den Inhalt verweisen, was in dem hier gezeigten Beispiel, in dem verschiedene Arten von Mänteln auch durch die Wahl der jeweiligen Buchstabenbilder charakterisiert werden, besonders deutlich wird (Abb. 38): Mantel ist eben nicht Mantel.

Grundsätzlich kann man natürlich jeden Gedanken durch jede Art von Schrift ausdrücken. Die richtige Typenwahl kann jedoch von besonderer Bedeutung sein und die Aufmerksamkeit wecken. Der schmückende und auf Wirkung angelegte Bau eines Buchstabens ist nicht zu übersehen. Er assoziiert Bilder.

38 Beispiele aus der Zeitungswerbung: Die Schrift charakterisiert den Gegenstand.

Auto-Mäntel

Sport-Mäntel

Lodenmäntel

Wettermäntel

Regenmäntel

Morgen-Mäntel

Kamelhaarmäntel

Pellerinen-Mäntel

Velours-Mäntel

Warme Mäntel

Slipon-Mäntel

Trachtenmäntel

Wendemäntel

Kindermäntel

Damenmäntel

Herrenmäntel

Exklusive Mäntel

HAUS-MÄNTEL

Shetland-Mäntel

Schöne Mäntel

Schiwago Mäntel

Pelzbesetzte Mäntel

Abendmäntel

WINTERMÄNTEL

Raglan-Mäntel

Bade-Mäntel

Mini Mäntel

Englische Mäntel

Vollmäntel

Gute Mäntel

39   Buchstabe als Schmuck-
     form (vgl. Abb. 50)

40 a, b)   ▷
     Ornamentübungen:
     a) Ornamentübung mit
     Kreisformen, Senkrech-
     ten, Waagerechten und
     Diagonalen –
     b) Nüchterne Grotesk-
     buchstaben, durch tech-
     nische Ausführung und
     Setzungsweise ornamen-
     tal wirkend. Schülerar-
     beit (8. Klasse), Kartof-
     feldruck

c)   Buchstabe und Schrift als Schmuck

Einzelne Buchstaben oder Texte sind auch als reine Schmuckformen zu verwenden. So kann zum Beispiel der erste Buchstabe einer Buchseite besonders ausgestaltet sein (Abb. 39). Solche Buchstaben nennt man *Initialen*. In mittelalterlichen Handschriften sind sie als Flechtwerk, Ornamentband oder Rahmen für kleine bildhafte Szenen, vor allem mit christlicher Motivik, zu finden (vgl. Abb. 183).

Auch der schlichteste Buchstabe hat ornamentale Wirkung, wenn er in freirhythmischen Abständen auf einer Fläche angeordnet ist. Sobald man ihn an eine besonders exponierte Stelle setzt oder ihn einfach wiederholt, verstärkt sich diese Wirkung:

H=H=H=H=H=H=H=H=H=H=H=H=H

oxoxoxoxoxoxoxoxoxoxoxoxoxoxoxoxoxo

Gibt man den Buchstaben auch noch eine bestimmte Farbe, wird der ornamental-schmückende Charakter ebenfalls verstärkt, obwohl sich noch nichts an seiner Form geändert haben muß. Setzt man den

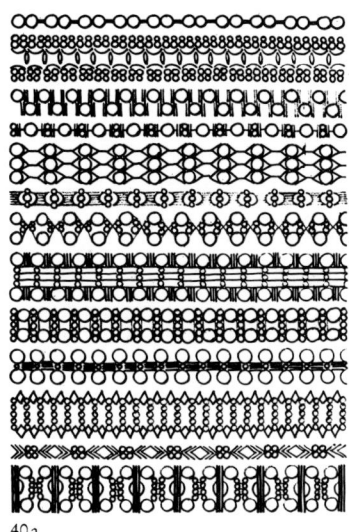

40a   40b

gleichen Buchstaben oder die gleiche Zeile auf verschiedenfarbigen oder verschieden strukturierten Untergrund, verändern sich jedesmal Ausdruck und Ornamentwirkung. Ornamentübungen mit Kreisformen, Senkrechten, Waagerechten und Schrägen, die man freihändig setzen sollte (Abb. 40a), schulen auf spielerische Weise den Blick und das Gespür für Rhythmik. Nüchterne, nicht ausgeschmückte Groteskbuchstaben wirken durch die Art der technischen Ausführung und die Setzungsweise ornamental, bildhaftgitterartig und nehmen, bei freier Setzung, einen freiornamentalen Bildcharakter an (Abb. 40b).

Auch gestickte Monogramme bevorzugen den ornamental ausgeschmückten Buchstaben (Abb. 41). Solche Schmuckbuchstaben können vielfältig gestaltet werden (Abb. 42). Die Leserlichkeit steht hier nicht immer im Vordergrund. Für alle Stickarbeiten sind zuvor zeichnerische Entwürfe anzufertigen, die auch dem verwendeten Material Rechnung tragen müssen, das ebenfalls die Art der ornamentalen Wirksamkeit bestimmt.

So sticken Sie ein Monogramm

Zu den Modellen Seite 242

Gestickte Monogramme zierten früher die Aussteuer junger Mädchen. Heute sind sie ein feiner individueller Schmuck an Kleidung und Accessoires. Die Flächen der Buchstaben werden dicht mit Füllstichen unterlegt. Dadurch wirken sie plastisch und eignen sich besonders gut für Ton-in-Ton-Stickerei.

1 Vorstich: Die Konturen der breiten und schmalen Flächen des Buchstabens werden zuerst mit Vorstichen nachgestickt.

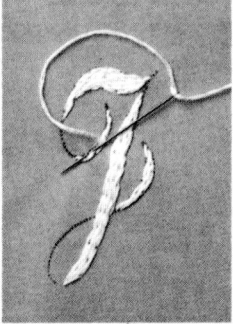

2 Füllstich: Anschließend verwenden Sie den Vorstich als Füllstich. Damit werden dann die Flächen völlig ausgefüllt.

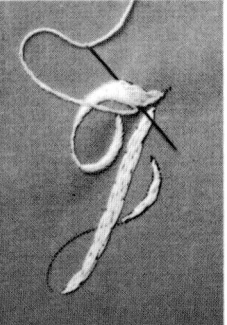

3 Plattstich: Diese mit Fäden unterlegten Flächen übersticken Sie mit schrägliegenden Plattstichen.

4 Stielstich: Die dünnen Linien des Buchstabens werden mit Stielstich gestickt. Der fertige Buchstabe wirkt sehr plastisch.

42a, b) Die Initialen BP (a) und BN (b) als Kreuzstichentwürfe. Schülerarbeiten (5. Klasse)

◁ 41 Stickanleitung in Stil- und Plattstich für ein Monogramm

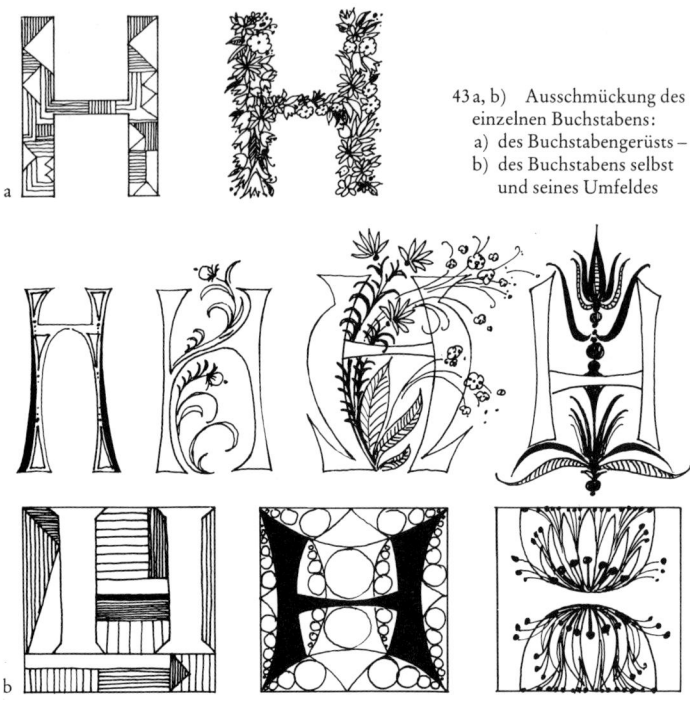

43 a, b) Ausschmückung des
einzelnen Buchstabens:
a) des Buchstabengerüsts –
b) des Buchstabens selbst
und seines Umfeldes

Jede, auch die kleinste Ausschmückung steigert den ornamentalen
Charakter von Buchstabe und Schriftbild. Man kann das Buchsta-
bengerüst selbst mit Ornamenten versehen (Abb. 43a) oder die
einzelnen Bestandteile des Buchstabens ornamental umbilden,
zusätzlich auch in seinen Zwischenräumen und in seinem Umfeld
lineare oder gegenständliche Formen ornamental anbringen (Abb.
43b).

Buchstaben können in elegant-feierlicher Form oder originell und
belustigend aus verschiedenen Elementen, sogar aus menschlichen
Figuren und aus den verschiedensten Objekten gebildet werden
(Abb. 44, 45).

Wenn ein einzelner, nüchtern wirkender Buchstabe aus Silber-
draht als Anhänger ein Armband ziert, wird er ornamental wirken,

44   Buchstabenentwurf von Marjory P. Rhodes. Um 1900

45   Buchstabenentwurf eines Schülers (5. Klasse)

magnus est gloriam
ejus in salutari tuo

magnus est gloriam
ejus in salutari tuo;

magnus est gloriam
ejus in salutari tuo;

magnus est gloriam
ejus in salutari tuo;

46 Gotische Textura, in verschiedener ornamentaler Steigerung abgewandelt, wobei
    sie immer mehr zur Handschrift wird

weil ein Armband eben ein Schmuckstück darstellt. Sobald jedoch ein Buchstabe im Textverband auch nur minimal ausgeschmückt, d. h. seine Grundform geringfügig differenziert wird, steigert dies seinen ornamentalen Charakter erheblich, ebenso den des Schriftbildes. Es wirkt schmückend am offensichtlichsten, wenn sich durch Aneinanderreihung oder Untereinandersetzen ausgeprägte formale Details häufen, etwa Kreisformen, Senkrechte, Waagerechte oder Diagonale, die als Einzelbetonung oder zu mehreren bandbildend oder flächengliedernd Richtungstendenzen angeben (Abb. 46).

Nicht nur die lateinischen Buchstaben können, je nach Schreib- oder Verwendungsweise, verschieden ornamental wirksam sein, auch außereuropäische Schriften oder alte Schriftzeichen haben eine solche Wirkung. Geometrische Grundmuster, wie bei der alten Schrift der Inkas (Abb. 47), kommen dem modernen Verständnis und der modernen Interpretation vom Ornament sehr nahe. Manche Schriften wiederum geben in überwiegend runden Formen, andere in waagerechten Linien Signale. Schriften, die für uns wegen ihres Alters oder ihrer Fremdartigkeit unleserlich und unverständlich sind, wirken vorwiegend ornamental auf uns.

47 Die scheinbaren Ornamente auf den Gewändern und Trinkgefäßen der Inkas waren Schriftzeichen: Abwicklung eines peruanischen Holzbechers (Kero) nach Negativen des Museo de América, Madrid. Tocapu-Zeichen sind mit bildlichen Szenen kombiniert.

48 Chinesisches Schriftzeichen:
    das Glückssymbol für langes Leben

Ein Beispiel soll dies verdeutlichen: Das chinesische Schriftzeichen (Abb. 48), das wir nicht kennen und dessen Bedeutung uns ebenfalls unbekannt ist – vielleicht halten wir es zunächst nicht einmal für ein Schriftzeichen –, wirkt ausschließlich durch seinen Bildcharakter auf uns. Warum? Es weist eine solche Vielfalt an Differenzierungen auf – und entspricht damit unserer Auffassung von graphisch-statischen und malerisch-dynamischen Wirkungsfaktoren –, daß wir uns schwer vorstellen können, daß man es noch einmal in gleicher Weise wiederholen könnte. In seiner Originalität hat es den Rang von Malerei. Zudem wissen wir, daß die Arbeit mit einem Borstenpinsel mit langen Haaren dem Zufall breiten Raum gibt, was den Zweifel an der Wiederholbarkeit der Form erhöht.

Wie jedes Zeichen und jedes Bild verfolgt Schrift eine ganz konkrete Absicht, wird aber außerdem eben auch bildhaft wirksam. So kann sie als nahzusehendes Zeichen eingesetzt oder auf Weitsicht hin konzipiert werden. Während zum Beispiel Preisschilder sozusa-

49 Plakatkleber. Schülerarbeit (7. Klasse), Mal- und Collagetechnik, Deckweiß und Deckfarben auf schwarzem Untergrund

50 Initial H aus *einem* Li-
    niengefüge (vgl. Abb. 39)

51 Zwei Schmuckworte, in der Ausgestaltung
    aufeinander bezogen

gen auf einen Blick eine Information geben sollen, dabei aber nicht
aufdringlich wirken oder gar von der Ware ablenken dürfen,
vermitteln Plakate und Schriftbilder auf einer Litfaßsäule (Abb. 49)
schon von weitem einen bildhaft erfaßbaren Eindruck. Nach und
nach werden Überschriften erkenn- und entzifferbar, die auf den
Inhalt des Mitzuteilenden hinweisen. Hier wird Schmückend-
Bildhaftes bewußt eingesetzt, um für den Inhalt zu interessieren.

Einzelne ausgeschmückte Buchstaben (Abb. 50) und ornamental
gestaltete Wörter oder Zeilen (Abb. 51) sind meist auf Nahsicht
berechnet. Entsprechend ist auch ihre Verwendungsmöglichkeit.

4 Zusammenfassung

Schrift teilt mit und sendet gleichzeitig optische Signale aus,
weshalb sie auch Schmuckfunktion haben kann.

Um mitteilen zu können, muß Schrift leserlich, d. h.
eindeutig und klar in der Buchstabenform, nach bestimmten
Gesetzen geordnet, übersichtlich gesetzt und mit Erken-
nungsakzenten versehen sein.

Es gibt Ordnungen im Buchstaben selbst, in der Zeile, im
Schriftblock, auf einer Seite oder in einem Bildgefüge.

Großbuchstaben nennt man Versalien oder Majuskeln, Kleinbuchstaben Minuskeln. Ein auf besondere Weise hervorgehobener oder ausgeschmückter Großbuchstabe am Anfang eines Wortes ist ein Initial, Majuskeln in Höhe der Mittellängen von Kleinbuchstaben bezeichnet man als Kapitälchen, die enge Verbindung von zwei oder mehreren Buchstaben als Ligatur.

Der Einzelbuchstabe besteht aus »Skelett« und »Körper«. In der Skelettbildung gibt es Grundformen, die abgewandelt und ausgeschmückt werden können, wobei die Proportionierung als bewußtes Aufeinanderbeziehen der Einzelelemente des Buchstabens ein wichtiges Gestaltungsprinzip darstellt.

Buchstaben können hoch, normal, niedrig – schmal, normal, breit – mager, normal, halbfett, dreiviertelfett oder fett sein; Vermischungen dieser Gestaltmerkmale sind vielfältig möglich. Alle Buchstaben bestehen aus Ober-, Mittel- und Unterlänge, wobei Kleinbuchstaben in einem vierzeiligen Liniensystem geschrieben werden und reine Großbuchstabenschriften in einem Zweizeilensystem. Die Art der Setzung von Buchstaben nennt man Fügung. Sie kann Inhalt verständlich machen, aber auch verunklaren.

Zeilen können weit oder eng gesetzt werden. Sie fügen sich zu Blöcken oder Spalten. Sie haben im Blocksatz die gleiche, im sogenannten Flattersatz unterschiedliche Länge. Als Überschriftzeilen bekommen sie besondere signalhafte Bedeutung.

Der Schriftblock kann geschlossen oder offen sein, im Flattersatz einseitig oder zweiseitig unregelmäßig auslaufen, sich aber auch in der Setzung der unterschiedlich langen Zeilen auf seine Mittelachse beziehen. Seine Stellung auf der Seite bestimmt die Randbreiten. Sie können allseitig gleich, aber auch nur an zwei oder drei Seiten gleich sein. In den meisten Fällen ist der Rand am Fuß des Schriftblocks aus optischen Gründen breiter als die übrigen Ränder.

II   Die Entwicklung der Schrift

Schriften haben sich nur langsam und immer geographisch begrenzt entwickelt. Die Entwicklung zum Buchstaben verlief gegebenenfalls parallel, jedoch höchstens in ähnlicher Ausformung, meistens jedoch in sehr verschiedener. Oft wurden auch bereits vorhandene Schriftbilder übernommen und abgeändert.

So verwendet man heute noch in einigen Kulturräumen Schriften, deren Buchstabenformen oder -zeichen unterschiedlicher Herkunft sind. Neben vielen zeitgemäßen modernen Schriften – Schriften, die im Gebrauch und lebendig, formal auch entwicklungsfähig sind – gibt es alte Schriften, die lebendig geblieben sind, aber auch viele tote Schriften, die bis heute nicht entziffert wurden. Nicht nur die Kenntnis vom Sinn eines Zeichens, eines Buchstabens hält eine Schrift lebendig. Kultur, Zivilisation und Technik bestimmen den Gebrauch zeitgemäßer Schriften und können Anlaß dazu sein, daß sich Sprache und Schrift ändern, denn beide sind auf das Engste miteinander verbunden. Zeitgemäße technische Herstellungsverfahren, aber auch bestimmte zeitgemäße Denkungsweisen bestimmen maßgebend ihre optische Ausdrucksfähigkeit.

Man bedenke, daß sich die Schrift nur langsam entwickelt hat und sich, wenn sie im Gebrauch ist, ständig, allerdings kaum merklich, weiter ändert. Bestimmte Grundformen bleiben dabei über längere Zeitperioden hinweg bestehen, da sie sich als zweckdienlich erwiesen haben. Darüber hinaus sind die Schreibnotwendigkeit und vielfältiger Schriftgebrauch als Kommunikationsform und als Werkverfahren sehr zuverlässige Garanten für die Stabilität der Buchstabenbilder und ihre Lesbarkeit. Wenige Grundschriften genügen, um unzählige Variationen und Ausdrucksmöglichkeiten zuzulassen. Diese Grundschriften, die man auch als Ausgangsschriften bezeichnen könnte, sind das Ausgangsvokabular. Je besser man sie in der Form beherrscht, desto besser und um so mutiger kann man an die Variation des Formengefüges herangehen.

Zur Diskussion:
Eine Schülerin wollte die Anfangsbuchstaben ihres Namens, ihr *Monogramm*, besonders elegant und schwungvoll verbinden und zu einem Schmuckzeichen formen. Es sollte in Metall geprägt werden.

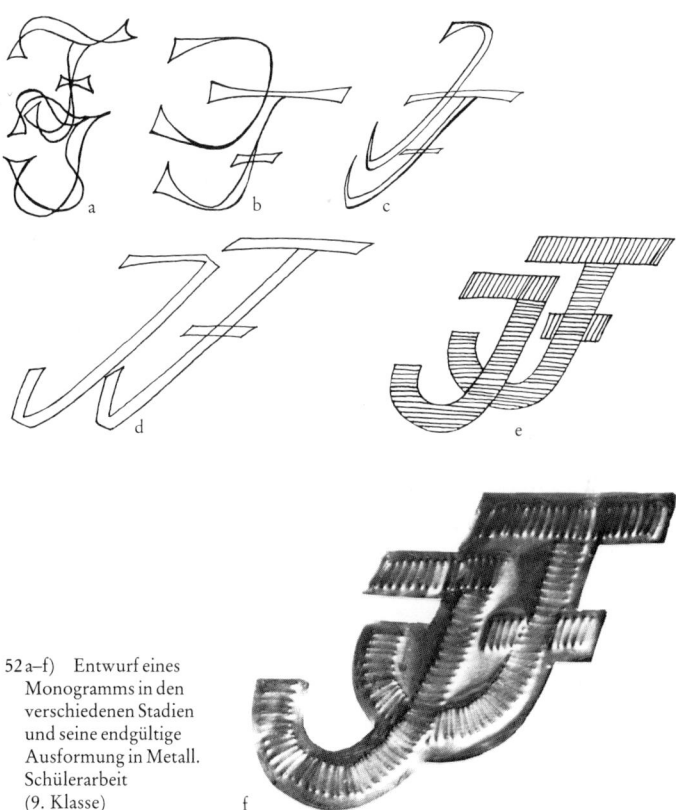

52 a–f) Entwurf eines
Monogramms in den
verschiedenen Stadien
und seine endgültige
Ausformung in Metall.
Schülerarbeit
(9. Klasse)

65

Sie machte mehrere Skizzen, aber die Buchstaben erschienen ihr zu gequetscht. Außerdem wußte sie nicht, wie sie den endgültigen Entwurf auf dem Metall verwirklichen sollte. Sie versuchte es schließlich mit verschiedenen Werkzeugen, die sie mit einem Hammer in das Metall trieb, und bemerkte dabei, daß die entstehenden Werkzeugspuren ganz eigenen Gesetzen gehorchten und sich einfach nicht ihrem skizzierten Einfall unterordnen wollten. Die Abbildung (Abb. 52) zeigt die verschiedenen Entwürfe in ihrer Chronologie. Die erste Arbeitsprobe am Blech erfolgte nach dem vierten Entwurf (d). Anschließend entstand der fünfte Entwurf (e), der während der Arbeitsausführung noch einmal verändert wurde. An diesem ist besonders deutlich zu sehen, daß die Art des Werkzeugs (Schraubenzieher und Hammer) bei der Bearbeitung des Metalls auf die entstehenden Formen in bestimmter Weise ordnend eingewirkt hat.

1 Grundschriften und Zusatzzeichen

Man kann im wesentlichen fünf Grundschriften nennen, die die Möglichkeit bieten, alle erdenklichen Schriftformen und Schriftaussagen zu verwirklichen. Diese Grundschriften, die wir heute allgemein als *Ausgangsschriften* verwenden, haben sich in verschiedenen Zeiten ausgebildet und zeigen typische Besonderheiten und Unterschiede.

In der vorliegenden graphischen Darstellung, die die Entwicklung der Schrift vom 4. Jahrtausend v. Chr. bis heute in »Kurzfassung« zeigt (Abb. 53), sind diese Schriften gekennzeichnet. Es sind solche, die für den abendländischen Raum und für unseren heutigen Schriftgebrauch in Betracht kommen: die römische Capitalis, die römische Unzialis, die gotische Textura, die Humanistische Antiqua und die Grotesk.

53   Die historische Entwicklung der einzelnen Schriften   ▷

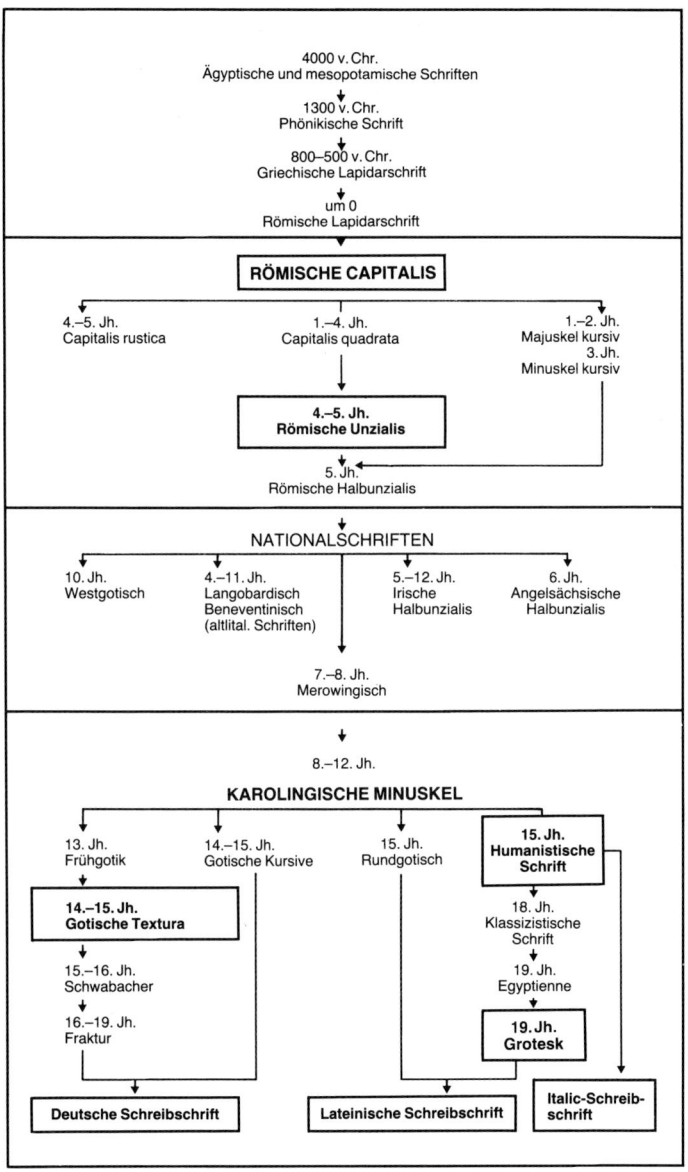

4000 v. Chr.
Ägyptische und mesopotamische Schriften

1300 v. Chr.
Phönikische Schrift

800–500 v. Chr.
Griechische Lapidarschrift

um 0
Römische Lapidarschrift

RÖMISCHE CAPITALIS

4.–5. Jh.
Capitalis rustica

1.–4. Jh.
Capitalis quadrata

1.–2. Jh.
Majuskel kursiv
3. Jh.
Minuskel kursiv

**4.–5. Jh.
Römische Unzialis**

5. Jh.
Römische Halbunzialis

NATIONALSCHRIFTEN

10. Jh.
Westgotisch

4.–11. Jh.
Langobardisch
Beneventinisch
(altlital. Schriften)

5.–12. Jh.
Irische
Halbunzialis

6. Jh.
Angelsächsische
Halbunzialis

7.–8. Jh.
Merowingisch

8.–12. Jh.

KAROLINGISCHE MINUSKEL

13. Jh.
Frühgotik

14.–15. Jh.
Gotische Kursive

15. Jh.
Rundgotisch

**15. Jh.
Humanistische
Schrift**

**14.–15. Jh.
Gotische Textura**

18. Jh.
Klassizistische
Schrift

15.–16. Jh.
Schwabacher

19. Jh.
Egyptienne

16.–19. Jh.
Fraktur

**19. Jh.
Grotesk**

Deutsche Schreibschrift

Lateinische Schreibschrift

**Italic-Schreib-
schrift**

a) Zur Geschichte

Im Jahre 3000 v. Chr. existierten im Alten Ägypten die Hieroglyphenschrift, eine Wortbilderschrift, und im Zweistromland (Mesopotamien) die Keilschrift, bereits eine Silbenschrift (Abb. 54). Beide stellen *Ideogramme* dar, sind also *Begriffsschriften*. Das im geographischen Raum zwischen diesen beiden Hochkulturen gelegene Phönikien ist die Wiege unserer heutigen Schrift (Abb. 55). Die ersten Buchstaben wurden hier ungefähr vom 13. Jahrhundert v. Chr. an ausgebildet. (Der Fund des sogenannten Dreisprachensteins oder des Steins von Rosette im Jahre 1799 ermöglichte die Entzifferung der Hieroglyphen durch J. F. Champollion. – Der Sprachwissenschaftler G. F. Grotefend hat 1802 als erster die Keilschriftzeichen entziffert und gelesen.)

In Mittel- und Südamerika kannten die Azteken, Maya und Inkas ebenfalls Bilderschriften.

Etwa zur Zeit der phönikischen Schriftausbildung im 13. bis 12. Jahrhundert v. Chr. entwickelte sich auch die griechische Schrift, die geometrische Grundformen benutzt: Kreis, Rechteck und Dreieck (vgl. Abb. 3). Im Jahre 403 v. Chr. wurde ein aus 24 Buchstaben

54a) Hieroglyphenschrift (Ägypten) – b) Keilschrift (Mesopotamien)

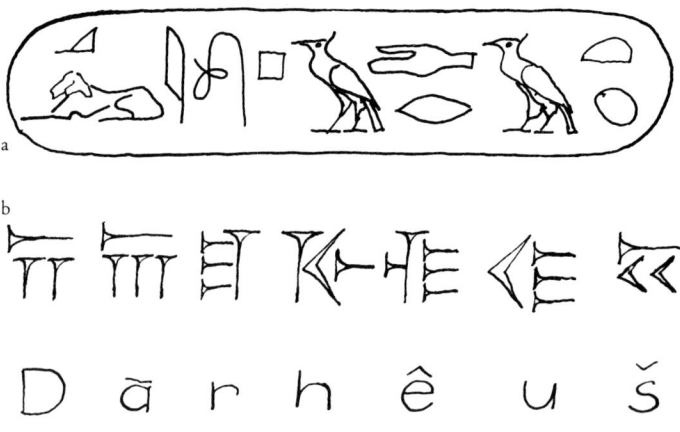

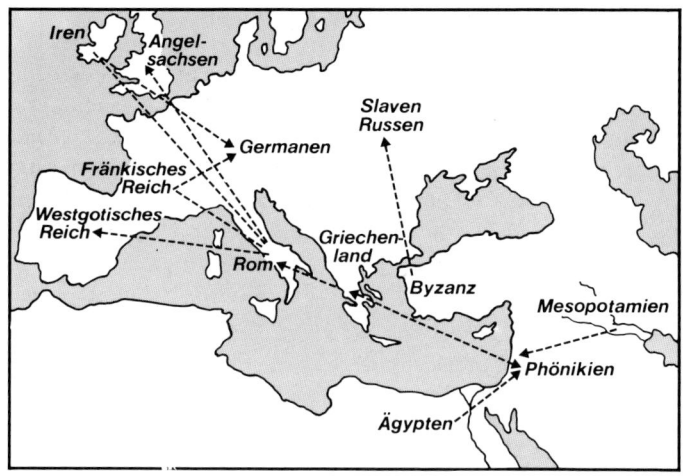

55 Übersichtskarte zur Ausbreitung der Schrift im europäischen Raum vom
    4. Jahrtausend v. Chr. bis zum Mittelalter

bestehendes Alphabet zur griechischen Einheitsschrift erklärt.
Bereits vom 7. Jahrhundert v. Chr. an breitete sich diese Schrift bis
nach Rom und in den ersten Jahren n. Chr. über das ganze Römische
Reich aus.

Die lateinische Schrift, die wir benutzen, hat ihren Ausgangspunkt in der römischen Kapitalschrift, Ursprung aller abendländischen Schriften. Sie hat sich in Europa zuerst durch die römische
Verwaltung und dann durch das Christentum verbreitet. Infolge der
Entdeckung, Eroberung und Kolonianisierung eines großen Teils
der Welt durch die Europäer, vor allem des amerikanischen Konti-
nents und sogar Teilen Ostasiens, hat auch die lateinische Schrift
ihren Siegeszug angetreten. Leider fielen ihr formenreiche ortsge-
bundene Schriften zum Opfer. In ihrer heutigen Form ist sie die am
weitesten verbreitete Schrift.

Außer der lateinischen Schrift gibt es heute noch die kyrillische,
die griechische, arabische, äthiopische, hebräische, mongolische,
indische, chinesische, japanische und koreanische Schrift.

Die nordisch-germanischen Völker benutzten Runen. Zwischen
ihnen und griechischer sowie römischer Schrift bestehen Zusam-

menhänge. Runen hat man vom Atlantik bis zum Schwarzen Meer gefunden. Sie stammen aus dem 2. bis 12. Jahrhundert n. Chr. Die Runenschrift (vgl. Abb. 4) ist im südskandinavischen Raum zu Hause und gelangte durch die Wikinger in alle germanischen Siedlungsbereiche. Ihre geographische Ausbreitung läßt auf mannigfache Begegnungen verschiedenster Völker schließen.

b) Ausgangsschriften

Römische Capitalis (Abb. 56):
Zu den fünf Standardschriften, aus denen sich alle heute gebräuchlichen Schriften ableiten, gehört als erste die römische Capitalis. Wir kennen sie von Denkmälern und monumentalen Bauwerken.

56a

56a) Grabmal eines römischen Soldaten, Ende 1. Jh. n. Chr., gefunden in Köln, Gereonsstraße. Grabinschrift: Lucius, Sohn des Crispus vom Stamm der Marsakar, Reiter in der nordafrikanischen Reiterabteilung, Unterabteilung des Flavius, (starb) im Alter von 28 Jahren nach neun Dienstjahren. Sein Erbe ließ (das Grabmal) errichten – b) Text auf dem Grabmal – c) Ausschnittvergrößerung einer Textstelle

Die römische Capitalis wurde auf Stein zwischen zwei Begrenzungslinien, einer oberen und einer unteren, vorgezeichnet oder mit dem Flachpinsel vorgeschrieben und dann mit dem Meißel in den Stein gehauen. Die vertieften Formen haben einen besonderen optischen Reiz, sind extrem dauerhaft und werden auch heute noch gern als Grabinschriften verwendet. Außerdem konnten die Vertiefungen mit Metall, das sich dunkel und glänzend vom weißen, matten Marmor abhob, ausgelegt werden, wie man an der Fassadenbeschriftung des Pantheons in Rom feststellen kann.

71

ABCDEFG
hijklmn
opqrst
uvwxyz
ΛΛBMNN
W·?! //− :y +

57 Unziale

Unziale (Abb. 57):

Aus der römischen Capitalis und den schreibflüssigen Kurrentschriften ist im 3. und 4. Jahrhundert die hier gezeigte (ältere)
Unziale entstanden. Diese Mischbuchstabenschrift ist die Schrift des
Frühchristentums. Bei ihr vollzieht sich die Umbildung vom Großbuchstaben zum Kleinbuchstaben. In der Halbunziale (Abb. 58 a),
die sich aus ihr bildete und die ebenfalls eine Mischbuchstabenschrift
ist, führte dann das bisher übliche Zweizeilensystem zum Vierzeilensystem. Etwa im 6. Jahrhundert war diese Entwicklung beendet.

Die *Halbunziale* ist die letzte einheitliche Schrift, die über das ganze
Römische Weltreich verbreitet war. Danach bildeten sich National-

58 a) Halbunziale – b) Karolingische Minuskel – c) Fraktur (deutsche National-
schrift, die sich, wie die Schwabacher, aus der gotischen Textura herleitet) –
d) Rundgotische Minuskel

a

b

c

d

72

schriften aus, bedingt durch politische Zersplitterung. Sie basieren alle auf der Halbunziale.

In der *Karolingischen Minuskel* (Abb. 58b) vereinigen sich alle Schriften, gefördert durch die Schreibreform Karls des Großen (800), zu der ersten Kleinbuchstabenschrift. Von ihr erhielten die Nationalschriften wiederum Impulse.

Gotische Textura (Abb. 59):

Von den mittelalterlichen Kleinbuchstabenschriften ist die gotische Textura, die sich allerdings erst im 12. Jahrhundert voll ausbildet, die einzige gebrochene (im Gegensatz zu allen anderen Schriftarten, deren Buchstaben Rundungen haben). In der Zeit, in der sich in der Architektur der gotische Stil durchsetzte, begann sie sich auf fränkischem Boden zu entwickeln. In ihrer geraden, gitterartigen Form wird die gotische Textura (Textur = Gitter, Gewebe) zu einer typisch deutschen Schrift, auch in ihren Abarten, der Schwabacher und der Fraktur.

Bei der gotischen Textura hält man die Feder, wie bei allen anderen Schriften, in einem Winkel von etwa 30 Grad zur Zeilenlinie. Immer müssen die senkrechten Buchstabenteile kräftiger sein

59   Groß- und Kleinbuchstaben der gotischen Textura

Für uns Italiener ist Drucken eine wahre Kunst.

Drucken ist allem voran eine Sache des Stils: der Italian Style ist weltweit maßgebend. In Italien werden die kostbarsten Ausgaben von Gesetzbüchern und Kunstwerken gedruckt, Dokumente, die die fortschrittlichsten Technologien verlangen, Versandhauskataloge, Illustrierte in allen Sprachen für alle Länder. Eine Realität, die Sie entdecken. Vom 14. bis 17. April 1982 gibt die italienische graphische Industrie in Mailand auf dem Gelände der Mailänder Messe Rendez-vous ihren Kunden aus allen Teilen der Welt. Ein einzigartiges Ereignis, das Sie nicht vermissen dürfen. Print Italy ist die Ausstellung der Produkte und Dienstleistungen der italienischen graphischen Industrie.

Für Sie kann es ein gutes Geschäft sein.

Sobald sie die italienische graphische Industrie näher kennengelernt haben, können Sie nicht umhin ihr Kunde zu werden. Print Italy ist für Ihr Unternehmen die beste Gelegenheit jedwedes Problem für **Satz- Litho-und Druckformenherstellung zu lösen ferner auch für Buchbinderei, Zurichtung und Verpackung.**

Für weitere Auskunft schreiben Sie uns bitte oder telephonieren Sie uns an: PRINT ITALY - via Bertani, 10 - 20154 MILANO - Tel. Nr. 312028/312920 FS Nr. 333518. Wir sind froh Ihnen nützlich zu sein.

Wenn Sie bereits ein Hotel buchen wollen, richten Sie sich bitte an AIOC - viale Boezio 20 - 20154 MILANO - Tel. Nr. 315401/342785/4997299 FS Nr. 331360.
**Mailand, vom 14. - bis 17. April 1982.
Auf dem Gelände der Mailänder Messe -
Eingang Porta Alimentazione**

als die waagerechten oder schrägen. Die Großbuchstaben sind auf einfachste Grundformen zurückgeführt und können vielfältig variiert und verziert werden. Ein feiner Beistrich bei den Senkrechten der Großbuchstaben ist bereits ein Schmuckelement. Als solches kann es im Binnenraum des Großbuchstabens rechts oder links vom Hauptbalken verlaufen.

Runde Schriftformen erfreuen sich größerer Beliebtheit, da sie harmonischer und nicht so expressiv wirken wie gebrochene Schriften. In Italien, wo die Gotik nie heimisch wurde, sind sie entstanden. Dieser Tatsache trägt sehr deutlich die abgebildete Annonce (Abb. 60) Rechnung. Die hervorgehobenen Drucktypen wurden hier keinesfalls zufällig gewählt.

Humanistische Antiqua (Abb. 61):
In der Renaissance bildete sich, bedingt durch Studien der Antike, die Humanistische Antiqua aus. In dem Glauben, in den karolingischen Handschriften, die antike Texte enthielten, die antiken Originale vor sich zu haben, übernahm man die karolingische Kleinbuchstabenschrift und nannte sie Antiqua Littera, alte Schrift. Sie verwandte erstmals römische Kapitalbuchstaben, d. h. Großbuchstaben, neben Kleinbuchstaben. Die Humanistische Antiqua ist die Schrift, die den meisten modernen Schriften als Vorbild diente.

Die Feder ist beim Schreibvorgang in einem Winkel von 30 Grad aufzusetzen. Auf weite offene Innenräume ist bei den runden Formen zu achten. Ligaturen geben dem Zeilenband Zusammenhang.

Aus der Humanistischen Antiqua bildete sich die *Humanistische Cursive* (Abb. 62), indem die Buchstaben zu einem hochstehenden Oval zusammengepreßt und nach rechts geneigt wurden. Dadurch bekommt die Schrift einen flüssigen, schwungvollen Charakter. Sie ist eine Symbiose von Druck- und Schreibschrift. Alle schräg liegenden Druckbuchstaben bezeichnet man als kursiv.

◁ 60 Durch die Wahl der Schrifttypen wird sehr deutlich, wer wen anredet: Romanisch-Rundes steht Teutonisch-Gebrochenem gegenüber. Annonce aus einer Wochenzeitschrift

61 Groß- und Kleinbuchstaben (Majuskeln und Minuskeln) der Humanistischen Antiqua

62 Groß- und Kleinbuchstaben der Humanistischen Cursiv-Antiqua

Das folgende Beispiel (Abb. 63) erläutert die Federführung und den Neuansatz zu den einzelnen Handbewegungen beim Schreibvorgang der Humanistischen Cursiv-Buchstaben. Die Pfeile geben die Richtung des Linienzuges an; jedes Sternchen verweist auf eine Ansatzstelle.

63a

63a, b)   Federführung bei den Groß- und Kleinbuchstaben der Humanistischen
Cursive

64 Großbuchstaben der Bandzug-
Antiqua

65 Groß- und Kleinbuchstaben sowie
Ziffern der Grotesk oder einfachen
Block-/Druckschrift

Die *Bandzug-Antiqua* (Abb. 64) ist ebenfalls eine Abwandlung der Humanistischen Antiqua. Sie entstand durch die Benutzung von speziellen Breitschreibwerkzeugen: Breitfeder und Breit- oder Flachpinsel. Vom 2. Jahrhundert an haben die Römer diese Werkzeuge zum Vorzeichnen der Kapitalschrift verwendet. Der Bandzug, breit und schmal im Wechsel, schafft ein lebhaftes Umrißbild. Die Bandzug-Antiqua weist, im Gegensatz zur Humanistischen Antiqua, außer dem Wechsel des Linienzuges innerhalb der Buchstabenform keine Verzierungen auf.

Bei reinen Großbuchstabenschriften empfiehlt es sich, die Ziffern gleich hoch zu schreiben wie die Buchstaben.

Blockschrift oder Grotesk (Abb. 65):
Diese einfachste der Druckbuchstabenschriften, die mit der Redisfeder geschrieben wird, hat Gleichzugcharakter, d. h. ihre Buchstaben weisen gleichstarke Linien auf. Deshalb nennt man sie auch, im Gegensatz zur Humanistischen Antiqua, die Wechselzugcharakter hat, Linear-Antiqua. Wie die Bandzug-Antiqua ist sie eine reine Skelettschrift ohne jede Verzierung.

c) Handschriften

Obwohl die Schriften sich entwickeln und kleine Abänderungen zu bemerken sind, bleibt das klassische Schriftvorbild erhalten. Das Gerüst der Schrift, das »Stabile« ist durch den ständigen Gebrauch und die dadurch bedingte Leserlichkeit der Buchstabenzeichen unverzichtbar. Auch in der Handschrift muß es erhalten bleiben.

Schon sehr früh haben sich mehrere Schriftarten herausgebildet, die nebeneinander verwendet wurden. Neben der Capitalis der Römer gab es als Buchschriften die Capitalis quadrata und die Capitalis rustica, Schriften, die sich mit der Hand flüssig schreiben ließen, obwohl es sich um reine Großbuchstabenschriften handelte (Abb. 66).

Außer den Großbuchstabenschriften, die bei feierlichen Anlässen benutzt wurden, bildeten sich bereits früh Kurrent-, Lauf- oder Handschriften heraus, die man auch Verkehrsschriften nennt, weil

66 a, b) Großbuchstabenschriften, die sich flüssig mit der Hand schreiben lassen: a) Capitalis quadrata – b) Capitalis rustica

sie dem täglichen Gebrauch dienten und dienen. Diese Schriften müssen, auch wenn sie sehr individuelle und expressive Formenelemente aufweisen können, leserlich bleiben.

Handschriften aus römischer Zeit wurden auf Papyrusfragmenten gefunden, eingedrückt in Wachs- und Tontafeln und an Wände gekritzelt. Außerdem ritzte man die Schrift mit Griffeln in weiche Metalltafeln aus Blei und Bronze ein.

Die Handschrift ist eine der persönlichsten Schriften. Durch längeren Gebrauch bildet sie sich meist zu einer sehr typischen Schrift heraus. Dem Schreiber mit einer ausgebildeten und eingeübten Handschrift ist das Schreiben als Bewegungsablauf und motorischer Vorgang fast so unbewußt und selbstverständlich wie das Atmen. Darin liegt das Geheimnis von Flüssigkeit und Eleganz, ebenso die Gefahr der Verflachung oder der Schriftverwischung.

Man achtet beim Schreiben nicht mehr auf die einzelnen Buchstaben. Die Vorteile und Möglichkeiten der Handschrift sollte man kennen und beachten. Die befruchtende Wechselwirkung origineller Handschriften und gezügelter oder mechanisch entstandener Druckschrifttypen ist für die Schrift lebensnotwendig.

Aus der gotischen Minuskel entwickelte sich die Deutsche Schreibschrift. Zu Anfang des Jahrhunderts wurde sie als allgemeine Schulschrift in Deutschland eingeführt, ist heute aber offiziell nicht mehr im Gebrauch. An ihre Stelle ist die Lateinische Schreibschrift getreten, die sich aus der Humanistischen Minuskel entwickelt hat und wie diese runde Formen aufweist. Die Lateinische Schreibschrift übernimmt mitunter einzelne Buchstabenformen aus der Deutschen Schreibschrift.

Die Hand- oder Kurrent-(Lauf-)schriften werden fortlaufend oder gebunden geschrieben, im Gegensatz zu reinen Großbuchstabenschriften, die man buchstabierend schreibt und liest. Die Kurrentschriften sind schräg liegende Schriften. Durch das Schnellschreiben neigten sie sich immer mehr nach rechts. Die Schräglage kann auf Druckbuchstaben übertragen werden, wie wir schon bei der Humanistischen Cursive gesehen haben. Reine Schreibschriften können aber auch gerade geschrieben werden oder sich nach links neigen.

Deutsche Schreibschrift (Abb. 67):
Die Deutsche Schreibschrift wird vorwiegend mit der Spitzfeder geschrieben, um einen an- und abschwellenden Linienzug zu erreichen (Schwellzug). Man kann aber auch die Redisfeder benutzen.

67 Groß- und Kleinbuchstaben der Deutschen Schreibschrift (Sütterlin)

Ludwig Sütterlin (1865–1917), ein deutscher Pädagoge und Graphiker, erfand nicht nur die nach ihm benannte Sütterlin-Feder, sondern er schuf auch die Sütterlin-Schrift, die 1915 in Preußen und später ebenfalls in anderen deutschen Ländern eingeführt, etwa 1942 aber durch die lateinische Schreibschrift ersetzt wurde.

Lateinische Schreibschrift (Abb. 68):
Das lateinische Alphabet besteht aus 26 Buchstaben: fünf Vokalen (Selbstlauten) und 21 Konsonanten (Mitlauten). Sie können als Groß- und Kleinbuchstaben Verwendung finden.

68   Groß- und Kleinbuchstaben sowie Ziffern der Lateinischen Schreibschrift

Italic (Abb. 69):
Diese Schrift haben die Engländer vor nicht allzu langer Zeit als neue Handschriftform eingeführt. Sie zeigt die Humanistische Antiqua als Currente. Die einzelnen Buchstaben sind miteinander verbunden und können in verschiedenen Varianten ausgeschmückt werden. Von der Übernahme einer Druckschrift als Handschrift erwartete man größere Schreibdisziplin und dadurch bessere Leserlichkeit, die bei einer typischen Laufschrift durch die Schnelligkeit des Schreibvorgangs, auch durch ungeeignete Schreibwerkzeuge sehr schnell verlorengehen kann. Als Italic bezeichnet man bereits seit der Renaissance die schräg liegende Humanistische Cursive, die schon damals in England zur Currente umgestaltet wurde. Die Italic wird mit Bandzugschreibwerkzeugen geschrieben.

ABCDEFGHIJKLMNO
PQRSTUVWXYZ &

a b c d e f g h i j k l
m n o p q r s t u v w
x y & z
abgdðfkwxya
bd hkl - ðt fpk - títo
tr tt fr fi oe oi oa ft wa
st en erct ff ou oð ?9

b The shapes of Italic letters are simple and easy to
The shapes of Italic letters are simple and
The shapes of Italic letters are simple and easy to make.

69   a) Groß- und Kleinbuch-
     staben der Italic, der
     Humanistischen Antiqua
     als Currente – b) Schrift-
     beispiel der Italic, die
     mit Bandzug-Schreibwerk-
     zeugen geschrieben wird

Signatur (Abb. 70):

Die Signatur ist eine Unterschrift, die ein wichtiges Dokument besiegelt und ihm juristische Gültigkeit verleiht. Sie wird unter Verträge aller Art gesetzt, kann aber auch Bekenntnis der Urheberschaft, Siegel und Gütezeichen bei Werken der bildenden Kunst sein.

So sind seit Beginn der Neuzeit in der Renaissance, als der Mensch seine Individualität entdeckte und Selbstwertgefühl entwickelte, die verschiedensten Zeichen in langen schwungvollen Schnörkeln oder knappen Kürzeln als Initialverbindung entstanden.

In Gemälden beziehen die Maler ihren Namenszug häufig kompositorisch mit in den Kontext ein. Hier ist die Unterschrift tatsächlich Teil eines formal anderen Ganzen, aber trotzdem als eigenständiges Element wirksam. In einer Urkunde auf wertvollem Bütten hingegen steht die meist dunkle Unterschrift in einem gewissen Gegensatz zur Umgebung und wirkt stempelartig. In manchen Ländern wird schon in der Schule das schwungvolle Schreiben der Unterschrift gelehrt. Ihr wird dabei die Bedeutung einer Beschwörungsformel beigemessen, fast oder gar nicht mehr leserlich, mehr Ornament als Namenszug. Die Unleserlichkeit einer Unterschrift ist kein Kriterium dafür, ob diese als echt oder als gefälscht einzuschätzen ist – wenn der Schreiber sich mit immer der gleichen Art Unleserlichkeit legitimieren kann. Eine solche Unterschrift steht oft in keiner Beziehung zur normalen Handschrift des Schreibers.

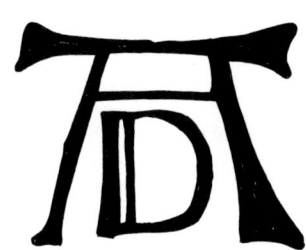

70 Initialen AD, die Signatur
    Albrecht Dürers

Autograph (Abb. 71):
Unterschriften berühmter Persönlichkeiten haben Seltenheitswert und sind daher begehrte Sammelobjekte. Auch Briefe von bedeutenden Künstlern oder Politikern, die Aufschluß über den Menschen selbst geben und ihn von einer bisher unbekannten Seite zeigen, oder Randnotizen von Königen und Kaisern werden mitunter zu hohen Preisen wie Kunstwerke gehandelt.

Graphologie:
In seiner Handschrift hat der Schreiber die »Norm« der Schrift durch verschiedene Faktoren »verpersönlicht«. Sie hat sich seiner äußeren und inneren Disponiertheit zugeordnet und wird bestimmt durch seinen »Rhythmus« (Körpermotorik), seine »Kraft« (Auf-

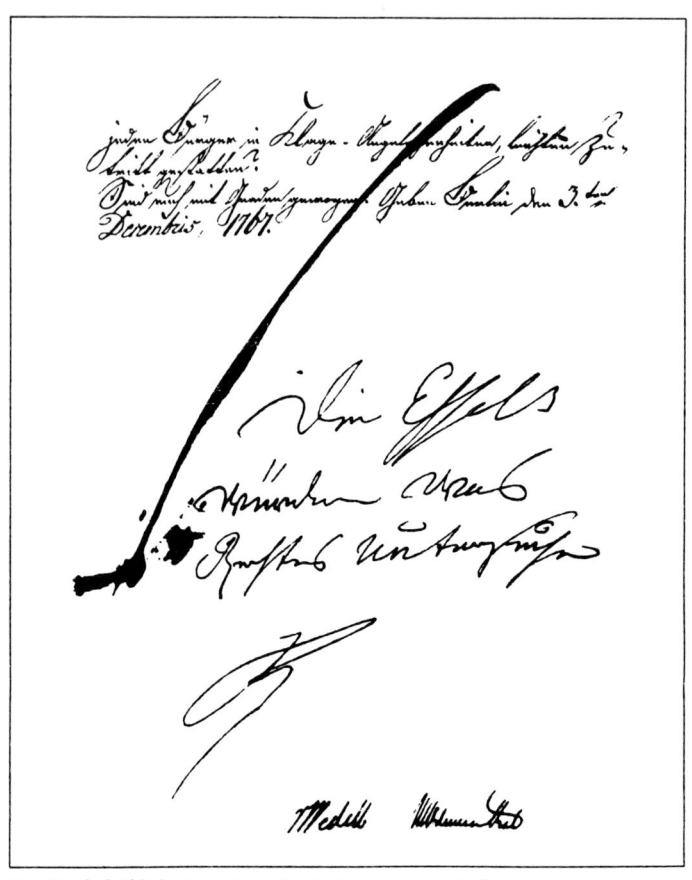

71 Handschriftliche Bemerkung Friedrichs II. zu einer Verfügung

druck des Schreibgerätes), die Schnelligkeit, mit der er schreibt, die Größe, Richtung, Stärke der Buchstabenformen, ja sogar durch die Wahl von Schreibuntergrund und Schreibgerät, ebenso durch bestimmte Ordnungen in Schriftbild, in der Zeile wie im Gesamtblock. (Die Qualität der Schrift besteht in ihrer Ausgewogenheit.)

Mit dem Aussagegehalt eines Schriftbildes, mit dem Schreibduktus eines Menschen befaßt sich die Graphologie, die (nicht umstrit-

tene) Lehre von der Handschriftendeutung, und zieht daraus Rückschlüsse auf den Schreiber. Sie trägt dabei verschiedenen Anliegen
Rechnung, beruflichen wie privaten. Nach Meinung vieler hilft sie,
einen Menschen besser kennenzulernen, da aus dem Schriftbild
charakterliche, stimmungsbedingte, auch gesundheitliche Faktoren
abzulesen seien. Graphologie bedeutet also Studium des Menschen,
seiner körperlichen Verfassung, seines intellektuellen Vermögens,
seiner seelischen Bedingtheit, seiner Reaktionen, seines Verhaltens.

Grundsätzlich sind danach die Aussagen, die eine Handschrift
über ihren Urheber macht, auf seine physische (Kraft), geistige
(Intellekt) und moralische (Charakter und Wervorstellungen) Natur
bezogen. Ebenso könnten sie den Menschen auch vom Temperament und vom Typ (schwerblütig, nervös, leichtsinnig, vorsichtig
usw.) her kennzeichnen. Dazu muß man den Eigenrhythmus und
die Ausdruckskraft der Schrift kennen und einschätzen. So gibt es
viele kleine und nicht immer eindeutige oder besonders auffällige
Hinweise zur Entschlüsselung. Hinweischarakter können etwa
Wort- und Zeilenabstände haben, Ränder, Richtung des Geschriebenen, Einzelelemente von Buchstaben wie An- und Abstriche,
Gesamt- und Einzelform der Buchstaben, Unregelmäßigkeiten oder
Besonderheiten im Schriftbild. Allein Alter und Geschlecht sind
nicht vom Schriftbild abzulesen. Anlaß einer allerdings eher grapho-
logisch-formalen Analyse können auch staatsanwaltschaftliche
Ermittlungen sein: Wer ist der Verfasser eines anonymen Briefes,
wer hat die Unterschrift oder das Testament, den Scheck oder das
Dokument gefälscht?

d) Zusatzzeichen

Zu den Zusatzzeichen gehören die Ziffern oder Zahlzeichen. Zahlen
bilden neben den Buchstaben selbständige Schriftzeichen.

Römische Ziffern (Abb. 72):
Die Römer benutzten Strichziffern, die wohl aus der Fingerrech-
nung entstanden waren, und Buchstaben, wobei der Anfangsbuchstabe des betreffenden Zahlwortes für die Zahl selbst stand (C =

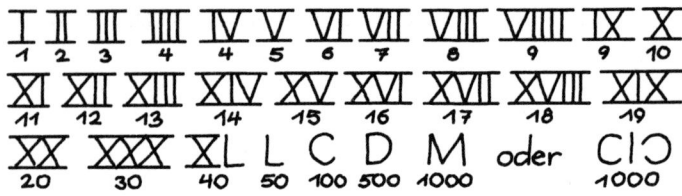

72 Römische Ziffern

Centum = 100, M = Mille = 1000). Diese Zahlwortziffern benennen die höheren Einheiten. Kleine Ziffern nebeneinander und kleine
nach größeren wurden addiert, kleine vor größeren subtrahiert. Um
die Zahlzeichen, Strichziffern wie Buchstaben, von den Buchstabenzeichen zu unterscheiden, wurden sie oben und unten mit einem
Querstrich gekennzeichnet.

Arabische Ziffern (Abb. 73 a):
Die 0 ist das wichtigste Zeichen der arabischen Zahlenschrift, denn
sie kann verzehnfachen, verhundertfachen usw. Sie taucht zum
ersten Male in einer indischen Urkunde des 8. Jahrhunderts auf und
war bis dahin weder Griechen noch Römern bekannt. (Der Begriff
»Ziffer« geht auf dieses Zeichen zurück: arab. sifr = leer, d. h.
nichts.)
    Die arabischen Ziffern 1, 2 und 3 sind wahrscheinlich ebenfalls auf
Strichziffern zurückzuführen, während die Ziffern 4 bis 9 vielleicht

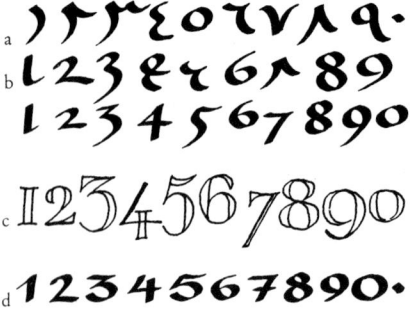

73 a–d) Ziffern: a) Ostara-
bisch – b) Mittelalterlich
europäisch – c) Ziffern der
Didotschen Lettern von
Anfang des 19. Jahrhunderts
mit Ober- und Unterlängen
(Mediävalziffern) – d) Ziffern
von gleicher Höhe,
sogenannte Normalziffern,
heute am gebräuchlichsten

86

Relikte der Anfangsbuchstaben der entsprechenden indischen Zahlwörter sind.

Unsere heutigen Ziffern sind arabischen Ursprungs. Sie wurden im 10. Jahrhundert von den Spaniern nach Europa gebracht. Das heutige Figurenbild unserer Ziffern ist nicht älter als 200 Jahre. Die arabischen Ziffern selbst wurden kaum länger als 500 Jahre allgemein gebraucht, da sie häufigen Veränderungen unterworfen waren.

Mediäval- und Normalziffern (Abb. 73 c, d):
Die Ziffern haben sich nur langsam in das Buchstabenbild eingefügt. Mitte des 16. Jahrhunderts hat der französische Schriftkünstler Claude Garamond als erster die Ziffern in der Form seiner Schrift voll angeglichen. Die Ziffern erfahren dabei die gleiche formale Durchbildung wie die Buchstaben: Sie bekommen an- und abschwellende Linien, Serifen, Ober- und Unterlängen usw. Solche Ziffern nennt man *Mediävalziffern*. Gegen Ende des 18. Jahrhunderts entwickelten sich Ziffern ohne Ober- und Unterlängen, sogenannte *Normalziffern*. Sie sind heute am gebräuchlichsten.

74 a–c) Humanistische Antiqua:
a) Akzente: Akut, Gravis, Zirkumflex, Trema, Cedille – b) Kleinbuchstaben (Vokale und Umlaute) – c) Satzzeichen

Akzente und Umlautzeichen (Abb. 74 b, c):
Diese Zeichen sind reine Aussprachezeichen. Sie verweisen jeweils auf Betonung und Lautfärbung eines Buchstabens.

Satzzeichen (Abb. 74 d):
Satzzeichen gliedern einen Text und bestimmen auf diese Weise seine Interpretation, d. h. den Sinnzusammenhang, und den Lesefluß mit. Sie unterbrechen, betonen, deuten Fortsetzung an usw.

Satzzeichen sind das Komma, das den Satz unterteilt, der Punkt, der einen Satz abschließt, das Fragezeichen und das Ausrufezeichen, die einen Satz in fragender oder ausrufender Weise beenden, das

Semikolon (Strichpunkt) und der Doppelpunkt, die ebenfalls einen Satz abschließen, aber den nächsten damit besonders einleiten. Ferner gibt es den Gedankenstrich, der eine gedankliche Pause markiert, runde und eckige Klammern, die herauslösen, einfügen.

75   Stern- oder Tierkreiszeichen: Sie sind gleichzeitig Sinn- und Dekorationszeichen, auch Piktogramme.

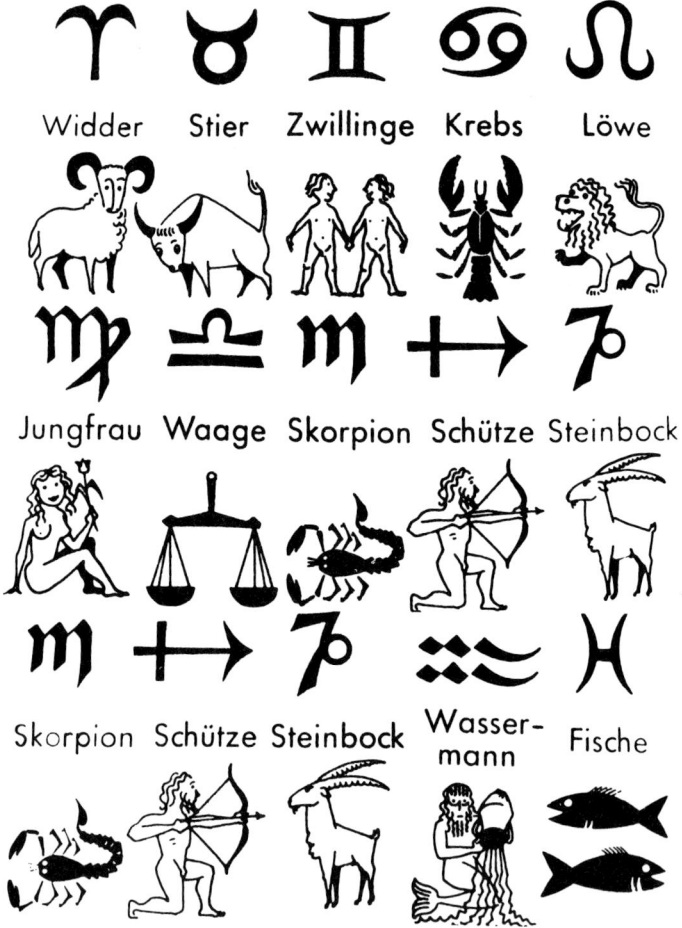

Informationszeichen und Signets:
Sie stehen für Sinneinheiten, haben Öffentlichkeitscharakter, da sie der zusätzlichen schnellen Information dienen, und begegnen uns in allen Bereichen des täglichen Lebens. Sie können einen Text mit zusätzlichen Aussagen bereichern oder ergänzen. Zu den Informationszeichen zählen Mengenbezeichnungen, Artbezeichnungen, Pflanzenzeichen, Zeichen in der Elektronik, in der Elektrotechnik, in der Mathematik, in Chemie und Physik, Zeichen der Himmelskunde, Tierkreiszeichen (Abb. 75), Wetterzeichen, geographische Zeichen u. a. Informationszeichen mit Warncharakter sind Signale.

Mit Signet bezeichnen wir Marken- und Gütezeichen, Qualitätssiegel, Drucker- und Zunftzeichen, Firmenzeichen, Wappen, Stempel u. a. Auch sie können einen Text näher bestimmen, aber auch allein wirkam sein (vgl. Abb. 172–174).

Dekorationszeichen (Abb. 76):
Sie setzen im Text inhaltlich Akzente. Sie teilen, setzen ab, heben hervor. Zu den Dekorationszeichen gehören etwa Schmuckeinfassungen und Vignetten. Bereits Trennlinien sind ein solches Dekor.

76 a–c) Dekorationszeichen:

a) Schmuck und Einfassungen

a

b) Vignetten

b

c) Linien.

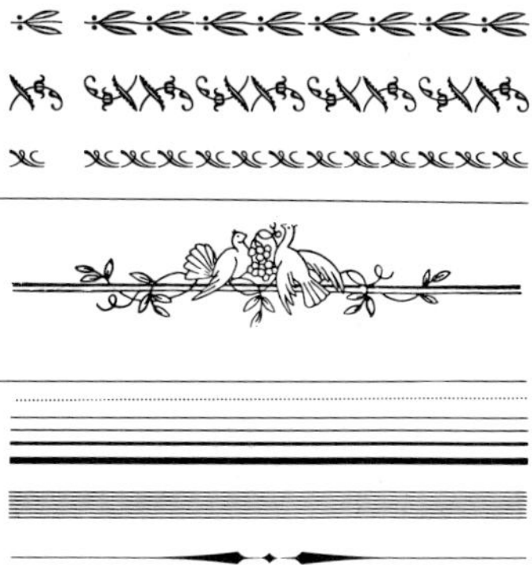

c

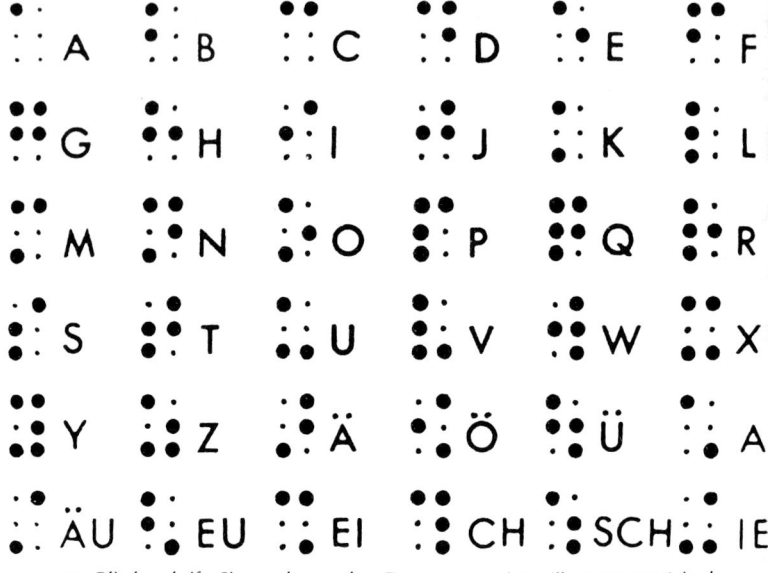

77 Blindenschrift. Sie wurde von dem Franzosen Louis Braille (1809–1852) in der noch heute gültigen Form entwickelt.

78 Morse-Alphabet. Sein Erfinder ist der Amerikaner Samuel Morse (1791–1872). ▷

Sinnzeichen:
Zu den Zusatzzeichen sind auch die Zusatzalphabete zu zählen. Sie wurden konstruiert zur Bewältigung außergewöhnlicher oder besonderer Situationen, d.h. für Fälle, in denen herkömmliche Buchstabenzeichen ihre Funktion der Mitteilung nicht erfüllen konnten. Hier sind die *Blindenschrift* (Abb. 77) und das *Morse-Alphabet* (Abb. 78) zu nennen.

Sinnzeichen sind auch die *Kurzschrift* (Abb. 79), die für einzelne Buchstabenverbindungen und ganze Silben oder kurze Wörter bestimmte Zeichen setzt und dadurch eine höhere Schreibgeschwindigkeit ermöglicht, und die *Korrekturzeichen* (Abb. 80), die bei der Korrektur eines gesetzten Textes benutzt werden.

a	.—	n	—.	å	.——.—
ä	.—.—	o	———	é	..—..
b	—...	ö	———.	ñ	——.——
c	—.—.	p	.——.		
ch	————	q	——.—	*Ziffern:*	
d	—..	r	.—.	1	.————
e	.	s	...	2	..———
f	..—.	t	—	3	...——
g	——.	u	..—	4	....—
h	....	ü	..——	5	.....
i	..	v	...—	6	—....
j	.———	w	.——	7	——...
k	—.—	x	—..—	8	———..
l	.—..	y	—.——	9	————.
m	——	z	——..	0	—————

Punkt .—.—.—   Komma ——..——

Doppelpunkt ———...

Bindestrich —....—

Apostroph .————.

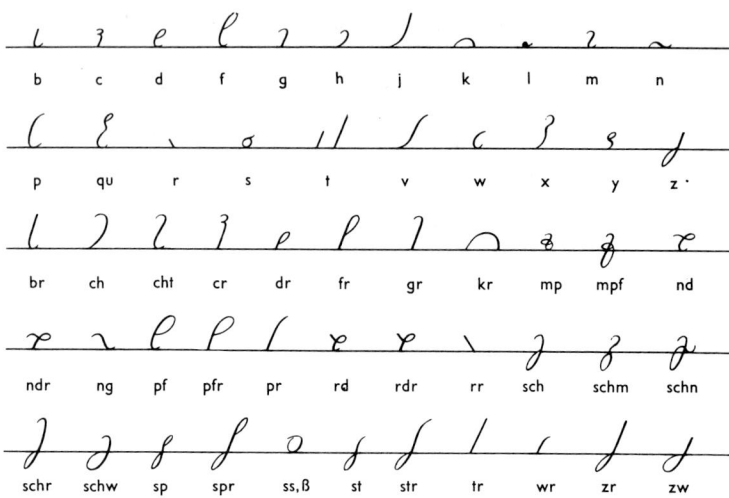

Konsonanten und Konsonantenverbindungen

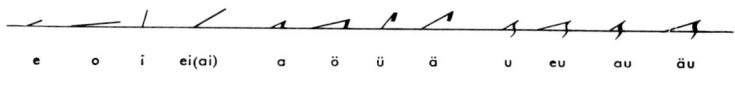

Vokale und Diphthonge

Schriftprobe
(Das Bibliographische Institut wurde im Jahre 1828 in Gotha von dem **Verlagsbuch**-
händler, Schriftsteller und Industriellen Joseph Meyer gegründet)

Jedes in den Satz eingezeichnete Korrekturzeichen ist auf dem Rande zu wiederholen. Die erforderliche Änderung ist rechts neben das wiederholte Korrekturzeichen zu zeichnen.

Andere Schrift für Wörter oder Zeilen wird verlangt, indem man das daraus zu Setzende unterstreicht und auf dem Rande die gewünschte Schriftart (fett, kursiv) vermerkt.

— fett

Beschädigte Buchstaben werden unterstri̲c̲h̲e̲n̲ und auf dem Rande durch ∪ bezeichnet.

∪ ∪

Fälschlich aus einer anderen Schrift gesetzte Buchstaben (Zwiebelfische) werden durchgestrichen und auf dem Rande zweimal unterstrichen.

I̲c̲h̲ r̲n̲

Verkehrt- oder querstehende Buchstaben werden senkrecht durchgestrichen und auf dem Rande neben dem senkrechten Strich durch ⊬ (für: vertatur, d. h. „es werde umgedreht") bezeichnet.

I ⊬

Falsche Buchstaben werden senkrecht durchgestrichen und auf dem Rande durch die richtigen ersetzt. Kommen in einer Zeile mehrere Fehler vor, so erhalten sie verschiedene Zeichen.

/e
/e Le

Falsch gesetzte Wörter werden ganz durchgestrichen und auf dem Rande richtig niedergeschrieben.

H auf

Fehlende Buchstaben: Man streicht den dem fehlenden vorangehenden oder folgenden Buchstaben durch und wiederholt ihn auf dem Rande unter Hinzufügung des Fehlenden; das gleiche gilt für fehlende Satzzeichen.

/ he
/ Bu
/ u.

Fehlende Wörter werden // Striche bezeichnet und auf dem Rande hinzugeschrieben.

// durch

Überflüssige Buchstaben oder Wörter werden durchgestrichen und auf dem Rande durch ein langgeschwänztes ⎰ (für: deleatur, d. h. „es werde getilgt") bezeichnet.

/ ⎰ H ⎰

Sperrung wird durch U̲n̲t̲e̲r̲s̲t̲r̲e̲i̲c̲h̲u̲n̲g̲ des zu sperrenden Wortes und das Sperrungszeichen ┼┼┼ auf dem Rande bezeichnet.

┼┼┼┼┼

Aufhebung der Sperrung wird durch das Zeichen ‿‿‿ unter der nicht zu sperrenden Textzeile und auf dem Rande verlangt.

‿‿‿‿

Fehlender oder zu enger Zwischenraum wird mit ⌊ bezeichnet. Zu weite Zwischenräume werden durch zwei Bogen mit senkrechtem Strich bezeichnet.

⌄
⌁

Fehlender Durchschuß wird durch einen zwischen die Zeilen gezeichneten Strich angemerkt, der auf dem Rande hinausgeht und hier zu einem zwischen die Zeilen weisenden spitzen Winkel verlängert wird.

Zu großer Durchschuß wird durch einen zwischen die Zeilen gezeichneten Strich mit einem zusammenziehenden Bogen angedeutet.

⟩

Ein Absatz wird durch das Zeichen ⌐ im Text und auf dem Rande verlangt.

⌐

Wegfall eines Absatzes verlangt man durch eine den Ausgang ⟩ mit dem Einzug verbindende Linie.

├── Falsche Einrückung erhält dieses Zeichen.

├─

Ein vergessener Einzug wird durch ⊏ möglichst genau bezeichnet.

⊏

Aus Versehen falsch Korrigiertes wird rückgängig gemacht, indem man die Korrektur a̶u̶f̶ ̶d̶e̶m̶ Rande durchstreicht und Punkte unter die fälschlich korrigierte Stelle setzt.

H̶a̶r̶m̶

1) vier Schriftbeispiele, geschrieben mit der Graphos-Kolbenfeder in vier verschiedenen Federstärken

2) vier Schriftbeispiele, geschrieben mit vier verschiedenen Schreibwerkzeugen: a) Spitzfeder – b) Ato-Bandzugfeder – c) Redis-Gleichzugfeder – d) Streichholz

3) vier Schriftbeispiele, mit der gleichen Feder immer schneller geschrieben

4) vier Schriftbeispiele: a) Schriftkern gedrückt – b) Schriftkern noch mehr gedrückt – c) Schriftkern überhöht – d) Schriftkern noch mehr überhöht

5) vier Schriftbeispiele, geschrieben in der gleichen Schrift mit der gleichen Feder auf verschiedenem Untergrund: a) auf glattem Schreibpapier – b) auf festerem Tonpapier – c) auf Japanpapier – d) auf Leinen. – Bei allen Schreibübungen wurde Skribtol verwendet.

81 Kleinbuchstaben der Humanistischen Antiqua, geschrieben mit verschiedenen Schreibwerkzeugen oder auf verschiedenem Untergrund

2   Werkverfahren

Schrift kann mit den verschiedensten Werkzeugen und durch die verschiedensten technischen Möglichkeiten auf und durch Material sichtbar gemacht werden. Unser Beispiel (Abb. 81) zeigt, wie unterschiedlich dabei eine Schrifttype in der Wirkung ausfallen kann.

Alle Werkzeuge und Materialien bestimmen indirekt das Erscheinungsbild: Mit einer glatten Feder etwa kann man auf ebensolchem Untergrund schnell schreiben, wodurch die Formen verschleifen. Umgekehrt verhält es sich bei stumpfem Schreibwerkzeug auf stumpfem Untergrund: Hier ist der Schreibvorgang langsamer, man richtet sein Augenmerk weniger auf das Gesamt- oder Zeilenbild, sondern mehr auf die Genauigkeit der einzelnen Buchstabenform.

a)   Werkzeuge zum Schreiben und Zeichnen von Schrift

Das Wort »Schrift« kommt von »scribere« (lat. = einritzen), und grundsätzlich denkt man bei »Schrift« auch an den zeichnend-schreibenden Vorgang, in schwingenden Bewegungen die Buchstaben miteinander zu verbinden oder einzeln nebeneinander zu stellen. Mit der Hand, die sich motorisch-rhythmisch bewegt, schlingen wir ein Band aus Zeichen, deren Bedeutung festgelegt wurde. Uns stehen dazu eine Vielzahl von Schreibwerkzeugen zur Verfügung, von denen hier die wichtigsten vorgestellt werden sollen (Abb. 82).

In Analogie zu den Schreibwerkzeugen gibt es Griffel-, Feder- und Pinselschriften, die man je nach Absicht als Verkehrs- oder Schmuck- (Kunst-)schriften ausgestalten kann. Es ist nicht angebracht, zwischen funktionaler und ornamentaler Schrift zu unterscheiden, da alle Schriften zunächst funktional sein müssen; außerdem können funktionale (einfache) Schriften auch ornamental wirken.

Die gebräuchlichsten Schreibwerkzeuge sind Federn. Man unterscheidet sie nach der Art ihres Linienzuges: Gleichzug (Schnurzug), Wechselzug, Schwellzug, Vielfachzug und Breitzug (Abb. 83).

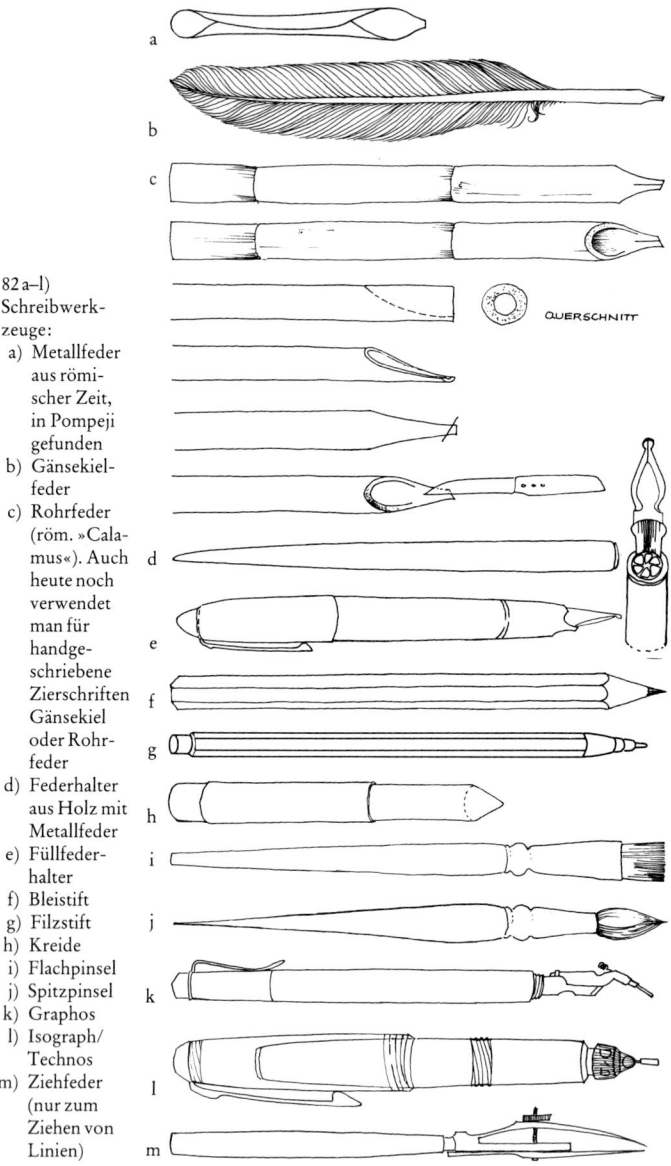

82 a–l)
Schreibwerk-
zeuge:

a) Metallfeder
   aus römi-
   scher Zeit,
   in Pompeji
   gefunden
b) Gänsekiel-
   feder
c) Rohrfeder
   (röm. »Cala-
   mus«). Auch
   heute noch
   verwendet
   man für
   handge-
   schriebene
   Zierschriften
   Gänsekiel
   oder Rohr-
   feder
d) Federhalter
   aus Holz mit
   Metallfeder
e) Füllfeder-
   halter
f) Bleistift
g) Filzstift
h) Kreide
i) Flachpinsel
j) Spitzpinsel
k) Graphos
l) Isograph/
   Technos
m) Ziehfeder
   (nur zum
   Ziehen von
   Linien)

QUERSCHNITT

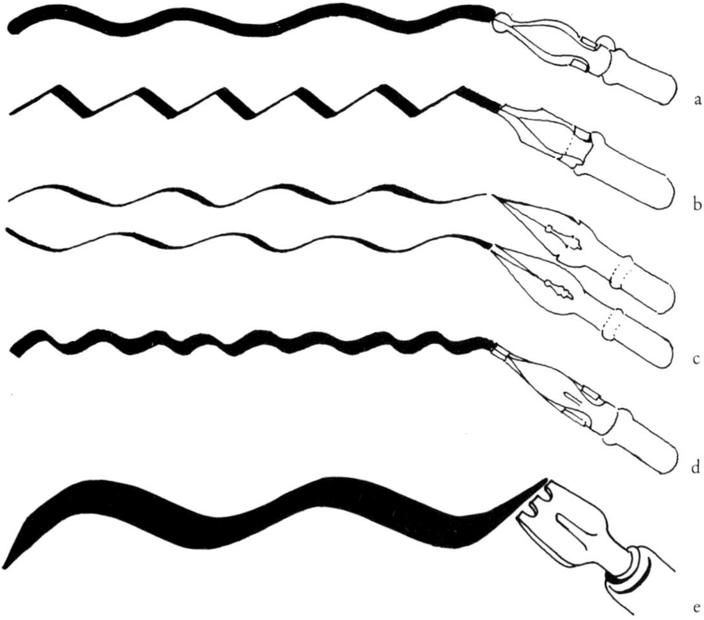

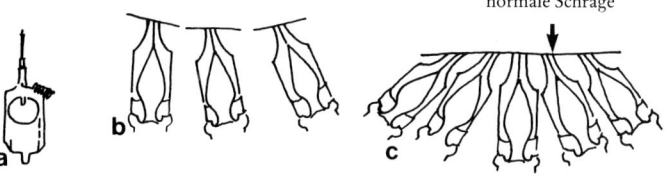

83 a–e) Verschiedene Arten von Linien: a) Gleichzug (Schnurzug) mit der Redisfeder – b) Wechselzug mit der Atofeder – c) Schwellzug mit der Spitzfeder – d) Vielzug mit der Vielzugfeder – e) Breitzug mit der Breitzugfeder

Durch die Haltung der Feder kann darüber hinaus die Linie beeinflußt werden (Abb. 84). Korrekturen sind möglich durch Radieren, Abdecken mit Deckweiß oder Überkleben; auf dickem Papier kann man mit dem Glasradierer sehr gut arbeiten.

84 a) Röhrchenfeder, Zubehör zum Graphos – b) Feder, in verschiedenen Winkeln auf dem Papier aufgesetzt – c) Mögliche Federabschrägungen; die normale Abschrängung bildet einen Winkel von 30 Grad.

85 Unziale der späten karolingischen Zeit, umrißhaft mit der Kante des Gänsekiels gezeichnet und anschließend mit dessen Breitseite ausgefüllt

Geschriebene und gezeichnete Schriften schließen viele bewußte und unbewußte Formbestimmungen mit in das Schriftbild ein. Bei der Schriftkonstruktion werden diese eliminiert, jede Form und jede Proportion festgelegt – immer aber auch von der lebendigen Schreibpraxis beeinflußt und bestimmt. Geschriebene und gezeichnete Schriften kann man auch, etwa mit einer spitzen Feder, skizzieren und in einem zweiten Arbeitsgang mit demselben oder einem anderen Werkzeug ausarbeiten (Abb. 85).

b) Konstruieren und Schablonieren

Die Abbildung (Abb. 86) zeigt einen geschriebenen, einen gezeichneten und einen konstruierten Buchstaben. Alle drei Entstehungsarten wirken sich auf das Schriftbild aus.

a   b   c

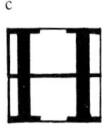

86 Der Buchstabe H:
a) geschrieben
b) gezeichnet
c) konstruiert

87 Buchstabe I und Buchstabe G, in mathematisch-geometrischer Konstruktion ▷ erstellt

Die Konstruktion ermöglicht die größte Ordnung und eine berechenbare Proportionierung des Buchstabens. So werden zum Beispiel die einzelnen Lettern einer Schrifttype, die im Satz- und Druckgewerbe verwendet werden soll und deshalb in vielen verschiedenen Größen verfügbar sein muß, in einer bestimmten Ordnung konzipiert, in der alle Buchstaben formal einander entsprechen.

In der Renaissance, in der vor allem auch die mathematischen Wissenschaften eine Blütezeit erlebten, wurde nicht nur die die Tafelmalerei revolutionierende Zentralperspektive erfunden, sondern auch Buchstaben und Schriften wurden nach mathematischen Prinzipien konstruiert. Bezeichnend für das Harmoniestreben dieser Zeit ist zum Beispiel auch Dürers Bemühen um die mathematische »Konstruktion« eines Menschen von höchstem körperlichem Ebenmaß. Die Faszination der geometrischen Regularität zog ebenfalls viele Schriftkünstler in und außerhalb Deutschlands in ihren Bann: Quadrat und Kreis (Abb. 87) wurden die Basis von Schriftzeichen. Der deutsche Schriftmeister Johann Neudörffer d.Ä. (1497–1563) gab 1519 das wohl erste Schriftbuch heraus, eine »Proportionslehre« mit dem Titel »Fundament«.

Buchstaben zu entwerfen, heißt nicht nur, mit mathematischen Hilfsmitteln zu arbeiten, sondern bedeutet auch, die Buchstabenform in einen ganz bestimmten, meist geometrischen Formenkanon einzuordnen. So kann man zum Beispiel alle Buchstaben des Alphabets, ob als Klein- oder als Großbuchstaben, in Form von Rechtecken oder Ovalen konzipieren (Abb. 88). Die geometrische Übertreibung zerstört dabei nicht die Leserlichkeit, da die Buchstaben ohnehin auf geometrischen Grundformen basieren, wenn sie

88   Entwürfe von Buchstaben, bei denen Quadrat oder Oval zugrunde gelegt wurden

89 Klebebuchstaben (Letraset) gibt es in vielen verschiedenen Größen.

auch in diesem Fall etwas von der Eigenart ihres Gerüstes zugunsten
der Angleichung an die neue angestrebte Form opfern müssen.

Heute stehen uns vorgefertigte Buchstaben in allen Größen und
Typen – als *Klebebuchstaben* in verschiedenen Materialien oder als
Abreibebuchstaben auf einer Folie – zur Verfügung. Das hat den
Vorteil (aber auch den Nachteil), daß wir Buchstaben und Schriften
nicht erst zeichnen oder konstruieren müssen, sondern uns gegebenenfalls ausschließlich mit der Anordnung der einzelnen Formen zu
beschäftigen brauchen.

Ausgestanzte Buchstaben oder auch ganze Schriftzüge gibt es als
Klebefolie zu kaufen (Abb. 89). Im Handel sind auch Reliefbuchstaben aus Metall oder Kunststoff auf Klebefolie. Neben dem schatten-
bildenden Reliefeffekt vermitteln sie auch Materialeffekte.

Abreibebuchstaben sind so auf Klarsichtfolie aufgebracht, daß
man beim Abreiben des einzelnen Buchstabens eine Kontrolle über
den exakten Stand hat (Abb. 90, 91).

Bei der Verwendung von Schriftschablonen benutzt man Röhr-
chenfedern, die, da man sie senkrecht aufsetzen kann, nicht auslaufen. Schriften, die auf diese Art und Weise geschrieben werden,
wirken übersichtlich, aber auch etwas steif, und werden oft für
Konstruktions- oder Architekturzeichnungen verwendet. Man muß

AAAAAAAAAAAABBBBCCCC
CDDDDDDEEEEEEEEEEEE;
EEEEEEFFFFGGGGGHHHH;
HHHHIIIIIIIIIIIJJKKKKLLLLLLLL;
LLMMMMMMNNNNNNNNNNN;
NNOOOOOOOOOOPPPPPQQ
QRRRRRRRRRRSSSSSSSSSS;
SSTTTTTTTTTTTTTUUUUUUU;
UUUVVVWWWWWXXYYYZZZ;

äääàaaaaaaaabbbbcccccc; ▪
ddddddddèèéééeeeeeeeeee
eeeeffffgggggghhhhhhhhhhii;
iiiiiiiiiijjkkkklllllllllllmmmmmm;
nnnnnnnnnnnnnnöööooooooo
ooppppppppqqqrrrrrrrrrrssss;
sssssssstttttttttttttüüüûûuu;
uuuuvvvvvwwwwwxxyyyyzzzz;
11112222333344455555666677;
7788899990000&?!£$ß()⁒℀

90   Abreibebuchstaben auf Klarsichtfolie (Letraset) sind in allen möglichen Schriftarten und -größen erhältlich.

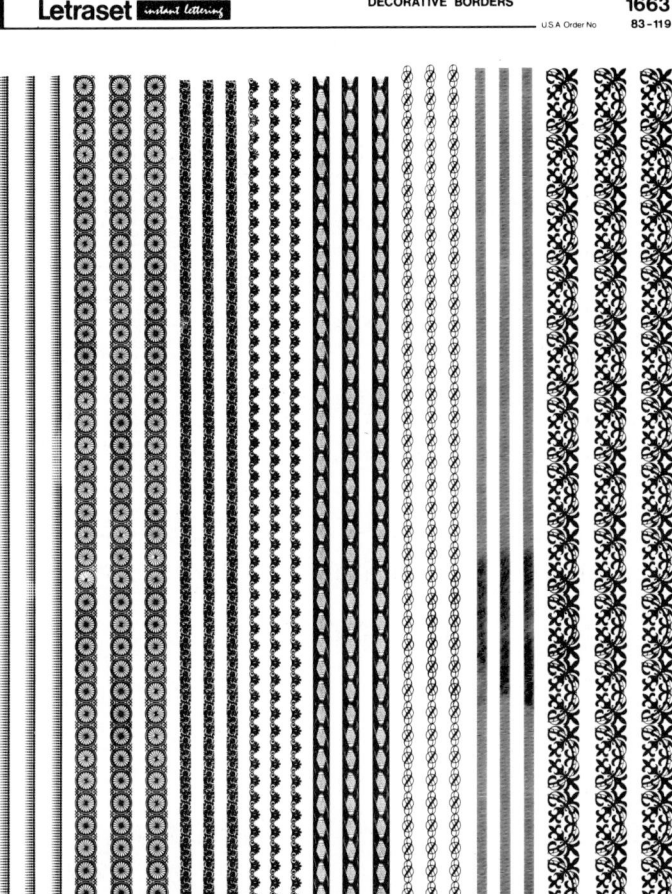

B5799

91   Auch eine Vielzahl von Schmucklinien gibt es als Abreibematerial (Letraset).

92 a, b) Buchstaben R und G, als schmale Antiqua-Buchstaben entworfen, ausgeschnitten und als Negativ- und Positivschablonen zur Flächengestaltung benutzt. Schülerarbeiten (10. Klasse), Spritztechnik

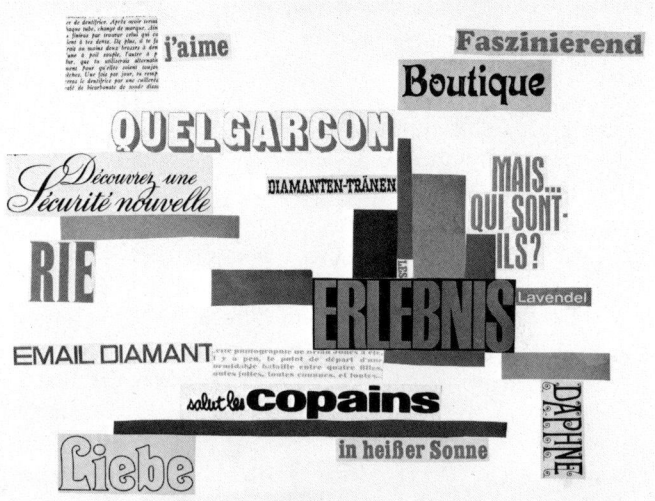

93 a, b) Gestaltung mit Schriftmaterial, das aus Illustrierten ausgeschnitten wurde.
Schülerarbeiten (9. Klasse)

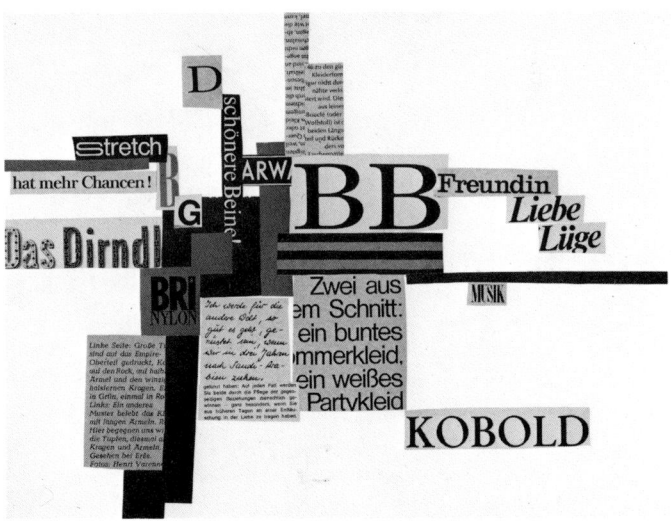

es üben, die Buchstaben sauber und in den richtigen Abständen zu setzen. Ein geübter Schriftschreiber wird mit einer handgeschriebenen Druckschrift ein gleich gutes Schriftergebnis ohne wesentlich höheren Zeiteinsatz erzielen.

Aus Papier oder Pappe kann man selbst Schriftschablonen herstellen und vielfältig als Gestaltungsmittel einsetzen (Abb. 92).

Vorgefertigtes Buchstabenmaterial kann man aber auch aus verschiedenen Illustrierten ausschneiden und weiterverwenden. Aus einer solchen Sammlung von Schriftelementen bestehen die beiden gezeigten Arbeiten (Abb. 93). Aufgabe war es hier, durch Senkrecht- und Waagerechtanordnung eine Fläche dynamisch zu gestalten, wobei sich die einzelnen Elemente um eine Bildmitte gruppieren sollten. Auf diese Weise kann man die Bildgestaltungsprinzipien der Moderne nachvollziehen, zum anderen erfährt man beiläufig, wie viele unterschiedliche Schrifttypen es gibt. Vielleicht bekommt man auch Anregungen für kleine nützliche und schnell herzustellende Schrifterzeugnisse des privaten Gebrauchs.

c) Plastische und andere Zusatzverfahren

Zunächst seien die wichtigsten Materialien genannt, auf denen man Schrift anbringen kann, und die Werkzeuge, die man dabei verwendet:

1 Stein, als Hart- und Weichgestein, kann man mit dem Meißel und einem Hammer behauen, mit Metallgriffeln anritzen, mit einem Sandstrahlgebläse unter Verwendung von Schablonen aufrauhen; kleine Steine kann man zu einem Schriftmosaik zusammenlegen.

2 Schiefer kann man mit einem scharfen oder spitzen Metallgegenstand einritzen oder mit dem Messer einschneiden.

3 In Ton kann man mit dem Finger, einem Griffel oder mit verschiedenen anderen Druckstöcken Schrift eindrücken, herausheben, einritzen; aus Ton kann man Buchstaben formen und zusammenlegen, auf eine Tonplatte auflegen und mit dieser fest verbinden; man kann Einzelbuchstaben aus Ton auf verschiedene Untergründe aufkleben oder montieren.

4   Gips kann man einkratzen, einschneiden und als Untergrund-
    platte für verschiedene Materialien, aus denen Buchstaben
    gebildet sind, benutzen. Gips kann man, genau wie Ton, als
    Negativ- oder Positivform verwenden. Gipsplatten dienen
    auch als seitenverkehrte Druckplatten, als Abdruckplatten und
    Formen, als Ausgieß- oder Abgußformen für Ton.

5   Holz kann man einschneiden, eingraben, einritzen und schnit-
    zen, einbrennen, aussägen, zusammennageln usw.

6   Linol kann man ebenfalls einritzen und einschneiden; dazu
    verwendet man Linolschnitzmesser.

7   Rinde und Pflanzenblätter kann man einritzen, einschneiden
    und eindrücken, danach mit Farbe tränken.

8   Leder kann man, wie Pergament, beschreiben, bedrucken,
    stanzen, prägen, unterlegen, zu Buchstaben schneiden.

9   Papier und Pappe kann man beschreiben: das bedeutet, daß
    man eine flüssige Lösung, die sich in der Farbe vom Unter-
    grund deutlich abhebt – wie Tinte, Tusche, andersfarbige
    Konsistenzen –, mittels einer Rohrfeder, einem Gänsekiel,
    einer Stahlfeder oder einem Pinsel auf dem Schreibuntergrund,
    trockene Farben in Form von Stiften, Kreide oder Kohle
    aufträgt. Wenn die Schrift »negativ« erscheinen soll, muß man
    sie mit einem zunächst unsichtbaren und wasserlöslichen Mittel
    auftragen, etwa mit Gummiarabikum, und danach das ganze
    Untergrundblatt einfärben. Diese Farbe darf nicht wasserlös-
    lich sein. Nachdem die Farbe getrocknet ist, wäscht man die mit
    wasserlöslichem Stoff aufgetragenen Buchstaben aus der Fläche
    heraus. Diesen technischen Vorgang nennt man Absprengtech-
    nik (vgl. Abb. 16a). Außerdem kann man ausgeschnittene oder
    ausgestanzte Buchstaben auf Papier legen und dann übermalen,
    übersprühen, schraffieren u.v.a.m., so daß eine Negativform
    auf dem Untergrund verbleibt.

10 Buchstaben und Schrift kann man als Stempel herstellen und zu
    Texten kombinieren, aber auch als zusammenhängenden Text
    in eine Platte aus Holz, Linol, Metall u.a. einschneiden und
    von der Platte drucken. Für Abdrücke, auch für Materialab-
    drücke, können die verschiedensten Materialien oder Objekte
    verwendet werden.

11 Man kann einzelne flächige Buchstaben erhalten durch Aus-
    schneiden, Ausreißen, Ausstanzen, sie mit verschiedenen
    Materialien überziehen oder einzelne Materialteile zu einer
    ganzen Fläche zusammenkleben, -nähen, -montieren usw.

12 Draht kann man zu Buchstaben biegen oder mit einem Lötkol-
    ben zu Buchstaben verlöten, ebenso Formen mit Draht umwik-
    keln.

13 Eisen kann man schmieden, Metall gießen oder treiben, vernie-
    ten, montieren, einritzen, punzen, gravieren, ätzen, hämmern,
    sägen.

14 Gewebe kann man beschreiben, bedrucken, Buchstaben einwe-
    ben, aufsticken und applizieren.

15 In Glas kann man Buchstabenzeichen und Schrift einschleifen,
    einbrennen, ritzen; man kann Glasbuchstaben auf Glas oder
    auf andere Materialien aufsetzen, Buchstaben aus anderem
    Material auf Glas aufsetzen, einzelne Glasbuchstaben gießen,
    blasen, biegen, pressen und weiterbearbeiten durch Ritzen,
    Schleifen, Ätzen.

16 Kunststoff, ob als flächiges oder körperhaftes Material, kann
    man eingraben, einbrennen, gießen, pressen, einschneiden und
    verkleben, außerdem auf- und einschweißen.

Plastische Einzelbuchstaben kann man aus Glas, Metall, Stein,
Gewebe, Gips, Kunststoff, Holz und vielen anderen Materialien
herstellen, auch aus den fertigen Elementen unterschiedlichster
Materialien, man kann sie ebenso vergolden, wie es bei tieferliegenden Schriften oft praktiziert wird.

    Aleatorische Werkverfahren lassen dem Zufall breiten Raum und
stehen deshalb eigentlich im Gegensatz zu den normalen und
schrifterhaltenden Prinzipien. Trotzdem werden sie heute immer
mehr in der Schriftgestaltung eingesetzt. Besonders in der modernen
Bildgestaltung treten Buchstaben als Bildelemente auf. Auch in der
Werbung, im Film und im Fernsehen wird Schrift malerisch verändert: Aus einem Gegenstand oder aus einer nebelhaften Farbfläche
formt sich ein Schriftbild oder ein Buchstabe, oder ein bestehendes
Schriftbild zerfließt, zerbröckelt, wird verwischt usw. Die moderne
Foto- und Computertechnik ermöglicht solche Trickverfahren.

Zu den aleatorischen Techniken zählen auch viele Drucktechniken, der Abdruck, der Umdruck und der Stempeldruck, vor allem als Materialdruck, Lauf-, Tropf-, Sprüh- und Kratztechniken, sozusagen alle »Zwischentechniken«, die nicht nur das Malen mit dem Pinsel, sondern das Wischen oder Tupfen mit Lappen, das Aufspachteln usw. mit einschließen. Solche Werkverfahren sind nie eindeutig und immer vielfältig im Ausdruck. Sie verbinden linienhafte, flächenhafte, strukturierte und farbige Wirkungen miteinander.

3 Material und Technik in ihrem Einfluß auf die Buchstabengestalt

Nicht nur die verwendeten Arbeitsmaterialien und Techniken haben eine spezifische Wirkung, sondern auch vor allem der Schreiber selbst bestimmt das Erscheinungsbild von Schrift. Ein Beispiel dafür bietet die Handschrift: Obwohl eine ganze Klasse von Kindern die gleichen Buchstaben unter den gleichen Voraussetzungen schreiben gelernt hat, sieht das Schriftbild bei jedem einzelnen von ihnen anders aus.

a) Manuelle und maschinelle Schrift – Schreiber und Schreibmaschine

Um 3000 v. Chr. waren die Schreiber Beamte. Schreib- und lesekundig waren Priester, Offiziere und Kaufleute. Als Tachographen, Schnellschreiber (Tachographie = Kurzschrift des Altertums), dienten Sklaven. Um 1000 n. Chr. kamen in Griechenland und Rom Gelehrte und Schriftsteller als Schreibkundige hinzu. Mit dem Beginn des Christentums und während des ganzen Mittelalters übernahmen Mönche die Schreibarbeiten. Im Auftrag Karls des Großen führte der irische Abt und Gelehrte Alkuin um 800 im Frankenreich eine Schreibreform durch. Irische Mönche gründeten im heutigen Deutschland viele Klöster, die sich bis zum 14. Jahrhundert mit der Buchstabenherstellung befaßten. Zu dieser Zeit entstand in Italien eine von einem jungen Bürgertum getragene humanistische Bildung, die das Lesen und Schreiben förderte. Hier und später auch in Deutschland richteten sich gewerbsmäßige Schreiber ein, die im Auftrag abschrieben, auch für die entstehenden Universitäten. Außer den berufsmäßigen Schreibern, die in Werkstätten oder privat arbeiteten, gab es Kanzleischreiber, Staatsbeamte, die die Kalligraphie, das Schönschreiben, zu pflegen hatten. Sie schrieben Verträge oder Urkunden usw. Der Auftrag zu Schreibarbeiten galt als ehrenvoll, oft sogar als göttliche Berufung mit entsprechender religiöser und moralischer Verpflichtung.

Lange Zeit blieb die Ausbildung zum Schreiben und Lesen nur kleinen Bevölkerungsgruppen vorbehalten. 1717 wurde in Preußen die allgemeine Schulpflicht eingeführt, und erst seit dieser Zeit ist der Großteil der Bürger des Lesens und Schreibens mächtig. Verständigungs- und Mitteilungsvehikel des Privatmanns ist die Handschrift. Jede Handschrift ist individuell und lebendig, auch die von professionellen Schreibern. Die maschinelle Schrift hingegen fordert und fördert Norm und Wiederholbarkeit im Aussehen, erhält damit einen offiziellen Charakter. Manuelle und maschinelle Schrift beeinflussen sich jedoch. Man bedenke, daß die Schriftschreiber aller Zeiten, auch die, die als Letternschneider tätig gewesen sind, Aussehen und Form aller heutigen maschinell zu setzenden Drucktypen beeinflußt und geprägt haben. Je größer die technischen Möglichkeiten werden, um so wichtiger wird der Einfluß auf die Formgebung durch manuelle Schreibvorgänge bleiben.

Im Mittelalter gesellten sich dem Schreiber der Maler zu, der das Buch mit Bildern versah, der Illuminator, der Zierleisten anlegte und Buchstaben farbig ausgestaltete, und der Miniator, der kleine Bilder (Miniaturen) als Illustrationen anfertigte.

Die Entstehungsgeschichte der Schreibmaschine, der »Druckmaschine« des beruflichen und privaten Alltags, liegt zwischen 1714 und 1866, die eigentliche Entwicklungsgeschichte um 1867 bis etwa 1898. Die neuzeitliche Schreibmaschine existiert etwa seit 1900. In größeren Stückzahlen wurden Schreibmaschinen seit 1873 von Remington in den Vereinigten Staaten gebaut.

Die gebräuchlichste Schreibmaschine ist die Typenhebelmaschine mit Tastatur. Ab 1961 findet als Druckvorrichtung auch ein Kugelkopf Verwendung, der den Vorteil bietet, daß er schnell gegen andere mit anderen Schrifttypen ausgewechselt werden kann. Außerdem sind Fehlschaltungen, die bei der Typenhebelmaschine vorkommen können, ausgeschlossen. Modernste Schreibmaschine ist heute die mit Typenrad. Aus der elektrischen Schreibmaschine wurde 1967 eine Blindenschrift-Schreibmaschine entwickelt, die als Normalschreibmaschine wie auch als Schreibmaschine für die Blindenkurzschrift verwendet werden kann.

Daß man auch die Schreibmaschine für bildnerische Gestaltungen einsetzen kann, zeigen die abgebildeten Piktogramme (Abb. 94).

94a, b) Gestaltungsmöglichkeiten mit der Schreibmaschine: a) Verschiedene Muster oder Raster, die durch Neben- und Übereinandertippen entstanden sind – b) Piktogramm. Schülerarbeit (13. Klasse)

b) Material und Werkspur

Die Spur, die man durch einen manuellen oder mechanischen Vorgang auf einer Fläche oder einem Material zeichnet, nennt man *Faktur*. Wenn eine Papierfläche sehr weich ist und man mit dem Schreibgerät fest aufdrückt, kann man die Faktur als Vertiefung erfühlen. Auch optisch ist sie wahrnehmbar.

Papier ist der Hauptschriftträger. Bevor man es kannte, schrieb man auf Papyrus und auf Pergament. Alle Materialien, die als Schreibuntergrund dienen, beeinflussen das Schriftbild und die Technik des Schreibens selbst.

Papyrus, Pergament und Papier, bei letzterem wieder die unterschiedlichen Papiersorten, saugen Schreibflüssigkeit unterschiedlich auf und konservieren sie verschieden. Dick aufliegende Farben können lackartig glänzen, aber auch abspringen, eingesaugte flüssige sich sehr haltbar mit dem Untergrundmaterial verbinden, aber auch auslaufen und verblassen.

Der Druck des Schreibers beim Schreibvorgang, die Art der Schreibflüssigkeit und die Menge, in der sie auf dem Schreibuntergrund abgegeben wird, auch die Art, wie das geschieht, machen die Werkspur aus. Sie ist Vertiefung oder Relief, feines oder breites, helles oder dunkles, auch zwischen hell und dunkel wechselndes Band. Die Richtung der Buchstaben verleiht der Werkspur einen unverwechselbaren Rhythmus und Ausdruck.

Die Werkspur, die eine bestimmte Person aufgrund ihrer persönlichen Eigenarten eben in einer ganz bestimmten Ausformung und Art auf einem Untergrund anbringt, nennt man *Duktus*.

Die Vorstellung von alten und neuen Beschreibmaterialien erklärt zusätzlich die Ausstrahlung von Schriftzeichen, die nicht nur optisch ablesbare Zeichen sind, sondern eben auch erfühlbare und unverwechselbare Spur.

Cyperus Papyrus:
Papyrus ist eine im tropischen Afrika heimische Sumpfpflanze, deren dreikantige Stengel bis zu 5 m hoch werden. Das Mark der Stengel wurde in Streifen geschnitten, auf einem Brett kreuzweise in zwei Lagen übereinandergelegt und zusammengeklopft. Durch den

heraustretenden Pflanzensaft verklebten die Fasern zu einem zarten, aber sehr haltbaren Gewebe. Nach dem Trocknen wurde dieses mit einer Muschel oder mit einem Tierzahn geglättet. Die Horizontallage der Fasern ergab die Ober- oder Schreibseite. Da man dieses Material wegen seiner Elastizität nicht knicken konnte, wurden die einzelnen Papyrusteile zu Rollen aneinandergeklebt. Auf einen Stab gewickelt, konnten diese Rollen eine Länge bis zu 40 m haben. Normalerweise waren sie bis zu 6 m lang. Mit Papyrus bezeichnete man später alles, worauf geschrieben wurde. Auf Papyrus blieb das Geschriebene lange sichtbar. Die Schreibflüssigkeit zog tief in die Fasern ein und konnte deswegen nicht ausgelöscht werden. Im trockenen Wüstensand wurde das Material vor Fäulnis bewahrt. So kommt es, daß viele Originalschriften bis in die heutige Zeit erhalten geblieben sind.

In Ägypten soll bereits um 4000 v. Chr. der Schreibgrund aus Papyrus hergestellt worden sein. Später verwendeten auch die Griechen und Römer dieses Material. Sie führten entweder den Rohstoff oder das schon fertige Produkt aus Ägypten ein. Papyrus wird heute nicht mehr verwendet. Japanpapier hat jedoch eine ähnliche Rohstoffbeschaffenheit.

Pergament:
Zeitweilig sperrte Ägypten die Ausfuhr von Papyrus, um den Buchbesitz der Griechen zu beschränken, die so gezwungen waren, sich nach anderen Schreibuntergründen umzusehen. Der Versuch, das Fell von Weidetieren dafür zu verwenden, gelang. Während ursprünglich Schaf-, Schweine-, Esel- und Ziegenfelle benutzt wurden, bestrich man im Mittelalter Kalbfelle mit gelöschtem Kalk, schabte das sich lösende Fell ab und bleichte dann die Haut mit Kalkwasser. Danach glättete man sie mit Bimsstein, überzog sie mit Bleiweiß und Leim und rieb sie nach dem Trocknen mit Leinöl ein. Vor der Benutzung war das Pergament oft noch von Verschmutzungen zu reinigen, die durch den Transport entstanden. Vor allem aber mußte es beschnitten werden. Den Namen Pergament könnte das Material nach der Stadt Pergamon erhalten haben, die besonders schöne Tierhäute herstellte. Die Griechen nannten das Pergament *Somatia*, die Römer *Membrana*.

Durch Ausreiben oder Ausschaben konnte man die Schrift vom Pergamentgrund entfernen. Um neuen Schreibuntergrund zu bekommen, löschte man so ganze Bücher aus. Ein zum zweiten Mal beschriebenes Pergamentblatt nennt man *Palimpsest*.

Papier:
Den Namen erhielt das Papier wegen seiner äußeren Ähnlichkeit mit Papyrus. Trotzdem ist es in seiner Zusammensetzung wie auch als Endprodukt etwas ganz anderes. Während Papyrus ein reines Naturprodukt ist, entsteht Papier durch einen komplizierten Arbeitsgang, in dem zubereitete Fasern miteinander verfilzt werden.

Die Papiermacherkunst wurde von dem Chinesen Tsai-Lun um 105 n. Chr. erfunden. Sie breitete sich bis etwa 700 n. Chr. in ganz Ostasien aus. Im 10. Jahrhundert ist sie bereits in Kleinasien nachweisbar, gegen Ende des 11. Jahrhunderts in Spanien, um 1270 in Italien, um 1340 in Frankreich. Um 1390 nahm Olmann Stromer die erste deutsche Papiermühle bei Nürnberg in Betrieb. Diese Tatsache war für die Typographie von großer Bedeutung. Bis zum Anfang des 19. Jahrhunderts wurde ausschließlich handgeschöpftes Papier, *Büttenpapier* (geschöpft aus der Bütte), aus Lumpen hergestellt. 1799 gelang dem Franzosen Louis Robert die Konstruktion der ersten Papiermaschine, die 1829 von Claude Genoux verbessert wurde. Im Zuge der Entwicklung wurden dann auch bald andere Rohstoffe, vor allem Holz, zur Papierherstellung herangezogen. Holz bildet heute den Hauptbestandteil für die Papierherstellung. Es kommt als Holzschliff und in chemisch zubereiteter Form als Zellstoff, der 1865 zum ersten Mal hergestellt wurde, zur Verarbeitung.

Die Rohstoffe (Halbzeug) – Lumpen, Holzschliff, Holz- und Strohzellulose – werden mit Wasser, Füllstoff oder eventuell mit Farbe zu Ganzzeug verarbeitet und der Papiermaschine zugeführt, wo dieser Masse zunächst durch die Führung des Papierbreis über eine längere Siebpartie, dann durch Pressen und Walzen das Wasser entzogen wird. In Trockenzylindern wird das ausgewalzte Papier vollständig getrocknet, geglättet, eventuell vorher – noch in nassem Zustand – mit Wasserzeichen versehen (praktisch eine Verdünnung des Papiers an dieser Stelle) und dann nach Bedarf in verschiedenen Formaten geschnitten. Es kann aber auch als Rollenpapier belassen werden.

Man unterscheidet nach der Stoffzusammensetzung holzhaltiges, mittelfeines, holzfreies Papier (Papier mit einem Holzgehalt von etwa 6 % wird als holzhaltig bezeichnet), geleimtes, stark geleimtes, ungeleimtes Papier (1806 erfand F. M. Illig die Papierleimung). Nach der Herstellung kann man Papier bezeichnen als Handpapier (echtes Büttenpapier, mit der Hand geschöpft) oder Maschinenpapier, das man noch näher bezeichnen kann nach der Art, wie es bearbeitet ist (z. B. durch Leinenprägung).

Heute werden die Maschinenpapiere in zwei Gruppen eingeteilt: *Naturpapiere* und *gestrichene Papiere*. Die Oberfläche der Naturpapiere wird teilweise satiniert, d. h. die Papierbahn wird zwischen Walzen geglättet. Gestrichene Papiere gibt es als glänzende und mattgestrichene Sorten. Hierbei wird das Rohpapier mit einem Anstrich auf beiden Seiten versehen, der beim Original-Kunstdruckpapier aus Kasein besteht. Hochglänzende Papiere und Kartons werden nach dem Strich nochmals durch einen Kalander, eine Maschine zum Glätten von Papier und Gewebe, gefahren und erhalten so ihre Oberfläche. Bei farbigen Papieren wird im Fall von Naturpapier die Farbe dem Papierbrei beigegeben, so daß sie völlig durchgefärbt werden. Beim Kunstdruck wird ein farbiger Strich aufgebracht, so daß gestrichene Papiere auf jeder Seite des Bogens andersfarbig sein können. Kostbares Büttenpapier trägt häufig die Bezeichnung der Herstellerfirma (z. B. »Hahnemühle«, seit 1584); eine alte Bezeichnung für Firmen der Papierherstellung ist »Papiermühle«.

Papier läßt sich – etwa für Glückwunschkarten – durch Reißen mit einem Büttenrand versehen. Dazu wird die Reißschiene fest auf das Blatt Papier gepreßt und das auf der rechten Seite überstehende Stück schnell in Richtung auf die Schiene weggerissen (Abb. 95).

Nicht nur die Art des Papiers, sondern auch das Papierformat, die Beschaffenheit der Blattränder, die Schrifttype, die man zu der Papierfarbe und Oberflächenstruktur wählt, kann die Wirkung des Textes und der Schrift beeinflussen. Jedes Material hat eine andere Wirkung auf die Schrift und den Ausdruck der Buchstaben.

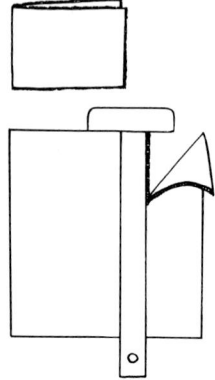

95 Papier läßt sich durch Reißen mit einem Büttenrand versehen: Man preßt die Reißschiene fest auf
das Blatt Papier und reißt das auf der rechten Seite
überstehende Papier in Richtung auf die Schiene
nach unten weg.

c) Serifen und Schmuckformen der Buchstabenenden

Die Serife sei gerade an dieser Stelle ausführlich behandelt, weil sie
als Beispiel dafür stehen mag, wie ein minimaler Anstoß oder ein
Mißgeschick, das man zu vertuschen oder zu korrigieren suchte, ein
geradezu phantastisches Ergebnis bewirken kann.

Serifen nennt man – wie bereits erwähnt – die auf eine bestimmte
schmückende Art betonten Endungen von Groß- und Kleinbuchstaben. Ursprünglich waren nur die Großbuchstaben mit Serifen
versehen, die bei der römischen Capitalis durch das Nachhauen der
mit dem Flachpinsel auf dem Stein vorgeschriebenen Buchstaben
entstanden: Die Buchstaben wurden oben und unten durch eine
Linie »in der Zeile« gehalten. Wenn man sich beim Hauen der
Buchstabenenden auf diese Linie zu bewegte und vielleicht zu
kräftig schlug, konnte es sein, daß der Stein ausbrach. Um diesen
Mangel zu beseitigen, zog man die Buchstabenenden, sozusagen
vorbeugend, in einer ausschwingenden Linie auseinander und
machte so eventuelle Bruchstellen als solche »unsichtbar«. So
entstanden die Serifen, und eine winzige Korrektur hatte sich in eine
Schmuckform verwandelt (Abb. 96).

Einmal als kleiner Haarstrich an den Enden der Buchstaben
legitimiert, beflügelte die Serife die Gestalter zu vielen neuen

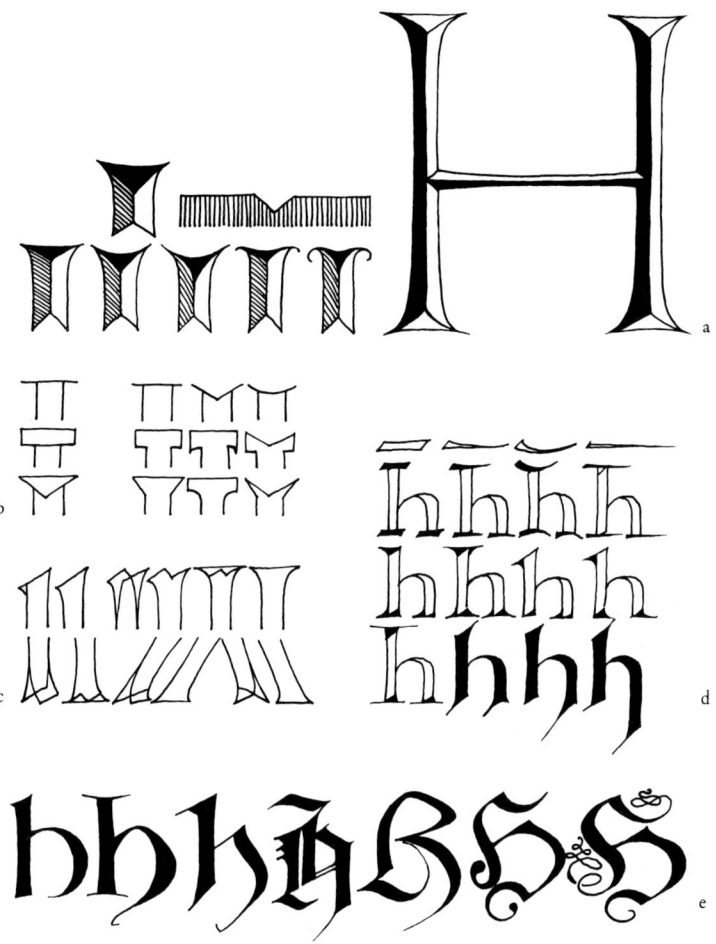

96 a–e) Serifen:
  a) Großbuchstabe H der römischen Capitalis
  b) Konstruierte Buchstabenenden in Serifenform
  c) Schreibkorrektur als Verbreiterung der Buchstabenenden
  d) Serifen, die durch den Schreibvorgang mit der Feder entstanden sind
  e) Buchstabe H als handgeschriebener Buchstabe aus verschiedenen Zeiten mit verschiedenen Endbetonungen: mit feinen Haarstrichen, mit Rollwerk, ornamentalen Linienwindungen, mit An-, Auf- und Endstrichen

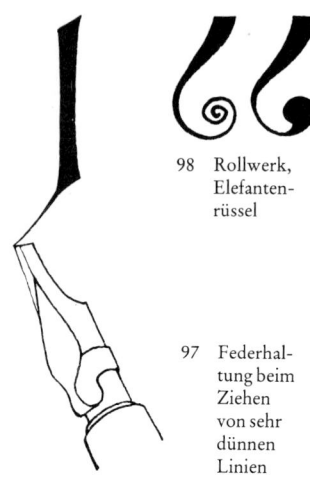

98 Rollwerk, Elefanten-rüssel

97 Federhaltung beim Ziehen von sehr dünnen Linien

formalen Varianten, die sich auch teilweise ohne besondere Anstrengung aus dem Schreibfluß ergaben.

Aus dem Federzug mit der Hand können sehr vielfältige Serifen und ausschwingende Buchstabenenden gebildet werden (Abb. 97). Im Barock bildeten sich solche haarfein auslaufenden Buchstabenenden zu einem schwingenden Liniengefüge aus, zu *Rollwerk*, das die Buchstaben, besonders den Anfangsbuchstaben ornamentähnlich umrankte und auch oft den Blattrand oder die ganze Buchseite ausfüllte. Auslaufende Endungen an Fraktur-Großbuchstaben nennt man *Elefantenrüssel* (Abb. 98). Hierbei verjüngt sich die Endung des Buchstabens und läuft in einer einzigen haarfeinen Linie aus. Der Elefantenrüssel kann sich einrollen, so daß die Linie noch sichtbar bleibt, er kann sich aber auch zu einer Tropfenform schließen. Aus einem kleinen schreiberischen Mißgeschick – die Feder war ausgelaufen – wurde so eine Tugend gemacht, ein weiteres Beispiel dafür, daß häufig technische Voraussetzungen die Form beeinflussen.

Obwohl die Serifen, wie wir sahen, als »Notlösung« entstanden waren, führen sie doch ein gewisses Eigenleben. So vielfältig die Möglichkeiten der Endbetonung jedoch auch sind, es ist darauf zu achten, daß die Serifen nie zu gewichtig ausfallen und die Buchstabenform dadurch erdrücken. Sie müssen immer formal zu ihrem Träger passen.

Die feinen Haarstriche können sich zu einem derart kunstvollen Ornament oder Rollwerk ausdehnen, daß sie fast ausdrucksstärker als die Buchstaben selbst sind und diese wie in ein Gitter- oder Netzwerk einspannen (Abb. 99). Der ornamentale Charakter einer Schrift entsteht nicht selten eher durch die zusätzlichen Verzierungen als durch den Buchstaben selbst.

onfitemini Domino quoniam bonis quoniam in feculum miſericordia ciuſ. Dicat nunc Iſtrahel quoniam bonus. quoniam in feculum miſericordia ciuſ. Dicat nunc domus Aaron. quoniam in feculum miſericordia ciuſ. Dicant nunc qui timent Dominum. quoniam in feculum miſericordia ciuſ. De tribulatione inuocaui Dominum. et exaudiuit me in latitudine Dominus. Dominus mihi audiator non timebo quid faciat mihi homo. Dominus mihi audiator. et ego defpiciam inimicos meos. Bonum eſt confidere in Domino. Pſ: cxvij:

99 Eine Seite aus: Johann Neudörffer d. A., Eine gute Ordnung und kurze Unterricht, Nürnberg 1538

100 Buchstabe aus einem Bandgeflecht, das sich an den Enden zu eingerollten Blättern ausstülpt: Initial B mit jugendlichem David (Nachzeichnung), Miniatur. 2. H. 13. Jh. Stiftsbibliothek Admont/Frankreich

101 Moderne Fassung als »Pendant« zu Abb. 100. Schülerarbeit (6. Klasse)

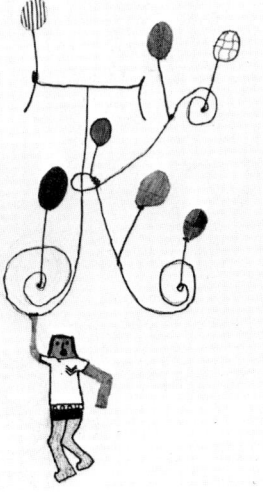

a

b

c

d

e

f

Es gibt viele Schriften ohne Serifen, d. h. ohne schmückende Endstriche. Diese »Serifenlose Linear-Antiqua« bezeichnet man auch als »Serifenlose« oder »Skelettschriften«. Trotzdem kann ihr Körper, je nachdem welches Schreibwerkzeug man verwendet, an den Enden verschieden beschaffen sein. Durch Zeichnung oder Konstruktion kann man die Enden der Buchstaben ebenfalls vielfältig ausschmücken, ohne Serifen zu benutzen (Abb. 102 b, c).

d) Technische Korrektur

Ein Schreibkundiger, besonders der, der Buchstaben mit der Hand in einem Schwung ziehen oder schreiben kann (Abb. 103), wird wenig korrigieren müssen, es sei denn, er muß den Fluß des Zeilenbandes ausgleichen, etwa wenn aufgrund der Größe und Form einzelner Buchstaben ein bestimmter Abstand nicht eingehalten werden kann. Doch auch einem geschulten Schreiber kann ein »Ausrutscher« passieren. Wenn er den Schaden nicht verdecken oder beseitigen kann, muß er sich etwas einfallen lassen, wie am Beispiel des Elefantenrüssels zu sehen war.

Außer der Methode des Wegradierens mit einem Radiergummi oder der des Ausschabens mit einem Glasradierer, der aus feinen Glasfasern besteht, gibt es die weißen flüssigen Abdeckpasten.

Korrektur bedeutet aber nicht nur Verbesserung, sondern kann auch ganz bewußter Eingriff in eine bestehende Form sein und konkrete Absichten verfolgen. Ein Beispiel: Zunächst übernahm man für die Drucklettern, die mechanisch mit Maschinen gesetzt

◁ 102 a–f) Buchstaben ohne Serifen, aber mit endbetonten Balken:
    a) Buchstabe ohne Serifen – Buchstabe ohne Serifen, aber mit endbetonten Balken – Buchstabe mit angesetzten Querbetonungen, die auch Serifenfunktion haben
    b) Buchstabenbalken ohne Serifen mit verschiedenen Grundausformungen der Buchstabenenden
    c) Komplizierte Endbetonungen, die durch Einziehen der Buchstabenbalken entstanden sind
    d) Geometrische Grundformen als Schmuckenden an Buchstaben
    e) Variationen von Buchstabenenden, die sich aus den drei Grundformen Rechteck, Kreis und Dreieck ergeben
    f) Konstruierte Abschlüsse an Buchstabenenden

103 Schriftentwurf mit An- und Abschwüngen, die man nicht konstruieren kann

wurden, die Buchstabenformen, die sich beim Schreibvorgang aufgrund der Verwendung bestimmter Schreibwerkzeuge herausgebildet hatten. Aber bald stellte man fest, daß für den Satz andere Formen benötigt wurden: Im Winkel der Schriftbalken sammelte sich nämlich Druckfarbe. Dadurch wurde der Buchstabe verformt. So schnitt man bei der Konstruktion der Lettern an solchen kritischen Stellen einen kleinen Punkt oder einen kleinen Zwickel ein, in denen sich überschüssige Farbe absetzen konnte (Abb. 104).

104 Bei der Konstruktion von Lettern schnitt man an den Stellen, an denen Schriftbalken eng aneinanderstoßen, kleine Punkte oder Zwickel ein, um die Sauberkeit des Buchstabens beim Druck zu garantieren: Farbe, die sich an diesen engen »Stoßkanten« sammelte, konnte so abfließen.

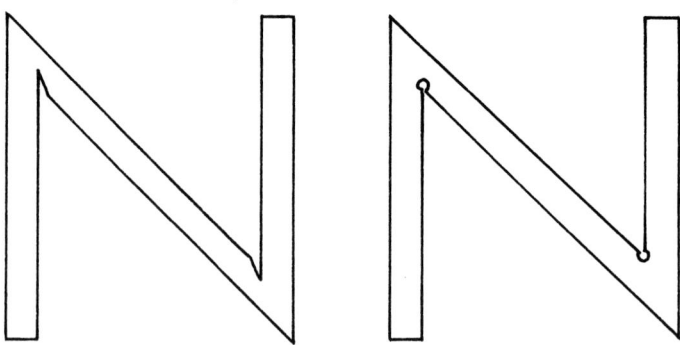

4 Zusammenfassung

Werkverfahren bestimmen das Bild des einzelnen Buchstabens und das gesamte Schriftbild. Außer dem Schreibvorgang, der mit Hilfe eines Stiftes, einer Feder oder eines Pinsels vor sich gehen kann, gibt es viele andere manuelle Verfahren, die sehr verschiedene Werkzeuge und Techniken zur Anwendung bringen. Diese beeinflussen die geschriebene Schrift, so wie sie selbst von der Schreibschrift beeinflußt werden.

Schrift kann man schreiben, zeichnen oder konstruieren. Beim Schreibvorgang gibt es vier grundsätzliche Linienformen, den Gleich- oder Schnurzug, den Wechselzug, den Schwellzug und den Vielfachzug. Sie werden für die maschinelle Schrift übernommen.

Nicht nur durch verschiedene Techniken, sondern auch durch die historische Entwicklung werden Schriften geprägt. So entstehen erst allmählich aus Bildern und über abstrahierte Bilder Buchstabenzeichen als Sinnzeichen, zunächst Großbuchstaben und später im Mittelalter zusätzlich Kleinbuchstaben. Erst ab dem 16. Jahrhundert entsprechen die Zahlzeichen formal den Schriftzeichen und werden in den Schriftsatz eingefügt.

Die ägyptische Hieroglyphenschrift ist eine Bilderschrift, die Keilschrift aus Mesopotamien eine Silbenschrift. Erst die Griechen haben die Buchstaben nach einem geometrischen System festgelegt und damit die Grundlage für unser heutiges Alphabet geschaffen. Von den Griechen übernahmen die Römer die Buchstaben. Die römische Capitalis stellt die Ausgangsform für alle abendländischen Schriften dar, die sich, je nach geographischer Lage, als Nationalschriften ausbilden. Während die runden Schriftformen auf italienisches Vorbild zurückgehen und ein sehr harmonisches Schriftbild zeigen, bildet sich auf fränkischem Boden als einzige gebrochene Schrift die gotische Textura aus, die zu einer typisch deutschen Schriftform wird. Heute wird sie nur noch selten verwendet, meist als Schmuckform für Überschriften. In der Renaissance und im Barock war sie Vorbild für die Schwabacher und später für die Fraktur (1507), zwei markante deutsche Letternformen, bis zur Kanzleischrift (bis 1720).

Fünf Grundschriften genügen, um alle erdenklichen Schriftformen abzuleiten und weiter zu entwickeln: die römische Capitalis, die römische Unzialis, die gotische Textura, die Humanistische Antiqua und die Grotesk. Verschiedene Ausschmückungen können einen Buchstaben vielfach variieren und zu neuen Wirkungen bringen.

Zusatzzeichen – Ziffern, Satzzeichen, Betonungs- und Aussprachezeichen, Sinnzeichen wie die Blindenschrift oder das Morse-Alphabet, Informations- und Dekorationszeichen – ergänzen die Schrift und unterstützen präzisierend, gliedernd, stellvertretend oder schmückend den Text. Durch sie wird der Sinnzusammenhang einer Aussage mit erschlossen.

Die Serife ist ein sehr wesentliches und buchstabenspezifisches Schmuckelement. Sie bildet sich bereits bei der römischen Capitalis aus und wird in der Schriftgestaltung auf vielfältigste Art interpretiert und verwendet. Jede kleinste Zutat oder Veränderung am Buchstaben steigert seinen ornamentalen Charakter. Aber auch schon die bewußte Anordnung der Buchstaben auf einer Fläche oder auf einem Gegenstand oder ihre Zusatzbestimmung durch Farbe kann der einfachsten und funktionalsten Schrift Ornamentcharakter verleihen. Jedoch steht die Funktionalität einer Schrift, d. h. ihre Lesbarkeit, im Vordergrund und muß bei jeder Veränderung der einzelnen Buchstaben bedacht werden.

III   Die Typographie

Mit Typographie wird seit dem 17. Jahrhundert die Buchdruckerkunst im allgemeinen bezeichnet. Heute versteht man darunter
besonders die künstlerische Gestaltung eines Druckwerks, wobei
die Wahl der Type und des Schriftgrades, des Satzspiegels, die
Zuordnung der Abbildungen zum Text, aber auch Papier und
Einband eine Rolle spielen. Die Entdeckung der Buchdruckerkunst
stellt, wenn man ihre Folgen rückblickend bedenkt, eine Weltrevo-
lution dar.

Im Gegensatz zur Handschrift, der Lebensäußerung des Indivi-
duums, ist die Typographie beinahe eine öffentliche, vom Menschen
losgelöste Institution mit einer Mechanik, die technisch immer
vollkommener arbeitet und dabei Gestaltungsvorgänge systemati-
siert.

Für die Verbreitung von Schrift und Text hat das Buch stets große
Bedeutung gehabt.

Zur Diskussion:
Wenn man die abgebildeten Schülerarbeiten betrachtet (Abb. 105),
wird man bemerken, welche Vielzahl von Drucklettern es gibt, nicht
nur zur Gestaltung der Überschriften, sondern auch für den Text-
satz.

Hier, wo sie ganz auf ihre bildhafte Wirkung beschränkt sind,
wird ihre Formenvielfalt, die uns im Textzusammenhang etwa einer
Zeitung vielleicht gar nicht so auffällt, um so deutlicher. Sie gliedern
und betonen dort viel mehr unter pragmatischen Gesichtspunkten
als unter ästhetischen.

a

105 a, b) Collagen, aus einer Vielzahl von Drucklettern, mit bildhafter Wirkung.
Schülerarbeiten (10. Klasse)

b

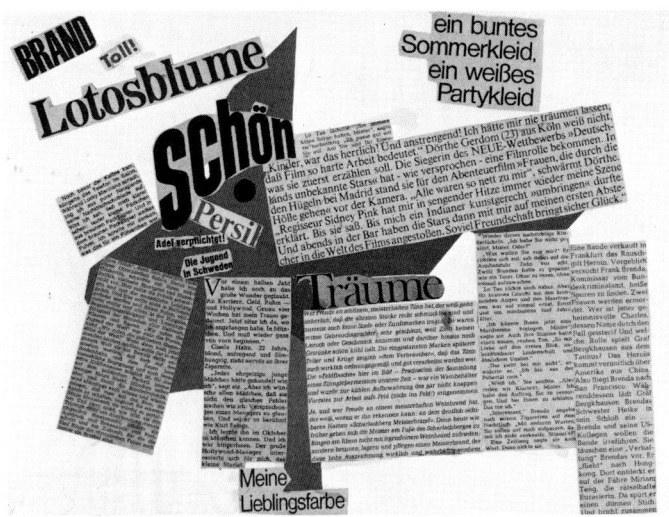

1 Die bewegliche Letter

Mit Letter bezeichnet man den gegossenen Druckbuchstaben, der mit anderen formal gleich gestalteten Einzelbuchstaben zu einem Wort, zu einer Zeile und zu einem Text zusammengesetzt wird, der – nach Auftragen von Druckfarbe – gedruckt werden kann. Die einzelnen Lettern sind also Stempel (Abb. 106).

Die Herstellung solcher Buchstabenstempel für den privaten Gebrauch oder allgemein künstlerische Gestaltungsvorhaben ist auf vielen Stempelträgern möglich. Besonders in der Schule und in der Ausbildung zu einem Beruf, der sich mit Schrift und Text befaßt, ist der Umgang mit einzelnen Buchstabenformen, die man selbst konzipiert, von besonderem Wert. Solche Buchstaben lassen sich vielfältig anordnen und kombinieren, was den Bildcharakter des Buchstabenzeichens besonders deutlich macht. Auch der Abdruck als solcher kann malerische Qualität haben, die zusätzlich wirkt. Der Letterndruck in der angewandten Typographie soll allerdings brillant schwarz und sauber ausfallen. Das erfordert einen ganz exakten Stempelschnitt. Der Stempelschneider muß nicht nur Schriftentwerfer, sondern auch ein überaus exakter Handwerker sein. Erst der manuell hergestellte und geschnittene Buchstabe konnte bislang seriell gegossen werden.

Eine gutgeschnittene und deutlich geformte Letter muß sich möglichst in jede gewünschte Größe verändern lassen (Abb. 107).

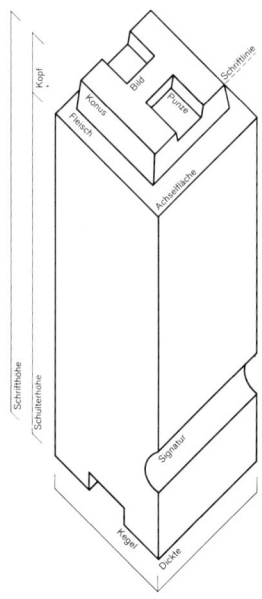

106 Letter: Buchstabenstempel, aus Metall geschnitten

Sichere Daten und genaue Informationen, die de
n Fortschritt und die Wirtschaftlichkeit im Fotosa
tz betreffen, sind wichtige Voraussetzungen zuk

4,50 mm (12 pt)

Sichere Daten und genaue Informationen, di
e den Fortschritt und die Wirtschaftlichkeit i
m Fotosatz betreffen, sind wichtige Vorausset

5,25 mm (14 pt)

Sichere Daten und genaue Informatio

6,00 mm (16 pt)

Sichere Daten und genaue Inform

6,75 mm (18 pt)

Sichere Daten und genaue Inf

7,50 mm (20 pt)

Sichere Daten und genaue I

9,00 mm (24 pt)

Sichere Daten und gen

11,25 mm (30 pt)

Sichere Daten und

13,50 mm (36 pt)

Sichere Daten u

15,75 mm (42 pt)

Sichere Daten

18,00 mm (48 pt)

Sichere Dat

107a

4,13 mm (11 pt)

Sichere Daten und genaue Informationen, die den Fortschritt und die Wirtschaftlichkeit im Fotosatz betreffen, sind wichtige Voraussetzungen zukunftso

4,50 mm (12 pt)

Sichere Daten und genaue Informationen, die den Fortschritt und die Wirtschaftlichkeit im Fotosatz betreffen, sind wichtige Voraussetzun

5,25 mm (14 pt)

Sichere Daten und genaue Information

6,00 mm (16 pt)

Sichere Daten und genaue Informat

6,75 mm (18 pt)

Sichere Daten und genaue Infor

7,50 mm (20 pt)

Sichere Daten und genaue Inf

9,00 mm (24 pt)

Sichere Daten und gena

11,25 mm (30 pt)

Sichere Daten und g

13,50 mm (36 pt)

Sichere Daten u

15,75 mm (42 pt)

Sichere Daten

18,00 mm (48 pt)

Sichere Dat

107b

a) Schrifttypen und Maßeinheiten

Alle größeren Druckereien geben Schriftmusterbücher heraus, die alle vorhandenen Schrifttypen katalogartig verzeichnen und veranschaulichen. Von diesen Schrifttypen gibt es jeweils verschiedene Größen. Sie richten sich nach einer bestimmten Norm, die nach DIN (Deutsches Institut für Normung) gekennzeichnet ist. Die Größe der Buchstaben wurde bis vor nicht allzu langer Zeit in Punkt und Cicero angegeben (laut einer Verordnung der EG muß sie heute in allen Satzsystemen in mm angegeben werden). Dieses typographische Punktsystem (Didot-System) wurde von dem Berliner Schriftgießer Berthold in ein Verhältnis zum Metermaß gebracht, das von den deutschen Schriftgießereien 1879 übernommen wurde: 1 m hat laut dieser Festlegung 2660 typographische Punkte, und 1 typographischer Punkt rund 0,367 mm oder ⅜ mm. 1 Cicero (cic.) beträgt 12 Punkt = 4,5 mm. Diese Schriftgröße, d. h. eine Schrift mit 12 Punkt-Kegel (= Typenkörper) wurde erstmals 1446 zum Druck von Ciceros Reden durch Peter Schöffer verwendet – von da her ihre Bezeichnung. Andererseits ist es auch möglich, daß dieser Kegel nach Ulrich Hans Cicero benannt wurde, der im 15. Jahrhundert in Rom eine 12 Punkt-Schrift geschaffen haben soll.

Unter den Schrifttypen gibt es sogenannte klassische – historische Schriften oder deren Abwandlungen unter Beibehaltung ihrer typischen Merkmale –, solche, die alte Vorbilder zeitgemäß verändern, und solche, die ganz neue Formen darstellen, ohne jedoch die Grundform des Buchstabenbildes zu verunklaren (Abb. 108).

Es gibt auch *Bastardschriften* (Antiqua-Varianten), die teils lateinische abgerundete, teils deutsche gebrochene Formen aufweisen (Abb. 109), und solche mit Elementen aus mehreren sehr unterschiedlichen Schriften, die aus verschiedenen Epochen stammen können, auch solche, die sich aus Groß- und Kleinbuchstabenschriften oder aus klassischen und modernen Lettern zusammenfügen oder Druck- und Kurrentschriften kombinieren.

◁ 107 a, b) Eine gut geschnittene Letter muß in jeder Größe gut lesbar sein. Die gezeigten Beispiele wurden im Fotosatz variiert. Hier gilt das gleiche wie bei der Veränderung einer Letter durch neuen Schnitt. a) American Typewriter leicht/mager (aus der Schreibmaschinenschrift entwickelt) – b) Fette Fraktur

108 a–j) Der Buchstabe E als Schrifttype in verschiedenen Epochen: a) Griechische
Antike – b) Römische Antike – c) Romanik – d) Gotik – e) Renaissance – f) Rokoko –
g) Klassizismus – h) Egyptienne – i) Jugendstil – j) 19./20. Jh. (Grotesk)

Schriftfamilien basieren auf der gleichen Grundtype, weichen
jedoch geringfügig in der Ausgestaltung voneinander ab. Zu einer
Schriftfamilie gehören zum Beispiel u. a. folgende Variationen:
leicht, mager, normal, halbfett, dreiviertelfett, fett, extrafett, kursiv
etc. Alle Varianten zeigen noch sehr typische Gemeinsamkeiten in
der Form. Aus einer Grundtype lassen sich Hunderte von Variationen ableiten. Schon die kleinsten Formveränderungen an einer
Letter verändern das Schriftbild eines zusammenhängenden Textes.

Viele Schriften tragen den Namen ihrer Entwerfer, meist großer
Schriftkünstler (Abb. 110a): zum Beispiel die Garamond (16. Jh.),
die Baskerville (18. Jh.) oder die Bodoni (18. Jh.). Wurden diese
Schriften später als schrägliegende Druckschriften verwendet,
nannte man sie Cursive. Diese Schriften werden alle noch heute

109 Bastardschrifttypen: Buchstaben mit Übergängen von breiten, runden zu schmalen, gebrochenen Formen

ABCDEFGHIJK
LMNOPQRSTU
VWXYZ abcdef
ghijklmnopqrstu
vwxyz1234567890
&?!ß£$(·)⸭⸎

Garamond

ABCDEFGHIJK
LMNOPQRST
UVWXYZabcd
efghijklmnopqrst
uvwxyz 1234567
890&?!ß£$(·)≈⸭«»

Bembo

ABCDEFGHIJ
KLMNOPQRS
TUVWXYZab
cdefghijklmnopq
rstuvwxyz 12345
67890&?!ß£$(·)«»

Baskerville

ABCDEFGHIJKL
MNOPQQRSTU
VWXYZabcdefg
hijklmnopqrstuv
wxyz1234567890
&?!ß£$(·)«»⸎

Palatino

ABCDEFGHIJK
LMNOPQRSTU
VWXYZ abcdef
ghijklmnopqrst
uvwxyz 123456
7890&?!ß£$(·)⸭

Bodoni

ABCDEFGHIJK
LMNOPQRSTU
VWXYZabcdef
ghijklmnopqrstu
vwxyz1234567
890&?!ß£$(·)⸭

Helvetica

MACHINE BOLD ST. DENIS Advertisers Gothic City Bold MEXICO OLYMPIC
DeVinne Fat Face Typewriter Bernhard Fashion Bookman Swash RIB BOLD
L&C Hairline Commercial Script Kabel Str. Hy QUEEN Somerset Ronda Bold
Chaillot Chantrey Churchward Antique Olive eng Caslon Black Swash
Treasury Open DAVIDA OPEN Visa Pistilli Roman abracadabra Parisienne
peardrop Avant Garde Bold M u l att u LIMA Antique Olive shaded
Antique Olive FONTANESI Peignot Bold Gill Ultra Pacific Alpina
Dempsey Medium ALPINE BLACK Poppl-Exquisit Rocky Fat FRANCE
Avant Garde Gothic X-Light Goudy Heavy Avant Garde XIIe Eurostile
Gill Ultra Bold super Condensed Cloister Bold Art Gothic La Salle CHARLEMAGNE
BUSORAMA MEDIUM Times Bold Swashes Boutique One Up Outline Metrocalik
Novel Gothic NYMPHIC TITLING VEB Primus Manuskript Gotisch Nova
BRADLEY Caslon X-Bold Concentra Futura Display Goudy Heavy
EGYPTIAN WOODCUT Century Elongated Blippo Black Condensed Monroe STOP SOUTACHE
TROCADERO Bronstein Bold Amsterdam Series 698 Stereo Columbus
ENGRAVERS CHUBBY Franklin Gothic Blackfriars Roman
Caslon Modern Swash Avant Garde Demi Abbot Old Style Calligraph
Churchward Hairline LIBRA Marquis Egyptian PRO ARTE Boccia
Bernhard Heavy BARONE Lancaster peardrop bold Circo CHEROUE
ST. DENIS OUTLINE Arabian Chicago en Modern Caslon 471 Italic Swash
Kabel X-Bold Condensed Italic Patrician Americana Goudy Heavy Shaded
Hallamshire Bookman Meola NEON BANKNOTE ITALIC Old English
Medusa Ronda Arrow Maypole UNICORN OPEN Macbeth Celtic Caslon Antique
CLIFFORD TITLING Broadway Outline ORBIT Domino Central Avenue
Flirt LATIN WIDE BAUERTEXT INITIALS GALLIA Ad Lib
TROCADERO OUTLINE Milano Roman One Up CREELY PROFIL
Firenze JIM CROW COLUMNA Genny Britannic VAPOUR Domingo Shadline Jana
MICROGRAMMA OLD BOWERY Craw Clarendon CAMEO? Major EXPO
NOVA OUTLINE Clearface Heavy CRISTAL Amelia PALMETTE Grembo
COLLARD Superba Egizio schmal Typo Script Neil Bold MOLE FOLIATE
Jugendstil Unziale Flyer Tempo Kolloss Bradley Outline Nina LOMBARDIC
Didi Lodwick Kabel Nicolas Cochin Grizzly HOPKINS WOOD Cable Black
Eckmann Auriol Fat Face RUNIC GROT ELONGATED Charleston Toms Roman AESTHETIC
UNCLE BILL Black Body Wagner HAPPENING Gorilla Chisel LENNIE

110c

110a, b) Schriften für Fließtext: Schriften, die nach ihrem »Erfinder« benannt wurden (a, linke Spalte) – Weitere gebräuchliche Schriften für Fließtext (b, rechte Spalte) – c) »Headlines«: Schriften für Überschriften

verwendet (dieses Buch z. B. wurde in der Garamond gesetzt). Ihre »Erfinder« waren: Claude Garamond (um 1480–1561), John Baskerville (1706–1775), Giambattista Bodoni (1740–1813). Moderne deutsche Schriften, die nach dem Entwerfer benannt wurden, sind u. a. Koch-Schriften, eine Eckmann-Schrift und zwei Zapf-Schriften, bei denen es sich allerdings um amerikanische Schriften handelt. Neben diesen und einigen zusätzlichen Schriftarten für »Fließtexte« (Abb. 110 b) entwickelte man auch viele Schmuckschriften, etwa zur Gestaltung von Überschriften (Abb. 110 c).

b) Papierformate und Seitenaufteilung

Der Buchdruck wird von vielen Faktoren bestimmt. Materialabhängige, technische, maschinelle und formale Komponenten spielen eine Rolle, ebenso die Qualität des Papiers wie Papierformate.

Das Hochformat ist in der Regel für ein Buch das zweckmäßigste, aber auch Querformate haben sich zunehmend durchgesetzt. Zwi-

111   Die gebräuchlichsten DIN-Formate der A-Reihe (Hauptreihe) für Papier

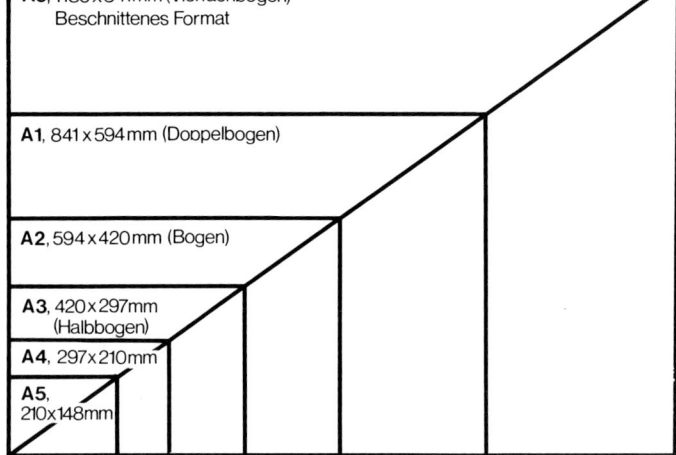

A0, 1189 x 841 mm (Vierfachbogen)
Beschnittenes Format

A1, 841 x 594 mm (Doppelbogen)

A2, 594 x 420 mm (Bogen)

A3, 420 x 297 mm
(Halbbogen)

A4, 297 x 210 mm

A5,
210 x 148 mm

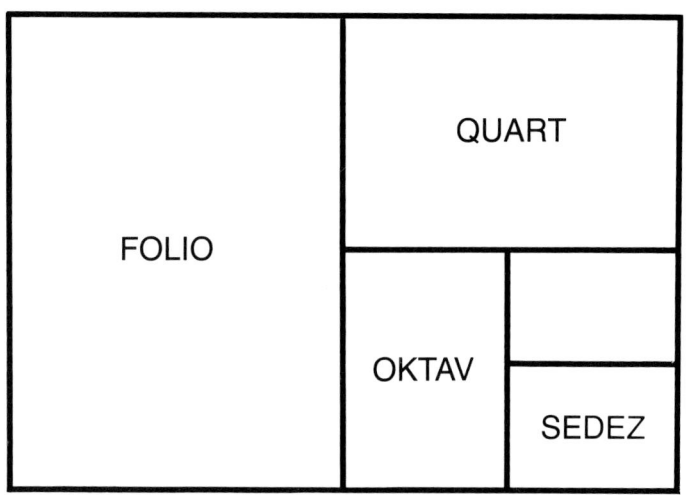

112 Doppelbogen nach einmaligem, zweimaligem und viermaligem Falzen: 2° Folio =
2 Blatt = 4 Seiten – 4° Quart = 4 Blatt = 8 Seiten – 8° Oktav = 8 Blatt = 16 Seiten –
12° Duedez = 12 Blatt = 24 Seiten – 16° Sedez = 16 Blatt = 32 Seiten

schen Hoch- und Querformat gibt es viele Zwischenformate bis
zum Quadrat. Auch die Laufrichtung des Papiers, d. h. die Richtung, die die Fasern innerhalb des Bogens haben, ist von Bedeutung.
Aber besonders wichtig in der Buchherstellung ist die wirtschaftliche Ausnutzung der Papiergrößen. Die modernen Papierformate
werden nach DIN berechnet, ausgehend von 1 m² Flächeninhalt und
dem Seitenverhältnis $1 : \sqrt{2}$. Die weiteren Normformate entstehen
durch fortgesetztes Halbieren bzw. Verdoppeln. Hauptreihe ist die
sogenannte A-Reihe (Abb. 111). Ältere Papierformate gingen von
der Teilung (Falzung) eines Papierbogens aus, dessen Größe zwischen 33 × 42 cm und 47 × 78 cm schwankte, so daß Groß- und
Kleinformate unterschieden wurden (Abb. 112).
    Der Papierbogen, auf dem je nach Buchformat auf Vorder- und
Rückseite eine bestimmte Anzahl von Seiten steht (in der Regel
insgesamt 16 Seiten oder eine durch 4 dividierbare Seitenzahl), wird
nach dem Druck beschnitten, gefalzt und in Lagen geheftet. Bei
broschierten Büchern (Paperbacks usw.) besteht der Buchblock

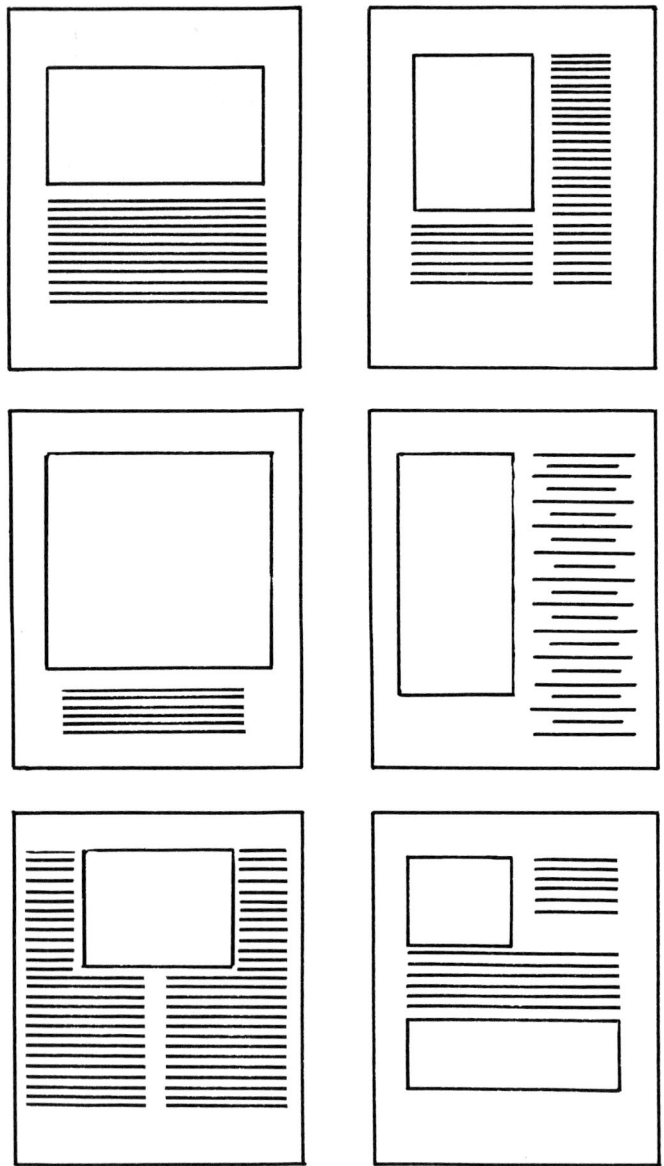

113 Verschiedene Möglichkeiten der Kombination von Text und Abbildungen im
Block auf einer Buchseite

114 Gegenüberliegende Seiten sollten in der Gestaltung aufeinander abgestimmt sein; hier verschiedene Varianten (■ = Paginierung)

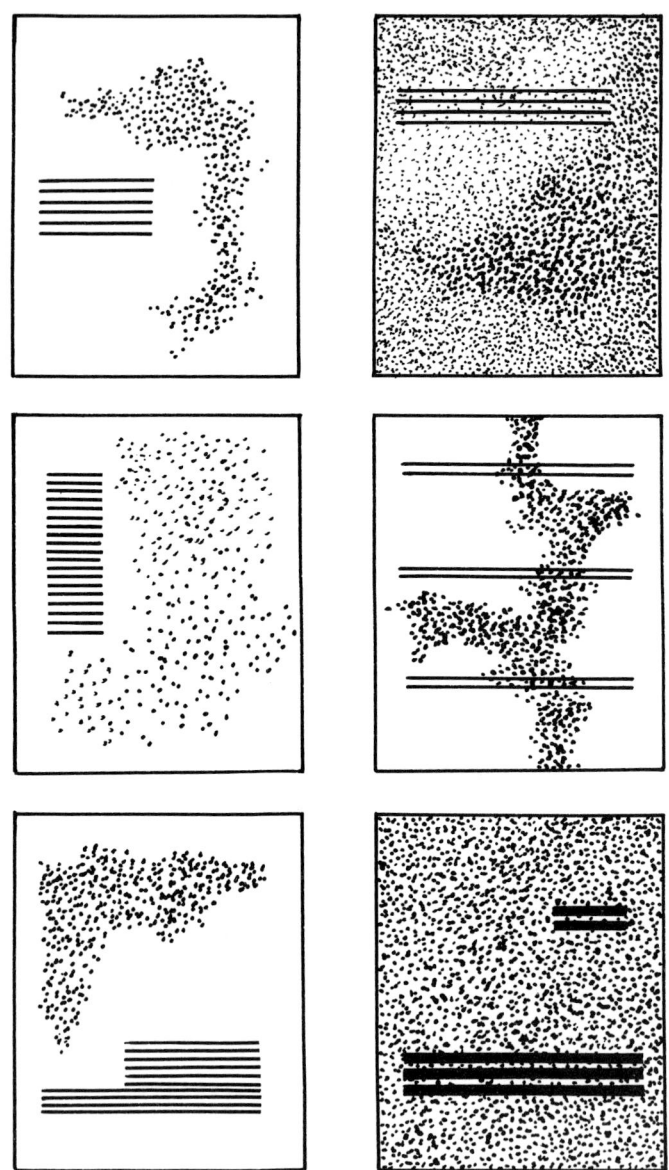

115 Moderne Seitengestaltung, bei der oft Text in Abbildungen hineingesetzt wird

nach der Verarbeitung, d. h. nachdem der Rücken der Falzbogen weggefräßt wurde, aus beschnittenen Einzelblättern, die als Block verleimt werden.

Die Gestaltung der einzelnen Buchseiten erfolgt nach bestimmten Kriterien, wobei Text und Abbildung typographisch aufeinander abgestimmt sind. Die vielfältigen Möglichkeiten bei der Seitengestaltung mögen unsere Beispiele verdeutlichen (Abb. 113–115).

c) Druckverfahren

Schrift wird immer als geschlossene Fläche gedruckt, da der Buchstabe normalerweise keine Halbtonstufen aufweist. Stempelbuchstaben drucken immer satt schwarz.

Wenn jedoch eine Druckvorlage Halbtöne enthält, ist ein *Raster* notwendig. Es besteht aus einem Trägermaterial mit einem Gitter aus Punkten, Linien, sonstigen Mustern oder Schraffuren. Der Reproduktionsfotograf setzt dieses Rastergitter in einem bestimmten Abstand zum Aufnahmematerial in die Kamera ein, wodurch die Halbtöne der zu druckenden Vorlage in Punkte zerlegt werden. Die

116   Raster: Fläche mit Halbtönen, die aus Punkten, Linien, sonstigen Mustern oder Schraffuren entstehen

helleren Stellen der Vorlage werfen so viel Licht durch die Fenster des Rasters auf den Film, daß sie das Gittermuster überstrahlen und von diesem nur Reste abgebildet werden. Die dunkleren Stellen der Vorlage dagegen werfen nur wenig Licht durch die Fenster. Dadurch bilden sich nur kleine Punkte auf dem Filmnegativ (Abb. 116). Beim Zeitungsdruck, wo die Raster wegen des saugkräftigen Papiers sehr grob sind, können sie mit bloßem Auge wahrgenommen werden. Raster auf festem und glattem Papier sind feiner und nicht oder nur bei genauer Beachtung bemerkbar. Während für den Zeitungsdruck beim Linienraster 24–30 Linien pro cm² verwendet werden, nimmt man bei glattem Papier Raster mit 60–80 Linien pro cm².

Raster können auch als Gestaltungsmittel, etwa als Schmuck oder zur »Tönung«, benutzt werden.

Flach-, Hoch- und Tiefdruck:
Es gibt drei grundsätzliche Druckverfahren für die mechanische Bild- und Schriftvervielfältigung: den *Flachdruck,* bei dem die druckenden wie die nichtdruckenden Stellen in einer Ebene liegen (z. B. beim *Offsetdruck*), den *Hochdruck,* bei dem die druckenden Teile erhaben sind, und den *Tiefdruck,* bei dem die druckenden Teile in die Druckform geätzt oder graviert werden und die überschüssige Farbe von der Oberfläche weggerakelt wird (Abb. 117).

Die Maschinen für Flach-, Hoch- und Tiefdruck arbeiten nach folgenden Prinzipien (Abb. 118):

1. *Flachdruck.* Der Flachdruck in seiner ursprünglichen Form (vom Stein gedruckt) wurde wie der Hochdruck mittels Handpressen hergestellt. Dieses Verfahren wird heute nur noch in künstlerischen Techniken angewandt. Die heute übliche Form des Flachdrucks ist das weiter unten beschriebene Offsetdruckverfahren, das den Großteil der heute gebräuchlichen Drucksachen erstellt.

117a–c) Die drei grundsätzlichen Druckarten

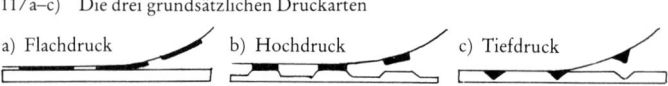

a) Flachdruck   b) Hochdruck   c) Tiefdruck

118 a–c) Schematische Darstellung der verschiedenen Druckvorgänge:

a) Flachdruck: Die druckenden und nichtdruckenden Teile liegen in einer Ebene. Durch chemische Veränderungen in der Fläche werden die nicht druckenden Teile aufnahmefähig für Wasser, die druckenden Teile stoßen Wasser ab und nehmen fetthaltige Farbe an. Der Abdruck erfolgt in der Handpresse als Reiberdruck, in der Schnellpresse als Zylinderdruck. Bildträger: Solnhofer Schiefer (Lithostein), Zink- und Aluminiumplatten.

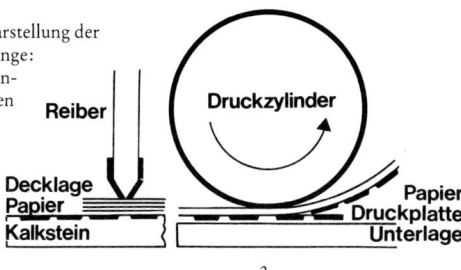

a

b) Hochdruck: Die druckenden Teile liegen erhöht über der Grundfläche und werden mit einer Walze eingefärbt. Der Abdruck auf das Papier erfolgt als Tiegeldruck (Flächendruck) oder Zylinderdruck (Zylinder rollt über die Fläche). Bildträger: Typographisches Material (Lettern, Linien, Schmuck), Strich- und Rasterklischees, Holz-, Linol-, Gummischnitt, Holzstich.

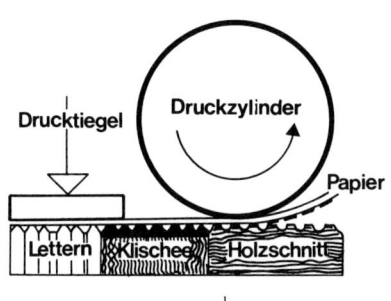

b

c) Tiefdruck: Die druckenden Teile sind vertieft in die Grundfläche eingeätzt, gestochen oder geritzt. Die Vertiefungen werden mit Farbe gefüllt, die nichtdruckende Fläche von Farbe gesäubert. Mit einem saugfähigen Papier und einem Filz wird unter starkem Druck die Farbe aus den Vertiefungen gehoben. Bildträger: Kupferstich, Stahlstich, Kaltnadel, Radierung, Aquatinta.

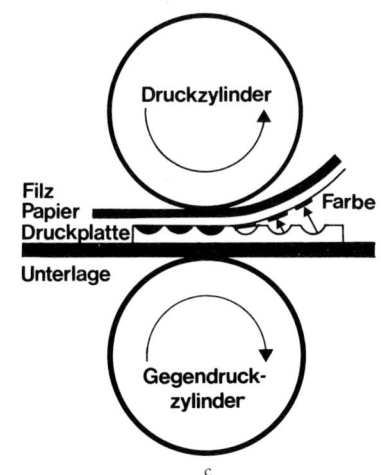

c

141

2. *Hochdruck*. Hier gibt es drei Versionen: a) Handpressen (Kniehebelpresse) und Tiegeldruck mit flach liegender Druckform und parallel dazu geführtem Bedruckstoff. Die Druckstärke ist groß, da die Form als Gesamtes druckt. – b) Der 1812 erfundene Schnellpressendruck. Dabei wird das Papier streifenweise durch das Abrollen eines Zylinders über eine flachstehende Druckform geführt. – c) Der Rotationsdruck, wobei eine Papierbahn zwischen einer runden Druckform (Plattenzylinder) und einem Druckzylinder hindurchgeführt wird.

3. *Tiefdruck*. Vorläufer des Tiefdrucks ist der Kupferstich und die Radierung. Dabei wird die gravierte oder geätzte Kupferplatte mit Farbe eingerieben, die Oberfläche der Platte gesäubert und unter kräftiger Pressung der Bedruckstoff flach gegen die Druckplatte gedrückt, wobei das Papier die Farbe aus den tieferliegenden Stellen herausholt. Im industriellen Bereich wird der Tiefdruck nach dem Rotationsprinzip betrieben. Zwischen dem Zylinder mit dem Druckbild und einem Druckzylinder läuft die Papierbahn unter hoher Druckspannung.

Der *Offsetdruck,* ein Flachdruckverfahren, ist heute das gebräuchlichste Druckverfahren. Die biegsamen Druckplatten – heute werden immer stärker die vorbeschichteten Aluminiumplatten verwendet – ermöglichen einen rationellen Druck. Bi- oder Trimetallplatten sind für hohe Auflagen noch in Verwendung, jedoch rückläufig. Bei diesem Verfahren werden die zu druckenden Teile durch eine Belichtung mit einer Filmmontage im Kopierrahmen so behandelt, daß bei der darauffolgenden Entwicklung der Druckplatte die zu druckenden Stellen sichtbar bleiben, d. h. sie behalten die aufgebrachte Schicht, nehmen beim Druck Farbe auf und stoßen das Feuchtwasser ab. Alle anderen Stellen verhalten sich umgekehrt. Die Offsetplatte, die das seitenrichtige Bild trägt, wird auf einen Plattenzylinder aufgespannt und passiert während des Druckvorgangs ein Feucht- und ein Farbwerk. Durch das Anfeuchten werden die nichtdruckenden Stellen farbabstoßend. Die von den nicht feucht gewordenen Stellen angenommene Farbe gelangt zunächst auf einen mit Gummituch bespannten Zylinder und dann auf das zu bedruckende Papier. Für den Mehrfarbendruck werden Zwei- und Vierfarbenoffsetmaschinen verwendet, die alle Farben in *einem* Maschienendurchgang drucken (vgl. Abb. 205).

Der *Rakeltiefdruck* stellt ein industrielles Verfahren des Kupfertiefdrucks und Rastertiefdrucks dar. Durch Ätzen der zu druckenden Teile auf einen Kupferzylinder entstehen kleine Farbwannen oder -näpfchen, die je nach ihrer Tiefe mehr oder weniger Farbe aufnehmen. Beim Drucken wird die überschüssige Farbe, die auf der Oberfläche des Druckzylinders haftet, von einem dünnen Stahllineal, einer Rakel, abgestrichen. Durch reichlichen Farbauftrag werden kleine Raster überdeckt, die gedruckten Farben erscheinen sehr satt. Wegen des aufwendigen Verfahrens wird diese Art von Druck nur für Illustrierte, Kataloge oder Prospekte, die in großen Auflagen erscheinen, verwendet.

Während alle mit dem Rakeltiefdruck in Verbindung stehenden Druckmöglichkeiten das Halbtonbild in Punkte zerlegen, kann man mittels des *Lichtdrucks,* der mit einem Gelatinerelief druckt, echte Halbtöne erzeugen. Das Druckverfahren ist allerdings sehr aufwendig, und eines der empfindlichsten. Trotzdem wendet man es, wenn auch seltener, an, weil es eine optimale getreue Wiedergabe von Farbwerten garantiert, ohne mit einem Raster zu arbeiten. Feinste Details können mittels Lichtdruck wiedergegeben werden.

Die Gelatineschicht, die auf eine bis zu 8 cm dicken Glasplatte aufgetragen wird, wird zunächst getrocknet und dann entsprechend der Halbtonvorlage (ein Negativ) belichtet. Die belichteten Stellen werden sehr hart. Wenn die Platte dann beim Drucken befeuchtet wird, quellen die nicht vom Licht getroffenen Stellen auf. Sie stoßen beim Einfärben die Farbe ab, während die zuvor belichteten Stellen wegen ihres neuen harten Zustandes trocken bleiben und die ölige Farbe annehmen.

Siebdruck:
Der Siebdruck ist ein Verfahren, das man als Durchdruck bezeichnen kann. Ursprünglich handelte es sich dabei um ein Handdruckverfahren, das aber inzwischen auch teilautomatisiert ist: Dickflüs-

sige Farbe wird auf ein feinmaschiges Sieb geschüttet, auf dem die nichtdruckenden Stellen mit Schablonen, die man auf verschiedene Weise herstellen und auf dem Netz auftragen kann, abgedeckt wurden. Mit einer Metallrakel mit Gummilippe wird die Farbe über das Netz gezogen und auf den zu bedruckenden Untergrund gepreßt. Dieses Verfahren ermöglicht das Drucken mit deckenden Farben oder mit Deckweiß auf farbigem Untergrund. Im Siebdruckverfahren kann man auch plastische Gegenstände bedrucken. Dieser Vorteil ist für die Verpackungsindustrie von besonderem Interesse. Insofern stellt der Siebdruck eine Erweiterung der herkömmlichen Druckverfahren dar. Auch aus dem künstlerischen Bereich ist der Siebdruck (Serigraphie) nicht mehr wegzudenken.

2 Das Buch

Das Buch, seit Beginn seiner Geschichte ein Hauptschriftträger, veränderte über Jahrhunderte hinweg seine Form kaum, auch als dem handgeschriebenen Buch über mehrere Stationen das maschinell hergestellte folgte. Es besteht aus einzelnen Blättern, die von beiden Seiten beschrieben oder bedruckt sind, im Gegensatz zur Schriftrolle, die man nur von einer Seite beschrieb.

Im Buch ist die größte zusammenhängende Schriftordnung anzutreffen: die Ordnung auf einer einzigen Seite, die Ordnung von Seite zu Seite, von Kapitel zu Kapitel, von Umschlag und Inhalt, von Text, Schriftform und Bebilderung.

a) Zur Geschichte

Das Buch gab es nicht immer in seiner heutigen Form. In Mesopotamien finden wir die ersten Bibliotheken. In ihnen befanden sich die mit vielen Keilschriftzeichen eingeritzten unzähligen, miteinander verbundenen Tontafeln, die ersten Bücher. Die Literatur der Ägypter und frühen Griechen wurde in der Hauptsache auf beschriebenen Papyrusrollen überliefert. Die ältesten bekannten Papyrusrollen stammen aus dem Jahr 2400 v. Chr. Im ersten Jahrhundert n. Chr. begann, bedingt durch das Pergament, in Rom der Übergang von der Rolle zum Kodex. Die ältesten erhaltenen Pergamentblätter stammen von einem Kodex aus dem 2. Jahrhundert n. Chr. Die Herstellung und der Gebrauch von Pergament zu Schriftrollen war in Ägypten aber schon um 1400 v. Chr. bekannt. Ebenso fand es bereits in der jüngeren assyrischen Zeit, etwa im 8. Jahrhundert v. Chr., als Schreibmaterial Verwendung. Außer der Papyrusrolle wurden für kursive Handschriften von Griechen und Römern kleine Holztäfelchen benutzt, die mit Wachs und weißer Farbe überzogen waren (Album = weiße Tafel). In sie wurden mit dem *Stylos,* einem zugespitzten Stäbchen aus Holz oder Elfenbein, die Schriftzeichen hineingekratzt.

Kodex:
Der Kodex bestand aus gefalteten Bogen, die zu Lagen ineinander gelegt, geheftet und gebunden wurden. Papyrus konnte man in dieser Form nicht knicken, und so blieb es in der Rollenform neben dem Kodex weiterhin bestehen, der sich im 4. Jahrhundert n. Chr. durchzusetzen begann. Zu dieser Zeit gab es in Rom bereits 370 Bibliotheken. Die Rolle trug profane Texte, der Kodex blieb liturgischen Texten vorbehalten. Er war meist mit lederbezogenen Holzdeckeln umbunden, die reich verziert waren, ebenso mit Deckeln, die in Elfenbein geschnitzt, in Metall getrieben oder mit Edelsteinen besetzt waren.

Missale, Blockbuch:
Im 12. Jahrhundert entstand das Missale, das die liturgischen Texte zusammenfaßte. Als neuer Schriftträger kam um 1430 das aus Einzelblättern bestehende Blockbuch hinzu, das auf die gleiche Art gebunden wurde wie heute das Ring- oder Spiralbuch. Diese Bindung bot sich besonders bei dünnem Papier an. Chinesisches und japanisches Papier war sehr dünn und konnte deshalb auch nur einseitig beschrieben werden. Daher falzte man ein Blatt in der Mitte und faßte die Doppelseiten als Block zusammen, indem man sie an der offenen Seite lochte und mit einem Band oder einer Kordel verschnürte (chinesische oder japanische Bindung).

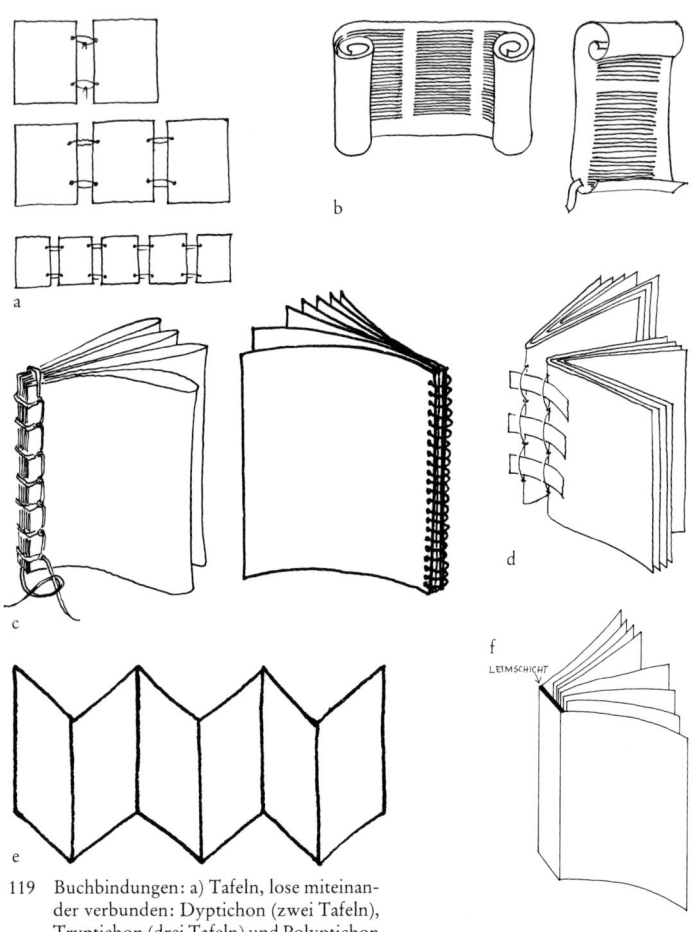

119 Buchbindungen: a) Tafeln, lose miteinander verbunden: Dyptichon (zwei Tafeln),
Tryptichon (drei Tafeln) und Polyptichon
(viele Tafeln) – b) Rolle: Querformat, von links nach rechts zu lesen, und
Hochformat, von oben nach unten zu lesen; aufgerollt wird sie jeweils in
Leserichtung – c) Ring- oder Spiralbuch: Doppelblätter, durch »Japanbindung«
zu einem Buch gebunden; da das japanische Papier sehr saugfähig ist, kann es nur
auf einer Seite beschrieben werden – d) Zwei zusammengeheftete Lagen, wobei
jede Lage aus vier gefalzten Blättern, d. h. aus 16 Seiten besteht; die einzelnen
Lagen werden am Rücken zu einem Buch zusammengeheftet – e) Leporello
(Faltbuch) – f) Gebundene Blätter, d. h. die einzelnen Blätter des Buchblocks
werden beschnitten, fest zusammengepreßt und am Rücken mit einer Leimschicht
versehen.

146

Vom geschriebenen zum gedruckten Buch:
Die Erfindung des Buchdrucks war ein umwälzendes Ereignis und bestimmte die gesamte kulturelle Entwicklung nicht nur Europas, sondern der ganzen Welt in einer kaum zu beschreibenden Weise. Modernste technische Entwicklungen der Gegenwart sind ohne sie nicht denkbar.

Die Kunst zu drucken war jedoch schon im 2. Jahrhundert n. Chr. in China mit dem Kupferstich bekannt. Auch der Holzdruck wurde bereits im 6. Jahrhundert betrieben. Im 7. Jahrhundert (Tang-Dynastie) wurden in China zahlreiche Blockbücher gedruckt, wie sie 700 Jahre später in Europa entstanden: Die Schriftseite wurde spiegelverkehrt in eine Holzplatte geschnitten, von der dann mehrere Abzüge gemacht werden konnten. Im 11. Jahrhundert (1040–48) erfand der Schmied Pi Sheng ein Druckverfahren mit beweglichen Lettern. Er brannte einzelne Tonstempel und schmolz sie auf einer Metallplatte zusammen. Wegen der Vielzahl der chinesischen Zeichen – es waren 4000, die später auf 400 reduziert wurden – konnte sich das Verfahren aber nicht durchsetzen. Auch in Korea hatte sich der Druck mit Einzelbuchstaben entwickelt. Um 1234 erschien das erste Werk der Welt, das mit Metallbuchstaben gedruckt worden war. Erste nachweisbare Buchstabenstempel auf Einbänden stammen von 1433.

Die Technik des Holztafel- oder Blockdruckes ist im 14. Jahrhundert nach Europa gedrungen und führte auch in Deutschland zum *Bildholzschnitt.* Der Holzschnitt tritt in den Ursprungsländern Deutschland, Frankreich und den Niederlanden zuerst als Einzelblatt auf, als Eindruckblatt; die ältesten Exemplare dürften Ende des 14. Jahrhunderts entstanden sein.

Das handgeschriebene Buch bleibt aber noch bis zum 15. Jahrhundert die übliche Mitteilungsform und nur einem kleinen Personenkreis vorbehalten. Die Methode des Abschreibens wurde aber bei steigendem Bedarf zu umständlich und zu teuer. Da auch das Drucken von Holzschnitten zu mühselig in der Herstellung war, um einen größeren Bedarf zu decken, mußte man nach einer ökonomischen Druckmöglichkeit suchen. Nach Gutenbergs Erfindung der beweglichen Letter entstanden überall Druckereien. Bis zum Jahre 1500 gab es in 260 Städten in 17 europäischen Ländern rund 1120

Druckereien. Das Buch wurde damit einer breiten Öffentlichkeit zu Bildungszwecken zugänglich und Grundlage der Massenkommunikation.

Die Einführung der *Antiqua-Drucktype* war ein weiterer wichtiger Schritt. Adolf Rusch, der zwischen 1467 und 1489 druckte, brachte in Straßburg den ersten Antiquaschnitt heraus. Damit wurden neben den gebrochenen Schreibformen die gerundeten als Drucktype eingeführt. Doch erst in Italien, 1465 in Subiaco bei Rom, wurde die Antiqua durch Konrad Sweynheim und Adolf Pannartz zu höchster Vollkommenheit entwickelt. Von Italien aus verbreitete sich die Antiqua dann als Drucktype über das ganze Abendland.

Die Buchkultur nach der Erfindung der Buchdruckerkunst:
Zunächst übertrug sich die Buchkultur des handgeschriebenen Buches auch auf das gesetzte Buch. Die Initialen wurden bei den ersten gesetzten Büchern mit der Hand dazugezeichnet. Aber gegen Ende des 16. Jahrhunderts erreichte die Buchkultur in allen Ländern einen Tiefstand, da man durch die Faszination der Technik das Formale vernachlässigt hatte. Satzordnungen waren ohne jeden ästhetischen Reiz, die Holzschnittillustrationen von handwerklichem Durchschnitt, das Papier schlecht. Eine wirkliche Buchkultur entwickelte sich erst in dem für die Kreise des Adels bestimmten französischen Rokoko-Buch. Seit 1630 etwa fällt hier in den Folio- und Quartbänden eine prunkhafte Buchgestaltung auf.

Es entstand hier auch eine neue Einbandkultur, die die deutsche Buchkultur der 2. Hälfte des 18. Jahrhunderts günstig beeinflußte. Der Klassizismus schenkte der Schrifttype neue Beachtung, und seit den 30er Jahren des 19. Jahrhunderts wurden neben sehr guten Holzschnitten auch Lithographien zur Illustration verwendet.

Im modernen Buchangebot finden sich auch heute immer wieder Neuausgaben, die als bibliophile Leckerbissen angepriesen werden. Der antiquierte Bucheinband soll den Eindruck des »Außergewöhnlichen«, Kostbaren vermitteln.

b) Verlagswesen

Mit der gesteigerten Nachfrage nach Büchern entwickelte sich das Buch- und Verlagswesen, und es entstanden Buchdruckerzünfte und Verlage. 1764 gründete E. Reich in Leipzig die Deutsche Buchhandelsgesellschaft. Außerdem begann man mit dem Druck von Zeitungen. Die älteste Berliner Zeitung datiert 1617. 100 Jahre früher hingegen wurden noch volkstümliche Flugschriften verwendet, die in der »Schwabacher Drucktype« gedruckt und mit derben Holzschnitten versehen waren. Ab 1853 erscheint die »Gartenlaube«, Vorläuferin der heutigen Illustrierten (Abb. 120). Diese Entwicklung zeigt, zu welch wichtigem Instrument in vielerlei Beziehung die Schrift geworden ist.

Bis heute wurde das Buch bis in kleinste Einzelheiten durchgestaltet und perfektioniert (Abb. 121). Jährlich erscheinen Tausende von

120a, b)   Ab 1853 erschien »Die Gartenlaube« – hier (a) der Titelkopf der Nr. 45 von 1914 –, Vorläuferin der heutigen Illustrierten. Mit ähnlicher Titelkopfgestaltung gibt es heute »Die neue Gartenlaube« (b).

a

b

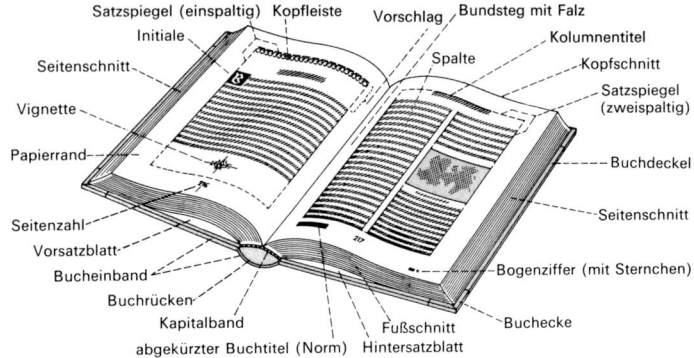

Satzspiegel (einspaltig) Kopfleiste Vorschlag Bundsteg mit Falz
Initiale Kolumnentitel
Seitenschnitt Spalte Kopfschnitt
Vignette Satzspiegel (zweispaltig)
Papierrand Buchdeckel
Seitenschnitt
Seitenzahl
Vorsatzblatt
Bucheinband Bogenziffer (mit Sternchen)
Buchrücken Buchecke
Kapitalband
abgekürzter Buchtitel (Norm) Fußschnitt Hintersatzblatt

121 Buch- und Schriftsatzteile

122 Der Weg des Buches vom Autor zum Leser

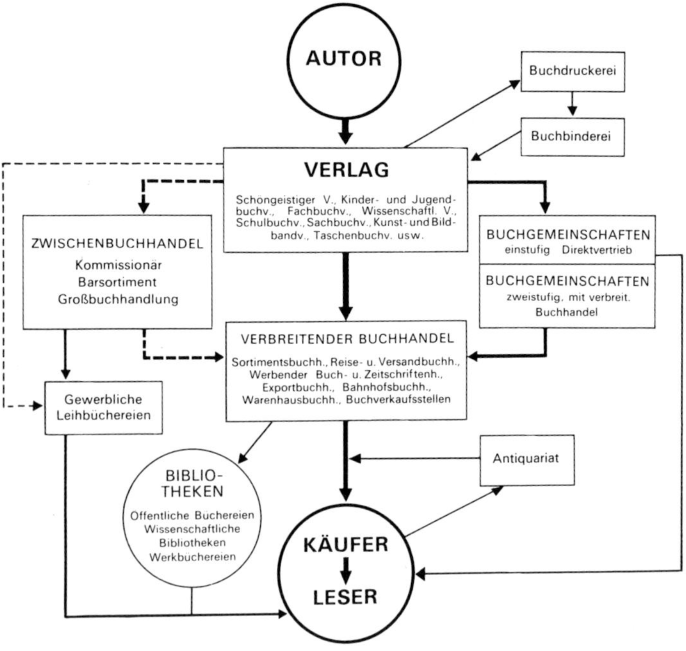

AUTOR

Buchdruckerei

Buchbinderei

VERLAG

Schöngeistiger V., Kinder- und Jugend-
buchv., Fachbuchv., Wissenschaftl. V.,
Schulbuchv., Sachbuchv., Kunst- und Bild-
bandv., Taschenbuchv. usw.

ZWISCHENBUCHHANDEL
Kommissionär
Barsortiment
Großbuchhandlung

BUCHGEMEINSCHAFTEN
einstufig Direktvertrieb

BUCHGEMEINSCHAFTEN
zweistufig, mit verbreit.
Buchhandel

VERBREITENDER BUCHHANDEL

Sortimentsbuchh., Reise- u. Versandbuchh.,
Werbender Buch- u. Zeitschriftenh.,
Exportbuchh., Bahnhofsbuchh.,
Warenhausbuchh., Buchverkaufsstellen

Gewerbliche
Leihbüchereien

BIBLIO-
THEKEN

Öffentliche Büchereien
Wissenschaftliche
Bibliotheken
Werkbüchereien

Antiquariat

KÄUFER
↓
LESER

neuen Büchern, die über ein komplizertes Vertriebssystem vom Autor an den Leser gelangen (Abb. 122). Wer die alljährlich in Frankfurt stattfindende Buchmesse besucht, kann ermessen, wie sich das Buch- und Verlagswesen entwickelt hat.

Das Verlagswesen verleiht der Schrift Öffentlichkeitscharakter in Bildung und Kultur, in Technik und Verkehr, in Politik und Bürokratie, Handel und Wirtschaft. Die Programme der zahlreichen bestehenden Verlage sind dementsprechend sehr verschieden und in der Regel spezialisiert auf bestimmte Inhalte, was sich auch in der Umschlaggestaltung des Produktes Buch ausdrückt: Die Schrift des Buchtitels orientiert sich am Inhalt (Abb. 123), um dem

123 a, b) Buchumschläge, bei denen sich die verwendete Schrift am Buchinhalt orientiert: a) S. Wichmann, Jugendstil. Schuler-Verlag, Herrsching – b) Edgar P. Vorndran, Entwicklungsgeschichte des Computers. VDE-Verlag, Berlin-Offenbach

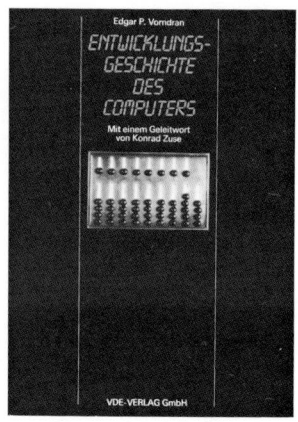

Lesepublikum zu signalisieren, mit welcher Art von Publikation es wahlweise zu tun hat. Dabei kann die Gestaltung höchsten ästhetischen Ansprüchen gerecht werden. Die Gestaltung des Buchumschlags gehört jedenfalls zu den wichtigsten Mitteilungssignalen und -hilfen. Der inhalts- und »markt«gerechte Umschlag ist ein kaum zu überschätzender Faktor auch des wirtschaftlichen Erfolgs eines

typographische mitteilungen

sonderheft

**elementare
typographie**

zeitschrift des bildungsverbandes der deutschen buchdrucker leipzig ● oktoberheft 1925

natan altman
otto baumberger
herbert bayer
max burchartz
el lissitzky
ladislaus moholy-nagy
molnár f. farkas
johannes molzahn
kurt schwitters
mart stam
ivan tschichold

a

124 a, b)   Titelgestaltungen von Jan Tschichold: a) Zeitschriftentitel, 1925 (avantgardistisch),
31 × 23,5 cm – b) Buchtitel, 1943 (klassisch), 19,5 × 12 cm

Shakespeares dramatische Werke

3

Julius Cäsar
Antonius und Cleopatra
Coriolanus

Birkhäuser-Klassiker

Buches. Es ist deshalb nicht verwunderlich, daß bedeutende Graphiker und Schriftkünstler der Gestaltung von Buchumschlägen besondere Aufmerksamkeit schenkten.

1974 starb Jan Tschichold, ein Schriftkünstler und -lehrer, der sich große Verdienste um die Typographie erworben hat. Die zwei abgebildeten Titelseiten (Abb. 124) zeigen die Bandbreite seines Schaffens. Er war Neuem gegenüber aufgeschlossen, beherrschte aber auch Altes, Bewährtes, das er zeitgemäß zu präsentieren wußte.

c) Illustrierung: Verbindung von Text und Bild

Bei handgeschriebenen Büchern gehörten zum Text immer Bilder und Randverzierungen, die sogenannten Miniaturen und Illuminationen. Bevor Bücher ein Gut der Allgemeinheit wurden, verteilte man an die Bürger einzelne mit Bildern versehene Seiten oder »Einblattholzschnitte« mit christlichen Motiven, die häufig auch koloriert waren. Von diesen Einblattholzschnitten profitierte das Buch. Es übernahm sie auf mannigfache Weise. Kostbare Bücher, wie Stunden- und Gebetbücher (Abb. 125), die sozusagen exklusiv als Einzelexemplare für hohe Würdenträger gefertigt wurden, weisen viele gemalte und vergoldete einzelne Bilder auf. Die Handschriften der einzelnen anonymen Bildermaler ermöglichten späteren Jahrhunderten die örtlich und zeitlich genaue Einordnung. Oft benannte man die Handschriften nach dem Namen des Klosters, in dem sie entstanden oder aufbewahrt wurden. Viele Illustrationen aus handgeschriebenen Büchern sind Vorbild für die Tafelmalerei geworden, die hier zu einem Teil ihren Ursprung hat.

Das Sittenbild und das Stilleben verdanken den Buchmalereien ihre Spezifizierung. Die Bilder konnten die ganze Seite füllen, jedoch waren sie oft in vergrößerte Buchstaben hineingestellt, von diesen sozusagen umrahmt, im wahrsten Sinne des Wortes mit ihnen verflochten (vgl. Abb. 100).

Für eine hohe Auflage eignete sich der kostspielige Holzschnitt wenig, und so mußte man sich nach neuen Techniken der Illustrierung umsehen. Auch die technische Buchstabenherstellung und der mechanische Druck erforderten solche Überlegungen. In der

125　In einem französischen Stundenbuch des 15. Jahrhunderts begrüßen höfische
　　　Liebespaare den Frühling, den der Miniaturist durch das entsprechende Tierkreis-
　　　zeichen andeutet, mit Flöten- und Lautenspiel.

Renaissance und im Barock wurden Stiche, nach Bildern, in Metallplatten radiert und geätzt. Diese Stiche mit erzählendem oder dokumentierendem Charakter illustrierten Lyrikbände wie Lehrbücher verschiedenster Art, vorwiegend naturwissenschaftliche. Abbildungen von Tieren, Pflanzen, Stadtansichten hatten damals die Funktion und Bedeutung des heutigen Fotos: Sie informierten und mußten deshalb realistisch sein. Im Gegensatz zum »künstlerischen Bild«, das die Prachtbände unserer Zeit ziert, bedeutet »Illustration« immer zusätzliche Erklärung zum Text.

Randverzierungen zum Text werden heute noch verwendet. Sie greifen in ihrem Formengut – Linien, Rollwerk, Obst, Blüten – dabei sogar teilweise auf die mechanisch gesetzten Verzierungen der Renaissance und des Barock zurück. Der Begriff »Vignette«, ursprünglich Bezeichnung für eine ornamentale Weinranke am Rand von mittelalterlichen Textseiten, hat sich bis heute für kleine Ornamentfiguren erhalten, die an Kapitelanfängen, als Schluß- oder Trennzeichen verwendet werden. Schrift und Bild standen von jeher in einem engen Zusammenhang.

Die Tatsache, daß ein Bild oder auch eine Schriftzeile nur partiell Mitteilung machen können, hat eigentlich immer mehr Anlaß dazu gegeben, beide Mitteilungsmöglichkeiten miteinander zu verbinden und damit die sinnliche wie die gedankliche Wahrnehmung anzusprechen.

In der »Illustrierten«, begriffliche Verkürzung der »illustrierten Zeitung«, dominiert das Bild den Text. Hier herrscht allerdings die Fotografie vor, graphische Techniken werden eher am Rande eingesetzt und bleiben speziellen Inhalten vorbehalten. Illustration bedeutet hier Dokumentation von Alltag und Tagesaktualität, sogar als »Klatsch«, aber ebenso soziale und politische Mitteilung.

Für die Verbindung von Wort und Bild geben wir hier einige Beispiele (Abb. 126, 127). In der Regel wird die Illustration im Hinblick auf den Text angefertigt, der Text wird visualisiert. Text und Bild können jedoch auch als völlig gleichberechtigt konzipiert werden. Manchmal illustriert ein Text paradoxerweise das Bild (Abb. 126b). Unsere Beispiele zeigen, daß schnellebige Druckerzeugnisse eine Fundgrube sind für Gestaltungselemente verschiedenster Art.

126 a, b)   Beispiele für die Verbindung von Bild und Text: Abdruck von Bildern aus Illustrierten mittels Nitroverdünnung, wobei die einzelnen Bilder neu komponiert und themenbezogen angeordnet wurden. Schülerarbeiten (12. Klasse), farbige Abreibetechnik

127 Bilderbogen: Entwurf von Oskar Pletsch. Verlag Gustav Weise, Stuttgart 1867 »Hans im Glück«. Holzstiche, Buchdruck, 44 × 35,5 cm.: Gleichgroße Einzelbilder illustrieren einen knappen Text, der – umgekehrt – genau die bildlich dargestellte Szene beschreibt.

3   Das Layout

a)   Zeitungs-, Illustrierten- und Buch-Layout

Als Layout bezeichnet man die Entwurfskizze für die Zusammenstellung von Bild und Text auf einer Seite. Es kann sich dabei um die Seite eines Buches, einer Zeitung, eines Prospektes handeln. Auch für Inserate wird zunächst ein Layout angefertigt. Bei der Gestaltung eines Layouts wird folgendermaßen verfahren: Der auf Fahnen – in einer bestimmten Schrifttype, einem bestimmten Schriftgrad (Größe) und einer bestimmten Breite – abgesetzte Text wird in Kolumnen »umbrochen«, d. h. seitenmäßig in den Satzspiegel eingepaßt. Der Satzspiegel wird vorher für jedes Druckwerk individuell festgelegt, es sei denn, er ist – etwa für Zeitungen oder Buchreihen – bereits bei der ersten Ausgabe für alle folgenden Ausgaben verbindlich konzipiert worden. Die vorgesehenen Abbildungen werden ebenfalls in diesen Satzspiegel und in den Kontext eingepaßt, indem man sie in einer bestimmten Größe reproduzieren und andrucken läßt. Die Größe der Abbildungen, eventuell auch eines Ausschnittes, richtet sich dabei nach ihrem Stellenwert und der Gestaltungsabsicht. Es ist auch möglich, den Satzspiegel zu »sprengen«, indem man Abbildungen »anschneidet«, d. h. am Blattrand allseitig oder teilweise auslaufen läßt, ohne einen Rand stehenzulassen. Hinzugefügt werden außerdem noch die separat, meist in einer anderen, vom Haupttext abweichenden Schrifttype und -größe gesetzten Bildunterschriften (Bildlegenden). Gegebenenfalls werden nun auch Gestalt und Größe der Überschriften bestimmt, wobei es vorkommen kann, daß diese neu formuliert werden müssen, etwa weil sie zu lang oder zu kurz sind für den zur Verfügung stehenden oder im Gestaltungskonzept vorgesehenen Raum.

Das Layout kombiniert also verschiedene Gestaltungsbereiche nach bestimmten typographischen Ordnungsprinzipien. So haben zum Beispiel Zeitungsseiten meist ein Layout, das übersichtlich, aber gleichzeitig lebendig ist und Aufmerksamkeit erregt (Abb. 128). Der Text ist in nicht allzu breite Spalten gesetzt, die Bilder sind abwechslungsreich, wenn auch textbezogen plaziert.

Die Untersuchungen gegen Ex-Minister Egon Franke: Bohren im Graubereich

Vergebliche Suche nach gewaschenem Geld

Merkwürdige Versionen über den Verbleib von mehreren Millionen Mark aus den Haushaltsmitteln des Ministeriums für innerdeutsche Beziehungen

Von unserem Redaktionsmitglied Klaus Dreher

Bonn, 23. Februar

100 000 Mark im Aktenkoffer

DEN HEIKLEN FRAGEN dreier Parlamentskollegen ausgesetzt: der frühere Minister Egon Franke. *Photos: SZ-Archiv*

„Entsetzlich traurig"

Ramses, der große Unbekannte

Wie ein Untersuchungsausschuß des Düsseldorfer Landtages herauszufinden versucht, wer in der Spendenaffäre der Informant der Presse ist

Von unserem Redaktionsmitglied Gerd Kröncke

Düsseldorf, 23. Februar

Die Treffen im „Lamm"

DURCH SPENDEN ein Jahrhundertgeschäft möglich gemacht? Friedrich Karl Flick (rechts) und sein ehemaliger Generalbevollmächtigter Eberhard von Brauchitsch.

a

128　Seiten-Layout verschiedener Zeitungen: a) Süddeutsche Zeitung – b) Kölner Stadt-Anzeiger – c) Frankfurter Allgemeine Zeitung – d) Die Zeit

Franzosen stürmen Reisebüros

Devisen in den Socken

Beschränkungen verderben den Urlaub

Von unserem Korrespondenten Hans Rademacher

Paris – Eine Pariser Tageszeitung hat dem in Frankreich sehr bekannten Schlager „Capri c'est fini" eine neue Bedeutung gegeben. Der Titel des Liedes zog sich in Großbuchstaben quer über die erste Seite, um anzukündigen, daß es mit den Reisen ins Ausland nun vorbei sei. In den Musikboxen der Bistros ist der Schlager über Nacht zur bevorzugten Melodie geworden. Die Gäste drücken damit ihren Protest gegen die von der Regierung angeordneten Reisebeschränkungen aus.

Die Anordnung der Regierung, die Devisen für Touristenreisen ins Ausland auf 2000 Francs (rund 670 Mark) pro Kopf und Jahr, zu beschränken, führte noch in der Nacht zum Dienstag – wenige Stunden, bevor die Verfügung in Kraft trat – zu einem Sturm auf die Reisebüros. Die Schalter waren bis Mitternacht geöffnet, um Reisewilligen die letzte Gelegenheit zu geben, sich den Devisenbeschränkungen zu entziehen. Reisen bis umgerechnet 10 000 Mark nach Indien waren ebenso gefragt, wie Aufenthalte in Mexiko und anderen fernen Ländern.

Lange Warteschlangen

Nicht nur ältere Leute warteten geduldig in den Schlangen. Auch Studenten und Jugendliche wollten sich die letzte Chance nicht entgehen lassen. Der Leiter des größten Pariser Reisebüros, „Nouvelles Frontières" gestand: „Einen solchen Ansturm haben wir noch nie erlebt. Wir schlagen mit den Buchungen alle unsere bisherigen Rekorde". Aus den Schlangen vor den Schaltern ertönten Protestrufe an die Adresse der Regierung: „Wir fahren trotzdem ins Ausland, und zwar so oft wir wollen und Zeit haben". Ein Mann vertraute laut den Umstehenden an: „Ich werde mein Geld in den Socken verstecken".

Unter allgemeinem Gelächter der übrigen Reiselustigen erwiderte eine Frau: „Ich finde noch ganz andere Verstecke". Wer freilich an der Grenze bei dem Versuch erwischt wird, mehr Geld als vorgeschrieben ins Ausland zu schaffen, muß mit schweren Folgen rechnen. Das ganze Geld wird eingezogen. Dazu muß eine Summe in gleicher Höhe als Strafe bezahlt werden.

Scharfe Kontrollen

Ein Umtauschpaß, in dem Datum der Reise und der Betrag sorgfältig notiert sind, soll dafür sorgen, daß das Gesetz respektiert wird.

Ähnliche Szenen wie in den Reisebüros spielten sich noch am Montagabend in den Banken ab, wo Mark und Dollar die begehrtesten Währungen waren. Der Direktor der Banque Nationale de Paris am Boulevard des Italiens, eines der größten Geldinstitute der Hauptstadt, stöhnte schon am Mittag: „Wir haben kaum noch Devisen". Jeder erhielt nur noch geringe Summen.

Heute wollen die Reiseveranstalter und ihr Personal vor der Pariser Oper demonstrieren. Sie verlangen von der Regierung, daß dem Bürger das Recht zugestanden werde, mehrmals jährlich mit je 2000 Francs ins Ausland zu reisen, anderenfalls drohe die Entlassung der Hälfte des Personalbestandes. Die Regierung will unter keinen Umständen nachgeben. Sie hat ausgerechnet, daß die Devisenausgaben der französischen Touristen ein Drittel im Defizit der Zahlungsbilanz von 93 Milliarden Francs ausmachen. Ohne die Beschränkungen, so Wirtschafts- und Finanzminister Delors, hätte der Lebensstandard gesenkt werden müssen.

Die betroffenen Franzosen sehen das anders. In den Bistros klagen sie: "Wie stehen wir denn im Ausland da mit ein paar Kröten in der Tasche? Das ist erniedrigend. Man wird die anderen Touristen bevorzugen".

Frankreichs Küsten ausgebucht

Die Devisenbeschränkung, die von allen Sparmaßnahmen als bitterste Pille empfunden wird, hat in den letzten Stunden nicht nur zu einer Flut von Reiseabschlüssen geführt. Zahlreiche Franzosen haben ihren schon gebuchten Auslandsurlaub auch abgesagt. Sie erhalten nichts zurück. Im Sommer ist mit einem Sturm französischer Urlauber auf die eigenen Küsten zu rechnen. Der Hotel- und Gaststättenverband von Nizza meldet bereits: „Bei uns ist nichts mehr frei". Auch in der Bretagne und anderen Urlaubsgebieten weisen Hotels jetzt schon darauf hin: „Wir sind ausgebucht. Der Verband ist über die Situation nicht glücklich. Hotels und Restaurants bevorzugen fremde Touristen, vor allem Deutsche, da sie mehr Geld ausgeben.

Die Devisenbeschränkungen der Regierung sind nicht die ersten dieser Art in der V. Republik. Schon 1958 nach dem Amtsantritt General de Gaulles und zehn Jahre später, nach den Wirren des Mai 1968, hatte die Regierung sich gezwungen gesehen, ähnliche Bestimmungen zu erlassen. Nach dem Mai 1968 sollte die Kapitalflucht ins Ausland gebremst werden. Über die Milliarden, die diesmal als Folge des Machtwechsels ins Ausland geflossen sind, gibt es nur Schätzungen. Angeblich haben 5000 begüterte Franzosen neue Konten in der Schweiz eröffnet.

Auch wer nicht ins Ausland reist, muß erhebliche Beschränkungen hinnehmen. Für den Arbeiter Dupont, der 6000 Francs brutto verdient (etwas über 2000 Mark) gilt diese Rechnung: Zwangsabgabe an den Staat in Höhe von 800 Francs, zusätzliche Abgabe von 515 Francs an die notleidende Sozialversicherung, Mehrausgaben für Strom von 150 Francs, für Benzin, das mit einer Sondersteuer belastet wird, von 160 und für Tabak und Alkohol, sofern Monsieur Dupont raucht und trinkt, von weiteren 300 Francs. Das sind jährlich 1925 Francs. Dazu kommen die normalen Steuern und die übrigen Beiträge an die Sozialversicherung. Bei einem Haushalt mit Doppelverdienern (9000 und 7500 Francs Gehalt) machen diese Sonderabgaben 4465 Francs aus – etwa die Summe, die der Durchschnittsfranzose im Urlaub ausgibt.

Hoch über Straßburg *protestierte gestern ein Medizin-Student gegen Reformen des französischen Gesundheitswesens durch die Regierung. Zusammen mit vier anderen Studenten kletterte er auf die Außenmauer des 142 Meter hohen Turm des Straßburger Münsters. Seile sicherten die Studenten vor dem Absturz.* Bild: ap

Über 200 Erdstöße kündigten Ausbruch an

Lavastrom fließt aus dem Ätna

Bedrohte Häuser geräumt

Von unserem Korrespondenten Horst Schlitter

Rom – Der „gutmütige Vulkan", wie die Sizilianer den Ätna nennen, ist seinem Ruf treu geblieben: 24 Stunden vor seinem jüngsten Ausbruch erschütterten mehr als 200 Erdstöße den Berg und seine weitere Umgebung; einige von ihnen erreichten die Stufe fünf der Mercalli-Skala. „Die Lavafront rückt nur langsam vor", erklärt der sizilianische Wissenschaftler Renato Christofolini auf Anfrage, „etwa drei Meter pro Stunde. So könnten die bedrohten Häuser rechtzeitig geräumt werden."

Der Ausbruch ereignete sich diesmal am Südhang des 3363 Meter hohen Vulkans, wo sich mehrere kleine Öffnungen zeigen. In 2400 und 2000 Meter Höhe klaffen zwei Spalten, aus der höher gelegenen fließt die hell glühende Lava. Die untere dieser Spalten hat die Schutzhütte „Sapienza" in drei Teile gebrochen.

Auch das nahe Hotel ist bedroht und geräumt worden. Die zum Ätna führende Seilbahn hat erhebliche Schäden erlitten. Mehrere Skilifte, die in den letzten Jahren entstanden und noch vor kurzem in Betrieb gewesen sind, wurden zerstört. Eine Schlammlawine überraschte zwei Feuerwehrleute mit ihrem Einsatzwagen und drückte das Fahrzeug den Hang hinunter. Beide Männer kamen mit dem Schrecken davon.

Der 50 Meter breite Lavastrom hat sich inzwischen geteilt. Er kann aus der Luft nur mit Mühe verfolgt werden, denn über dem Unglücksgebiet liegt seit Tagen dichter Nebel, der sich nur vorübergehend verteilt.

Trotz des ruhigen Ablaufs gibt der „gutmütige Vulkan" den Verantwortlichen zu denken. Selten haben sich auf dem Ätna Felsspalten mehr als 1000 Meter unterhalb des Gipfels geöffnet, und selten brachen aus dem vom Ausbruch betroffenen Hang so viele kleine Krater auf. Die Wissenschaftler schließen daraus, daß die Magma im Innern des Vulkans mit großer Kraft nach oben drängt. Heute noch scheint es so, als werde der glühende Fluß das in siebenhundert Metern Entfernung liegende Dorf Nicolosi, 3800 Einwohner, nicht erreichen. Doch sind alle Vorkehrungen für eine Räumung getroffen. Bedroht sind auch Weinberge und ausgedehnte Obstplantagen.

Der früheste Ausbruch des Ätna ist aus dem Jahr 161 vor Christus bekannt. Doch das schwerste Unglück brachte Europas größter Vulkan 1669 über die sizilianische Bevölkerung, als die Lava Nicolosi zerstörte, die Außenbezirke von Catania mit sich riß und im Meer endete. Noch im Jahre 1928 vernichtete der Ätna die kleine Ortschaft Mescoli.

In ruhigen Zeiten gibt es an den Hängen des Berges kaum eine Sicherheitszone. So konnte es vor vier Jahren geschehen, daß eine Touristengruppe in der Nähe des Hauptkraters von einer Eruption · überrascht wurde. Damals kamen neun Personen ums Leben.

Wildpfleger aus der Eifel half mit

8000 Mark für die Spur zu Vogeldieben

Informant lieferte Adresse eines Tierpräparators

Von unserem Redakteur Reiner Züll

Hellenthal – Um auf die Spur verschwundener Greifvögel zu kommen, ging Horst Niesters (48), Direktor des Wildfreigeheges in Hellenthal (Eifel), in die Höhle des Löwen. In einem Frankfurter Unterweltlokal traf er sich mit einem Informanten. Für 8000 Mark war der Mann im seriösen Nadelstreifenanzug bereit „auszupacken". Dieses Treffen Mitte März trug offenbar wesentlich dazu bei, daß eine, wie berichtet, seit fünf Jahren gesuchte Bande von Greifvögeldieben weitgehend aufflog. Der Haupttäter wurde von der Bundeszollfahndung in Nürnberg festgenommen. Gegen zwei weitere Verdächtige wird ermittelt.

Anonymer Anrufer

Bisher konnten 45 gestohlene dann getötete und ausgestopfte Tiere im Wert von rund 300 000 Mark sichergestellt werden, darunter viele vom Aussterben bedrohte Arten wie Stein- und Seeadler, Wanderfalken, Milane und Weihen. Sie stammen aus Wildparks und Zoos in Dortmund, Gelsenkirchen, Essen, Bochum und Ekholt (Schleswig-Holstein). Gleichwohl bezeichnete Horst Niesters die aufgeklärten Diebstähle gestern als „Spitze eines Eisberges".

Der Durchbruch bei den Ermittlungen im größten Greifvögel-Diebstahl der Nachkriegszeit bahnte sich bei einem Telefongespräch an. Ein anonymer Anrufer meldete sich am Monatsanfang bei Horst Niesters, der in seiner Eigenschaft als Landesobmann der Deutschen Wildgehege öffentlich über den massiven Greifvogel-Diebstahl geklagt hatte. Er verlangte 8000 Mark für Informationen, die zur Aufklärung aller Greifvogeldiebstähle führen würden.

Niesters benachrichtigte die Bundeszollfahndung in Nürnberg. Am 15. März traf er sich dann in Frankfurt mit dem anonymen Informanten. „Keine Polizei" war die Forderung des Unbekannten. Mit den 8000 Mark und einem Revolver in der Tasche fuhr er zu dem abgesprochenen Treffpunkt, einer „Wienerwald"-Gaststätte. Mit von der Partei war auch Zollfahnder Otto Scheglmann, der jedoch erst eine halbe Stunde später am Treffpunkt erscheinen sollte.

Im „Wienerwald" wartete Niesters zunächst vergeblich. Dann wurde er ans Telefon gerufen und zu einen anderen Treffpunkt beordert. Schließlich saß Niesters dem Mann in einer Unterweltkneipe gegenüber. Die beiden kamen ins Gespräch, doch noch nicht zur Sache, denn der Informant wollte zunächst die 8000 Mark haben.

Nach einer halben Stunde kam dann Zollfahnder Scheglmann hinzu. Niesters konnte seinem Gegenüber indes glaubhaft erklären, daß dies nur der Überprüfung der zu erwartenenden Informationen dienen solle. Doch damit rückte der Mann nicht heraus, weil man sich nicht auf einen Zahlungsmodus einigen konnte. Nach dreieinhalb Stunden wurde das Treffen schließlich ergebnislos abgebrochen. „Der meldet sich wieder" versicherte Zollfahnder Scheglmann. Er sollte recht behalten. Zwei Tage später teilte er Niesters die Anschrift eines Präparators im Nürnberger Raum mit, der Auftraggeber aller Tierdiebstähle sein solle.

„Prämie" gezahlt

Die Bundeszollfahndung stellte bei dem Präparator allein 37 gestohlene Greifvögeln 27 verschiedener Arten sicher. Sie waren von den Dieben erschlagen oder vergiftet und vom Präparator ausgestopft worden. Außerdem hatte der Präparator noch 100 weitere ausgestopfte Exemplare in seiner Sammlung. Ob er diese auch auf illegale Weise bekommen hat, wird derzeit noch ermittelt. Der Informant bekam inzwischen seine „Prämie".

Unbeständig

Wetterlage:
Der Ausläufer eines Tiefs bei Island überquert Westdeutschland. Er führt verhältnismäßig kühle Meeresluft heran.

Heute:
Anfangs bedeckt und Regen. Im Tagesverlauf Übergang zu wechselnder Bewölkung mit Schauern. Um 8 Grad, im Bergland bei 3 Grad, nachts 5 bis 2 Grad.

Die nächsten Tage:
Wechselhaft mit Schauern, kühl.

Das Wetter gestern:
Am Flughafen Köln/Bonn: 4 Grad, Regenschauer.

Pegelstand des Rheins: Bonn 499 (– 9), Köln 524 (– 8), Düsseldorf 513 (– 2).

Schneebericht:

Alpen: Oberstdorf 14 cm, Nebelhorn 290 cm, Kanzelwandbergstation 230 cm, Kleinwalsertal 55 cm, Hochalpe-Breitenberg 45 cm

Bayerischer Wald: Arber-Sessellift 80 cm.

Schwarzwald: Feldberg-Gipfel 80 cm.

Sauerland: Kahler Asten 24 cm, Winterberg-Altastenberg 21 cm, Winterberg-Züschen 22 cm.

Reisewetter:

Spanien, Portugal: Wolkig mit Aufheiterungen, Schauer, um 13 Grad.

Madeira: Heiter bis wolkig, Schauer, 16 bis 19 Grad.

Kanarische Inseln: Heiter bis wolkig, um 18 Grad.

Nach einer Minute auf Remis geeinigt

Velden (dpa) – Schon nach einer Minute einigten sich der deutsche Schach-Großmeister Robert Hübner und der Sowjetrusse Wassili Smyslow gestern bei der Fortsetzung ihrer abgebrochenen dritten Partie in Velden (Österreich) auf ein Remis. Damit steht es im Viertelfinale des Kandidatenturniers zur Weltmeisterschaft 1,5:1,5 .

Benzinbons für Italien billiger

München (dpa) – Benzin und Autobahngebühren werden für Italienurlauber ab 1. April billiger. Die Hefte für Norditalien mit zehn Gutscheinen für jeweils 15 Liter Super und fünf Mautscheinen kosten nach Mitteilung des ADAC statt 265 DM nur noch 257 DM. Das Süditalien-Paket wird um 20 Mark billiger und kostet noch 599 DM.

Klatsch im Büro ist unkollegial

Frankfurt (dpa) – Das Weitertragen von Klatsch und Gerüchten in einem Betrieb ist zwar unkollegial, doch keine grobe Pflichtverletzung. Es genügt in einem solchen Fall, eine Verwarnung ohne Sanktionen auszusprechen und keine Abmahnung zu erteilen, urteilte jetzt das Arbeitsgericht Frankfurt. (AZ: 9 Ca 555/ 81)

Steinmarder löste Kurzschluß aus

München (dpa) – Ein Steinmarder legte in der Nacht zum Montag die Stromversorgung von drei Münchner Stadtteilen 30 Minuten lang lahm. Das kleine Raubtier hatte in einem Umspannwerk vermutlich auf der Suche nach einem warmen Schlafplatz eine nicht isolierte Kupferleitung berührt und so den Kurzschluß verursacht.

Späte Einsicht

Streit um „Deutsche Bibliothek"

Freiheit, zumal die des Wettbewerbs, kann von tun. Ein Berufsstand, dem diese Erfahrung zur Zeit besonders viel insbewusstsein sichtbart, ist die akademischen Architektenschaft. Einerseits ist die öffentliche Hand immer weniger Geld für bauliche Großprojekte aus, andererseits wächst die Zahl der Architekturbüros, die auf solche Projekte angewiesen sind. Der Verteilungskampf wird immer härter.

[...]

Zurück zum Kino der Gefühle?

„Dies rigorose Leben" und „Utopia" — Westdeutsche Filme auf der Berlinale

Kino der Gefühle: Szene aus Vadim Glownas Film „Dies rigorose Leben", der jetzt als Wettbewerbsbeitrag der Bundesrepublik in Berlin gezeigt wurde.
Foto Concorde-Film

MICHAEL SCHWARZE

Maxim's für alle

[...]

Rudolf Zenker

Herzchirurgie-Pionier wird achtzig

[...]

Der Biograph

Robert Payne gestorben

[...]
F.A.Z.

Ich behaupte nicht, mit der Welt gehe es schlechter

Aus einem Gespräch mit dem Schriftsteller Thomas Bernhard

Die Meteorologen des Deutschen Wetterdienstes

Bei Regen hagelt es Beschimpfungen

Trotz Computer und Satelliten gibt es immer wieder mal Fehlprognosen / Von Esther Knörr-Anders

Wetter aus dem Weltraum: Auf dem Dach des Offenbacher Wetterdienstes ist die Antenne für den Satelliten Meteosat stationiert　　Foto: Schmitt

W enn sich Kröten wachen, Salamander die Schlupfwinkel verlassen, wenn der Uhu die weidene Klaue beleckt und „der Laubfrosch auf dem Baume seine Stimme erhebt" – dann waren das „Wetterzeichen", der Regen, Sturm, Hagelschlag, kurz: unfreundliche Filmmeteorzeug ankündigten. Jedenfalls vertrat der Grieche Theophrast (372–287 v. Chr.) diese Ansicht.

Quer durch die Menschheitsgeschichte zieht sich der Wunsch, Wetter vorherzusehen: klimaen, Prophetie, Astrologie, Magie wurden bemüht; Gottheiten aller Himmel eingeschaltet. Wettergötter und Tauf paare der heutigen Meteorologie aber war Aristoteles. Mit seiner Schrift „Meteorologica", der „Lehre von den Erscheinungen in der Luftshülle der Erde", verlief er Glauben und Aberglauben. Die Mitglieder des Deutschen Wetterdienstes in Offenbach am Main und Ekn Kollegen in aller Welt verdanken Aristoteles Beruf, Einkommen, Ehre und Ansehen.

Die Wetterkarte vom 17. Februar 1983: Ein großes Hoch über der Bundesrepublik

Idealwetter für die Landung der Alliierten am 6. Juni 1944 in der Normandie, deutsche Meteorologen hatten Regen gemeldet

---

Redakteurinnen der „taz" versuchen ein Stück Utopie

Ohne lenkende Männerhand

Von Susanne Mayer

Sie machen die Frauenseite der tageszeitung: Gitti Hertuchel, Maria Neef-Uthoff, Chris Simeon (v. r. n. l.)　　Aufnahme Carla Neumann

Die Titelköpfe internationaler Zeitungen sind ebenfalls nach typographischen Gesichtspunkten gestaltet (Abb. 129). Hier spielen die Wahl der Schrift, ihre Größe, die Satzweise eine große Rolle, da der Zeitungsname sofort »wiedererkannt« werden muß.

129 Titelkopf-Gestaltungen verschiedener internationaler Zeitungen

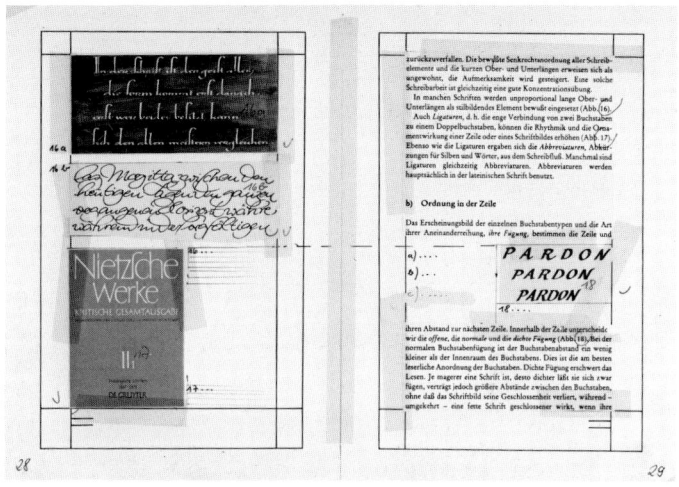

130   Umbruch/Layout-Doppelseite dieses Buches (vgl. S. 28/29)

In der Illustrierten dominiert das Bild (Abb. 131). Es ist Blickfang und soll die Aufmerksamkeit des Lesers ohne Umwege erregen. Der Text muß knapp, aber gut und lebendig geschrieben sein.

Das Layout von Buchseiten wird bedingt durch den Buchtyp (vgl. auch Abb. 113–115). Bei Bildbänden, in denen naturgemäß das Foto dominiert, das lediglich eine Bildlegende erläutert – Text- und Bildteil sind hier meist getrennt –, wird das Layout sich unterscheiden von dem eines Sach- oder Fachbuches. Hier hat die Illustration (Zeichnung oder Foto) stets die Aufgabe, den Text informativ und anschaulich zu ergänzen. Deshalb steht sie, wenn irgend möglich, in unmittelbarer Nähe des betreffenden Textes (Abb. 130).

Eine freie Interpretation verschiedener Gewichtungen im Text ist ebenfalls möglich (Abb. 132). Schon ein einziger Buchstabe kann auf einer Buchseite oder auf einem Blatt Papier ordnende und inhaltliche Bedeutung bekommen. Er kann als Zeichen verstanden werden, das im Layout jeweils Kapitelanfang, Strophenanfang, Satzende oder Mittelpunkt markiert, aber auch mehr bildhaft wirken und Streuung, Konzentration oder Gleichmaß vermitteln kann. Der Buchstabe ist dabei Ordnungs-, Sinn- und Dekorationszeichen.

Auf dem Rückweg schneit es tagelang. Um die Yaks zu entlasten, tragen die Treiber einen Teil der eingetauschten Waren zum

Eine Geschichte von
Christine de
Cherisey mit Fotos
von **Eric Valli**. Erzählt
von **Peter-Hannes**
Lehmann

ie Karawane kommt. In
acht oder zehn Tagen, vielleicht auch in zwölf, wird
sie das Tsangpo-Tal erreichen. Die einen wollen es an der
Verfinsterung des Mondes erkannt
haben, die anderen am Flug der Krä-
hen. Die Karawane kommt.

Daß sie kommen muß, steht außer
Frage. Die hölzernen Salztruhen sind
leer, abgesehen von winzigen Salzkri-
stallen, die sich mit Staub und Holz-
mehl zu gräulichen Klümpchen ver-
backen haben. Und die Kornkam-
mern sind voll von goldenschimmern-
dem Mais und sonnengelber Hirse,

fertig zum Mahlen. Wenn die Karawane kommt, wird man das Mehl gegen Salz tauschen, gegen Därme voll
Fett, gegen Bahnen gesponnener
sattschwarzer Wolle, aus denen Our-
ting, der Schneider, warme Kleider
und Mäntel nähen soll. Wer es sich leisten kann, gießt flüssige Butter auf die

131   Layout einer Illustrierten-Seite (Stern)

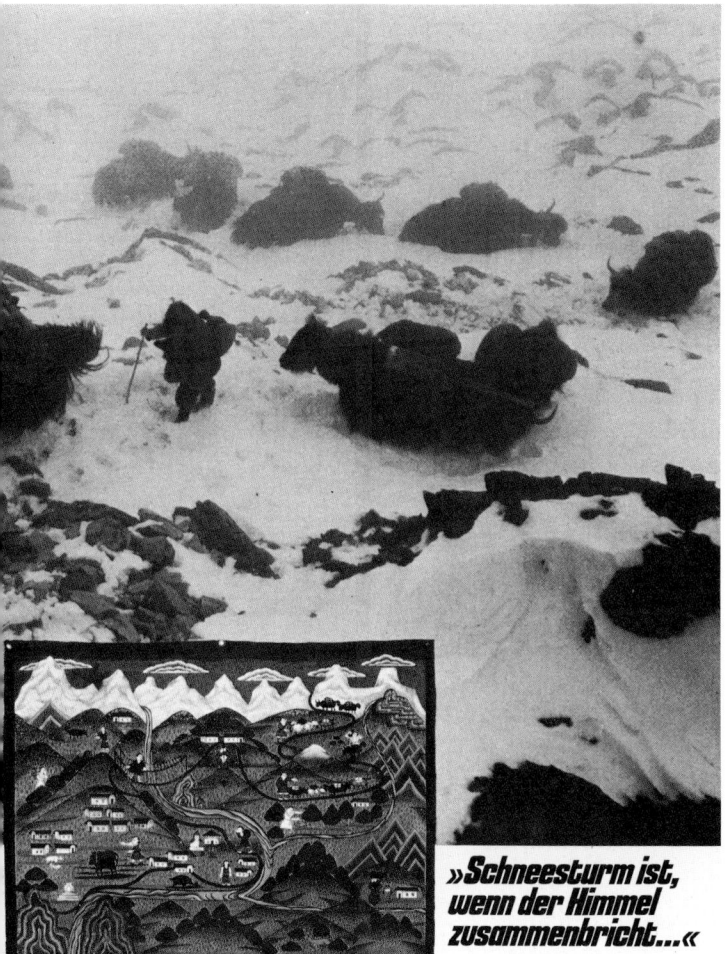

»Schneesturm ist, wenn der Himmel zusammenbricht...«

Tibetisches Sprichwort

Das Tsangpo-Tal, wie es Lama Karma Tschirum in alter Manier gemalt hat:
Vom Handelsplatz Pibou zieht die Karawane über die Eisgipfel nach Tibet zurück

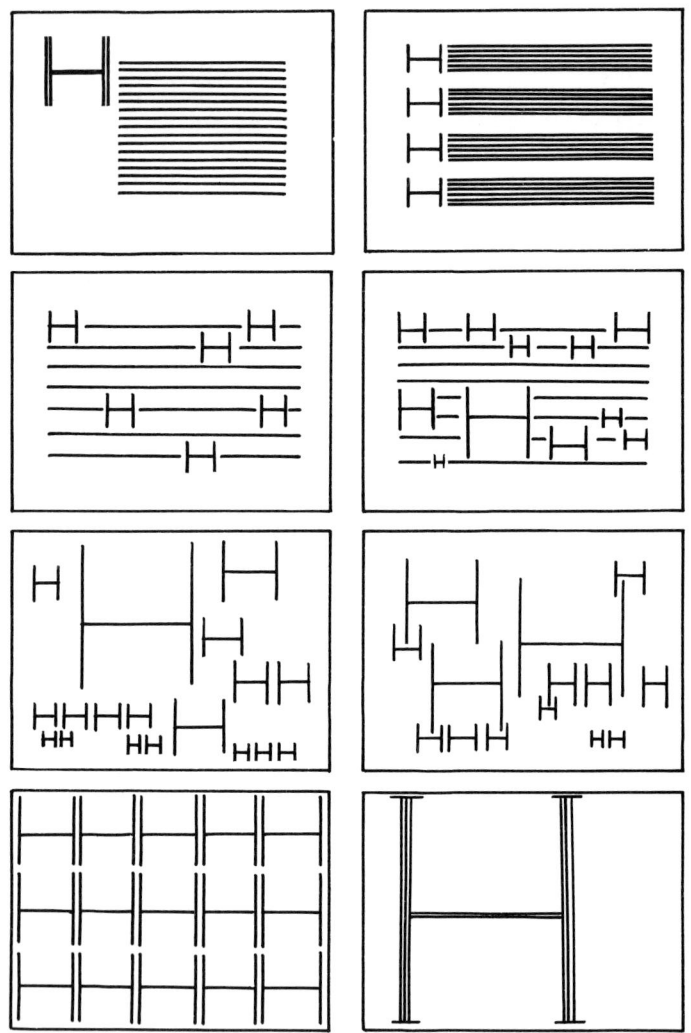

132 Freie Interpretation von Gewichtung im Text: Schon ein einziger Buchstabe kann auf einer Buchseite ordnende und inhaltliche Bedeutung erhalten.

b) Collage

Mit Collage bezeichnet man ein Klebebild, das verschiedene, unter Umständen sehr heterogene Bildelemente und Inhalte gestalterisch verbindet. Buchstaben und Textfragmente werden für die Gestaltung ebenfalls benutzt. Die Collage ist, auch in der Schriftgestaltung, der Ausgangspunkt aller aleatorischen Techniken oder Werkverfahren.

In der bildenden Kunst nimmt die Collage, die zuerst von Picasso (Abb. 133) und Braque 1911/12 als künstlerisches Ausdrucksmittel benutzt wurde, eine bedeutende Stellung ein und beeinflußte entscheidend die zeitgenössische Bildgestaltung. Auch in der angewandten Kunst spielt sie eine zentrale Rolle, etwa in der Werbung und allen ihr verwandten Bereichen. So ist zum Beispiel die Collagetechnik für die Gestaltung von Plakaten geradezu ideal (Abb. 134). Die vielfältigen Kombinationsmöglichkeiten von Objekten, einzelnen Buchstaben, ganzen Schriftzeilen sind von großem malerischen und graphischen Reiz (Abb. 135). Darüber hinaus spiegelt die Collage wider, wie wir unsere Umwelt erfahren: in Bild- und Erlebnissplittern.

c) Montage

Gegenüber der Collage ist die Montage ein eher »absichtsvolles« Gestaltungsmittel. In der Typographie meint man mit Montage das Zusammenkleben der Kopiervorlagen, also der Vorlagen, die zusammen eine Seite ergeben sollen. Man fügt Schrift, Bebilderung und Zusatzzeichen übersichtlich zusammen und setzt Akzente, die den Inhalt sofort deutlich machen. Das entsprechende Heft, Blatt oder Schriftstück vermittelt so einen optischen Eindruck, der es unverwechselbar von anderen Druckerzeugnissen abhebt.

Während die Collage die formal verschiedenen Elemente künstlerisch zu einem neuen Ganzen verbindet, folgt die Montage der Logik von Text und Bild. Daher spielt sie zum Beispiel in der Anzeigengestaltung (Abb. 136, 137) eine Rolle. Sie folgt immer einem bestimmten, vorher festgelegten Layout.

133   Pablo Picasso, Geige und Obstschale. 1912–13. Collage. Philadelphia Museum of Art

134 Plakat, gestaltet aus Druck- und Fertigerzeugnissen, das das Produkt in einen
     neuen Bildzusammenhang stellt; der Landschaftshintergrund entstand durch
     Bleistiftfrottage. Schülerarbeit (12. Klasse)

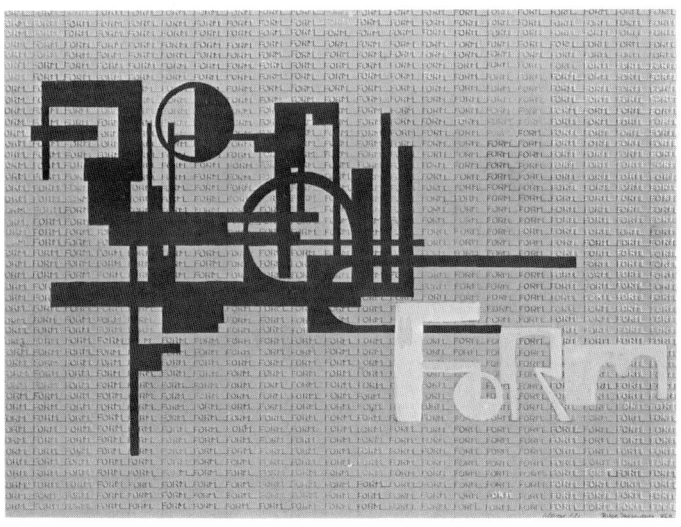

135 Plakat- und Poster-Collage aus einander ähnelnden Formen und Schriftzeichen,
     die aufeinander bezogen wurden, auf einem gleichmäßigen Schriftraster angelegt.
     Schülerarbeit (13. Klasse)

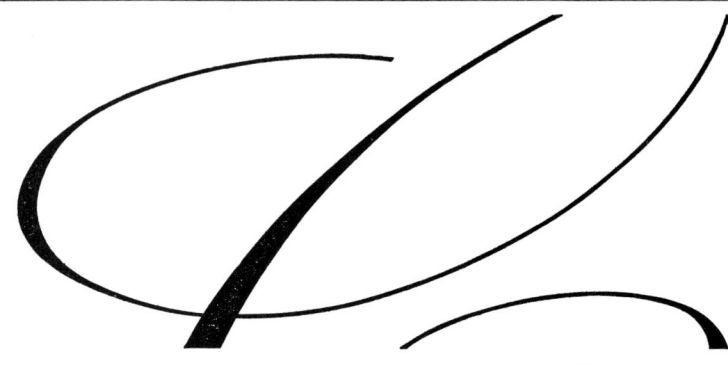

Technischer Leiter

Wir sind ein Unternehmen des Maschinen- und Anlagebaues. Unsere Lieferungen an in- und ausländische Abnehmer umfassen Maschinen und Anlagen für die Baustoff-Industrie.

Wir haben eine verantwortungsvolle Position innerhalb unseres Unternehmens zu besetzen. Zur Leitung des technischen Bereichs suchen wir den „technischen Leiter". Ihm obliegt die technische Entwicklung und Koordinierung in den technischen Büros. Erfahrungen auf dem Gebiet Fördertechnik wären zur Bewältigung der Aufgaben von Nutzen, Der technische Leiter ist der Geschäftsführung unterstellt. Entsprechende Vollmachten sind nach der Einarbeitungszeit vorgesehen.

Unser Unternehmen liegt in landschaftlich schöner Gegend unweit von Wiesbaden. Wir stellen uns vor, daß der Bewerber für diese Position ca. 35 bis 40 Jahre alt ist und nach seiner Ausbildung an einer Technischen Hochschule mit Abschluß Dipl.-Ing. oder Dr.-Ing. über eine entsprechende berufliche Praxis verfügt.

Wenn eine interessante Aufgabe in einem modern orientierten Betrieb Ihren Vorstellungen entspricht, dann nehmen Sie bitte Verbindung mit der von uns beauftragten Beratungsfirma auf.

Zur Vorbereitung einer ersten Kontaktaufnahme genügt ein tabellarischer Lebenslauf.

Wir werden umgehend von uns hören lassen.

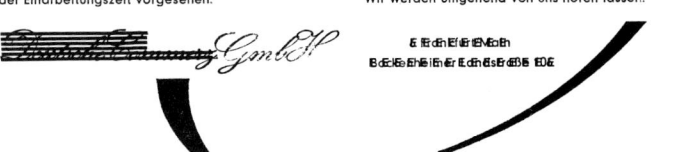

137 Montage und Collage einer Werbeseite: Gerissene und geschnittene Elemente sind mit verschiedenen Schrifttypen, Zeilen, Blöcken, Bildern, Signets und Gütezeichen typographisch-bildgestalterisch kombiniert.

4 Zusammenfassung

Unter Typographie versteht man die künstlerische Gestaltung aller Teile eines Druckwerkes.

Die Geschichte der Typographie beginnt mit der Erfindung der beweglichen Drucklettern und des Buchdrucks durch Johannes Gutenberg um 1450.

Die Entwicklung der verschiedenen Druckverfahren, wie Flach-, Hoch-, Tief- und Siebdruck, Collage- und Montagetechniken, die Herstellung neuer Papiersorten, die Abwandlung alter und die Konstruktion neuer Schriften führten zu einer Vielfalt typographischer Gestaltungsmöglichkeiten.

Die Zuordnung von Text und Bild folgt einem vorher festgelegten Layout, einer Entwurfskizze. Jedes Detail wird darin bestimmt.

Mit in die Gestaltung einbezogen werden Überschriften, Dekorationselemente u. a. Jedes Druckwerk – Buch, Zeitung, Prospekt – wird so zu einem »Gesamtkunstwerk«.

IV Anwendungsbereiche der Schrift

Die Schrift hat sich fast aller Lebensbereiche bemächtigt, der unmittelbaren privaten wie der vielfältigen öffentlichen, kultureller und wissenschaftlicher ebenso wie wirtschaftlicher und ökonomischer. Wie die Handschrift über ihren Schreiber Aufschluß gibt, so läßt die öffentliche Verwendung von Schrift Rückschlüsse auf die Gesellschaft zu. Aus dieser Sicht ist die Schrift nicht nur als »Gedrucktes« interessant, sondern auch als bauplastisches, bewegliches und unstabiles oder künstlerisch bildwirksames Phänomen, das die Umwelt optisch bewertet. Sie ist in einem breiten Spektrum von Erscheinungsformen Umweltgestaltung schlechthin geworden.

Zur Diskussion:
In der Regel stellen wir uns Schrift geschrieben und flächig vor. Aber es gibt Faktoren, die die Schrift in der Wirkung und im Ausdruck erheblich steigern. Nehmen wir die Bewegung von Buchstaben: Im Straßenbild erzeugt die Nacheinander- oder Wechselschaltung von farbig leuchtenden Buchstaben Flimmereffekte und Nachbilder, die das Auge irritieren. Diese Irritation vermittelt dem Betrachter Lebendigkeit durch Schriftbilder, eine Stadtansicht wirkt pulsierend und signalisiert Leben und Vielfalt.

Es ist eine gute Übung, sich zu vergegenwärtigen, in welcher Weise Schrift und Text im Fernsehen bildhaft-experimentell durch fotografische Vorgänge verändert und welche Mitteilungen dadurch zusätzlich zum lesbaren Text gemacht werden. Das Schriftbild wird vor unseren Augen geschrieben, Buchstaben verdoppeln sich, können zerfließen, verschwimmen oder können sich in andere Objekte

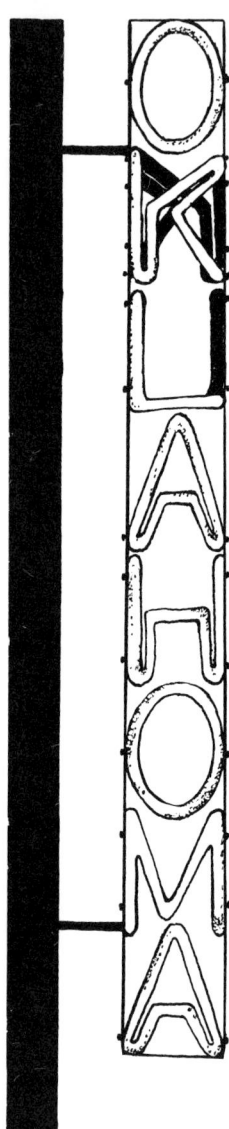

a

b

verformen, sich zu plastischen Gebilden verwandeln, sich zu flimmerndem Glas kristallisieren. Die Bewegung und die Verwandlung als Metamorphose faszinieren durch die Sichtbarmachung von Ausdrucksformen, die bislang nur der Kunst vorbehalten blieben. Eine neue Erlebnisform und eine Erweiterung unserer Bewußtseinssphäre wird hier durch Schrift verifiziert.

1 Schrift in der Umwelt

Unsere gebaute und geplante Umwelt besteht aus Zonen. Schilder machen dabei Ortsangaben, teilen Entfernungen mit, benennen Wege und Plätze, geben Verhaltensweisen oder sprechen Verbote aus, nennen Eigentum und Eigentümer, werben auf vielfältige Weise für Waren und Geschäfte, machen auf Aktivitäten und Vorkommnisse aufmerksam. Die Schrift macht Mitteilungen auf eigens zu diesem Zweck aufgestellten Litfaßsäulen, auf Mauern und Hausfassaden, über Schaufenstern und in ihren Auslagen. Alles und jedes, wirklich und scheinbar Besonderes soll der Aufmerksamkeit nicht entgehen und wird deshalb durch die Art und Form der Buchstaben, durch die Plastizität der Lettern, durch Farben, Licht- und Bewegungseffekte optisch wirksam hervorgehoben.

a) Plastische, bewegliche und leuchtende Schrift

Schrift kann als Relief wirksam werden, indem man sie reliefhaft in eine Fläche ein- oder aus dieser herausarbeitet. Man kann sie einhauen oder einpressen, prägen oder aufsetzen, aus Glas oder Metall fertigen und fest oder freischwebend auf eine Untergrundfläche aus beliebigem Material montieren (Abb. 139). Bauliche und witterungsbedingte Notwendigkeiten müssen dabei berücksichtigt werden.

◁ 138a, b) Leuchtreklamen

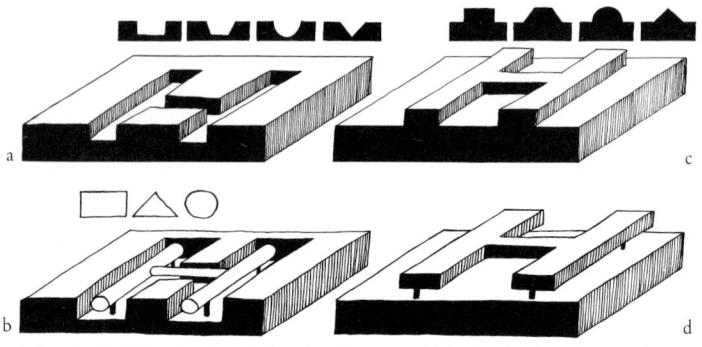

139a–d) Reliefbuchstaben für Leuchtreklamen: a, b) Buchstabenform herausgehauen und Leuchtbuchstabe in die Vertiefung montiert – c, d) Buchstabe aufgeklebt oder aufmontiert

Die körperhafte Gestaltung von Buchstabenformen ist Vorbedingung für ihre Beweglichkeit. Buchstaben können durch eine Mechanik bewegt werden, durch eine geschickte Beleuchtung, die zum Beispiel von Buchstabe zu Buchstabe springt, oder auch nur durch bloßes Anstrahlen beweglich erscheinen. Gerade vielfältige Reliefformen können dabei Zusatzformen projizieren und durch Vergrößerung oder gegenläufige Bewegungen lebendig erscheinen.

Leuchtbuchstaben können aus einzelnen Glühbirnen zusammengesetzt oder aus Leuchtstoffröhren gebildet sein, sie können in einer Farbe leuchten, phosphoreszieren, durch schnelles An- und Abschalten der Beleuchtung Flimmereffekte erzeugen oder durch intermittierende Schaltungen sogar von einer Farbe in eine andere wechseln. Diese »Inszenierungen« sollen den Betrachter vielfältig motivieren.

Ihre Anhäufung und Kombination zu farbigen Bildern mit Texten im Straßenbild nehmen der Schrift jedoch einen großen Teil ihrer Wirkung (Abb. 140). Zudem sind es immer wieder dieselben Firmen, die in allen Großstädten durch Leuchtschrift für sich werben und so unsere Stadtzentren uniform erscheinen lassen.

Doch nicht nur unsere Städte werden durch Reklameschriften bestimmt. Sportstätten und Sportler, bewegliche Objekte wie Automobile, besonders Rennwagen, tragen Schriftzüge zu Werbezwek-

140   »Schrift« im Straßenbild

ken. Selbst ein 13jähriger empfindet dies als so selbstverständlich, daß er es in seinem Bild (Abb. 141) mit zum zentralen Thema macht (wobei schon nicht mehr erstaunlich ist, wie gut er die einzelnen Firmennamen und -signets kennt und darzustellen weiß).

141 »Schrift« auf beweglichen Objekten, hier auf den Rennwagen und der Pisten-
bande. Schülerarbeit (7. Klasse)

b) Das Plakat

In gewisser Weise gehört das Plakat zu unserer Umwelt, ist ebenfalls
optische Werbung, obwohl es historisch betrachtet mehr mit der
Entwicklung der Buchdruckerkunst verbunden ist.

Seine Entstehung und Entwicklung geht mit der der urbanen
Kultur einher. Wahlaufrufe, Theateranzeigen und Gasthausemp-
fehlungen, natürlich auch die Ankündigungen zu Gladiatoren-
kämpfen, sind bei Ausgrabungen in antiken Städten gefunden
worden, vorwiegend in Pompeji. Es gab auch damals bereits
Auswüchse, denn auf einer Mauer ist unter anderem zu lesen: »Ein
Wunder ist es, o Mauer, daß du nicht eingefallen bist, da du so viel
ekelhaftes Gekritzel ertragen mußt.«

Die Geburtsstunde des Plakats liegt eigentlich in der Zeit, in der
die Technik der Vervielfältigung erfunden wurde, im Mittelalter.
Obwohl der Holzschnitt zunächst nur Bilddruck war, hat man ihm
doch sehr früh erklärende Worte, die man spiegelverkehrt in die
Druckplatte eingraben mußte, hinzugesellt. In den Blockbüchern

180

142 Zeichnung im etrurischen Geschmack, mit Proben von weißen Verzierungen auf dunklem Grund. 1796. Aus: Aloys Senefelder, Lehrbuch der Lithographie und des Steindruckes München 1821. München, Deutsches Museum

143 Honoré Daumier, Ah! Tu veux te frotter à la Presse!! (Ah, du willst die Presse
herausfordern!!). 3. Okt. 1833. Schwarzweiß-Lithographie. Auf dem berühmten
Blatt zur Verteidigung der Pressefreiheit ist in der Druckerpresse die Karikatur
von König Louis Philippe d'Orléans, dem »Bürgerkönig«, zu sehen, der dann
1835 die Pressefreiheit wieder aufhob.

und bei den Einblattdrucken, die als Handzettel verteilt wurden,
vereinte man Bild und Text auf ein- und demselben Druckstock.
Nach der Erfindung der beweglichen Lettern setzte man den Text
zum geschnittenen Bild, druckte also mit zwei Druckstöcken. Die

144 Henri de Toulouse-Lautrec, Moulin Rouge. 1891. Plakat. Farblithographie, ▷
195,5 × 124 cm

danach entstehenden Verlage machten zunächst für ihre Produkte mittels Buchzetteln und Plakaten Werbung, ehe das Plakat in den Dienst aller erdenklichen Mitteilungen trat. So kennen wir aus dem 17. und 18. Jahrhundert Plakate, die für Zirkusspektakel, Akrobaten oder fremde Tiere Reklame machten, wobei die werbenden Bilder einen Vorgeschmack auf Kurioses, Fremdländisches oder Exotisches geben wollten.

In den großen Städten des 17. und 18. Jahrhunderts muß das Plakatieren überhand genommen haben. Immerhin wurde im Jahre 1772 in Paris ein Plakatankleberbund gegründet. Am 1. Juli 1855 weihte man in Berlin die erste Litfaßsäule ein, eine Erfindung des Druckereibesitzers Ernst Litfaß.

Mit den Plakaten entstanden Etiketten für alle möglichen Waren, etwa für Tabak-, Apotheker- und Süßwarenerzeugnisse. Gegen Ende des 18. Jahrhunderts kamen die ersten »Bilderbogen« (vgl. Abb. 127) auf, eine Art illustrierter Einzelblätter, aber auch politische Flugblätter. Die Bänkelsänger, die auf den Jahrmärkten der Städte zu Bildern auf großen Bildtafeln sangen, haben ebenfalls dem Plakat den Boden bereitet.

Als Aloys Senefelder (1771–1834) die Lithographie erfand (Abb. 142), erhielt das Plakat seine bildkünstlerische Grundlage. Honoré Daumier (1810–1879) bereitete durch seine Lithographien dem Plakat nachhaltig den Weg und verhalf ihm durch seine politisch-agitatorischen Inhalte zu sozialer Brisanz (Abb. 143), während Henri de Toulouse-Lautrec (1864–1901) seine Plakate eher musisch-literarisch auffaßte (Abb. 144). Überhaupt lebt das Plakat auch noch in unserer Zeit auf vielfältige Weise aus seiner künstlerischen Tradition.

Plakate müssen auf Entfernung wirken. Deshalb sind sie meist flächig und selten tiefenwirksam gestaltet. Die Schriften sind groß und klar in der Form, die Farben werden eher begrenzt eingesetzt und stammen häufig aus einer Farbfamilie. Eindeutige und einfache Signale werden differenzierten Bildkombinationen mit mehreren Motiven vorgezogen (Abb. 145).

Wie die Schriftletter müssen sich auch Werbeseiten beliebig vergrößern und verkleinern lassen, ohne ihre Wirkung wesentlich zu verändern.

45   Plakat: Die Schrift korrespondiert mit dem Bildmotiv

c) »Berechtigungsscheine«: Formulare, Ausweise, Eintrittskarten

Aus der Tatsache, daß es sogar sogenannte »Behördenverlage« gibt, ist zu ersehen, welche Anforderungen an behördliche Papiere gestellt werden. Es werden nicht nur Eintrittskarten und Fahrscheine, Marken oder Ausweise gedruckt, sondern Formulare und Zeugnisvordrucke, Policen und Urkunden. Außer Behörden – Post, Bahn, Finanzamt – sind auch die verschiedensten Dienstleistungsbetriebe, öffentliche Anstalten und Schulen Auftraggeber für Ge- und Bedrucktes. Die sachlich gegliederten, übersichtlich gestalteten Papiere zeigen nicht die gewohnte Vielfalt und Ausschmückung durch Schrift. Deshalb laden solch nüchterne »Drucksachen« auch nicht unbedingt zum Lesen ein.

Sie eignen sich aber vorzüglich als Gestaltungselemente (Abb. 146) und sind deshalb auch für die bildende Kunst entdeckt worden (vgl. Abb. 133, 147). In unserer Zeit verdeutlichen sie besonders die totale Verwaltung und Bestimmung des einzelnen, die alle Bereiche des Lebens erfassende Bürokratie.

2 Die optischen Medien

Mit dem Sammelbegriff »Medien« bezeichnet man Übermittlungsformen, die sich der Sprache, der Schrift und der Bilder bedienen. Dazu zählen der Rundfunk – der uns hier als lediglich akustisches Medium nur mittelbar interessiert –, Verlage aller Art, Film und Fernsehen. Ohne große Mühe und mit »Konsumgarantie« können sich diese »Kommunikationsapparate« an sehr viele Menschen gleichzeitig wenden. Sie sammeln Nachrichten, sichten und ordnen sie, wählen aus und bereiten das Ausgewählte zu einem Programm auf: Sie wirken meinungsbildend. Sie haben damit eine kaum zu überschätzende Machtposition, die jedoch auch Verantwortung bedeutet.

146   Collage aus Eintrittskarten

147   Kurt Schwitters, Young-plan. 1929. New York, Sammlung Herbert und Nannette Rothschild

a) Presse

Neben den Buchverlagen, von denen schon an anderer Stelle die Rede war, gibt es Zeitungsverlage, Pressehäuser, die ausschließlich Zeitungen und Zeitschriften publizieren. Diese können täglich, wöchentlich, monatlich, vierteljährlich usw. erscheinen.

Die Aufgabe der Presse ist es, aktuell zu informieren über wichtige Ereignisse in Politik, Zeitgeschehen, Kultur, Sport u. a., in ausführlicheren Berichten Hintergründe darzulegen, zu unterhalten oder zu belehren bzw. zu bilden. Das kann auf vielerlei Art geschehen, immer aber haben die äußere Form, die Aufmachung, die Bebilderung, das Layout zum Ziel, Aufmerksamkeit zu erregen und durch die Gestaltung zum Beispiel der Überschriften die Nachricht bereits als wichtig, weniger wichtig oder marginal zu bewerten.

Jede Zeitung oder Zeitschrift wirbt um Leser und steht daher in Konkurrenz zu anderen Presseerzeugnissen. Bei diesem Bemühen um möglichst viele Leser und somit um hohe Auflagen spielt das Layout eine wichtige Rolle (vgl. Abb. 128). Es muß nicht nur ordnend und abwechslungsreich gestaltet sein, es muß vor allem auch die jeweilige Zeitung oder Zeitschrift charakterisieren (Abb. 148). Obwohl also gleichen Gesetzen folgend, ist es bei den verschiedenen Zeitungen und Zeitschriften zwar ähnlich, aber doch unterschiedlich. Jeder Leser kann so »seine« Zeitung auf Anhieb erkennen. Damit er sich in seinem Blatt auch wirklich »zu Hause« fühlt, ist die Gliederung, also die Abfolge, in der die einzelnen Nachrichten präsentiert werden, bei einer bestimmten Zeitung immer die gleiche. So haben zum Beispiel Meldungen aus der Politik Vorrang vor Nachrichten aus der Wirtschaft, diesen wiederum folgt der Sport- oder der Kulturteil usw.

Daß man Nachrichten auch fälschen oder erfinden – einige Prozesse haben dies in den letzten Jahren besonders deutlich gemacht – und trotzdem Glauben finden kann, zeigt, wie mächtig die Presse ist und wie leicht eine Meinung manipuliert werden kann. Um einer Sensation willen, die viele Leser mehr veranlaßt, eine bestimmte Zeitungsausgabe zu kaufen, ist die Presse schon häufig in Versuchung geraten. Ziel des seriösen Journalismus ist es jedoch,

148 Titelseite verschiedener Zeitungen: a) Süddeutsche Zeitung – b) Kölner Stadt-Anzeiger – c) Frankfurter Allgemeine Zeitung – d) Die Zeit

Kölner Stadt-Anzeiger

KÖLNISCHE ZEITUNG

Köln, Donnerstag, den 24. Februar 1983   UNABHÄNGIG · SEIT 1802 · ÜBERPARTEILICH

G 4237 A
Ausgabe K
Nummer 46 / 70 Pfennig

Bonn: 1995 eine Million Tonnen Giftstoffe weniger

Kabinett billigt Abgas-Regelung

Lange Übergangszeit und Ausnahmen für Kraftwerke

Von unserem Redakteur Wolfgang Koch

Ungewißheit

HWK — Jasar Arafats Erfolg auf dem Kongreß des Palästinensischen Nationalrates ist eindeutig, und keinen Zweifel unterliegt es auch, daß mit der Bestätigung des PLO-Chefs dessen gemäßigte Linie sich gegen die unverändert aggressiven und kompromißlosen Fraktionen der Palästinenser durchgesetzt hat. Was aber die Konsequenzen dieses Kongresses sein werden, bleibt trotz Arafats Erfolg ungewiß.

Die Unwägbarkeiten resultieren weniger daraus, daß die Palästinenser den „bewaffneten Kampf" um ihre Heimat fortsetzen wollen. Eine Wiederbelebung des weltweiten Terrors von einst steht jedenfalls nicht auf dem Programm. Höheren Rang als der Guerilla-Krieg gegen Israel genießt die diplomatische Offensive, die der Sache der Palästinenser Verbündete gewinnen soll.

Hier allerdings werden die Konsequenzen des Kongresses vage. Daß von drei verschiedenen Friedensplänen, die in Algier zur Debatte standen, nicht einmal der jüngste den amerikanischen Präsidenten völlig verworfen wurde, läßt immerhin einen Hinweis. Denn in allen drei Plänen wird, wenn auch mehr oder weniger deutlich, die Anerkennung Israels gefordert.

Das Einlenken der Palästinenser, das sich in diesem Punkt zeigt, stellt allerdings die Israelis bei weitem nicht zufrieden. Außenminister Schamir hat gestern erklärt, die PLO päise wie in der Vergangenheit schrittweise noch Palästina zurückzukehren und dergestalt Israel zu zerstören. Die Beschlüsse von Algier stellten nur den ersten dieser Schritte dar. Bezieht man Schamirs Reaktion in die Bilanz ein, dann hat der Kongreß absolut nichts geändert.

Siehe auch Leitartikel und Bericht auf der Seite 2

IG Metall: Ein Flächenstreik ist nicht auszuschließen

Frankfurt (dpa.ap) — In der IG Metall nehmen die Vorbereitungen für Warnstreiks zu. Die Gewerkschaft hat gestern bei rund 100 Arbeitgerichten Schutzschriften hinterlegt, um mögliche einstweilige Verfügungen der Arbeitgeber gegen Warnstreiks vorzubeugen, die mit Auslaufen der Friedenspflicht ab 1. März möglich sind. IG-Metall-Vorstandsmitglied Janßen sagte, es sei der Gewerkschaft mit den angekündigten Warnstreiks „bitterernst". Selbst ein Flächenstreik sei nicht mehr auszuschließen. Die IG Metall sehnt sich aber nicht danach. Die Metallarbeitgeber Bayerns, dort beginnt heute die vierte Lohnrunde, fordern die IG Metall zu Kompromißbereitschaft auf.

Die PLO hält sich alle Wege offen

Beschlüsse in Algier

Algier (dpa, EB, ddp) — Der Palästinensische Nationalrat hält sich mit seinen Beschlüssen von Algier alle Wege zu einem eigenen Staat offen. Zum einen wird der Nahost-Friedensplan des verstorbenen Kremlchefs Breschnew „in Erwägung gezogen", in er grundsätzliche Forderungen der PLO enthält: unabhängiger Palästinenserstaat und Alleinvertretungsanspruch. Der „Erwägung" kommen die Palästinenser israel nach Schritt entgegen, da die Initiative aus drücklich von einer Anerkennung Israels spricht. Zum anderen wird der Nahostplan von US-Präsident Reagan zurückgewiesen, aber nicht endgültig abgelehnt. Diesen Vorbehalt spricht von autonomen Gebieten nicht zu binden. Zum dritten wird der Friedensplan von Fes als Mindestmaß für die politische Aktion der arabischen Länder bezeichnet. Er spricht neben der Bildung eines Palästinenserstaates indirekt von einer Anerkennung Israels. (Siehe auch S. 8)

Gromyko droht für Genf mit Stillstand

„Bei Nachrüstungsbeginn"

Moskau (ap, dpa) — Moskau Außenminister Gromyko hat am Mittwoch erklärt, die Stationierung neuer US-Mittelstreckenraketen in Europa würde die Genfer Verhandlungen über eine Begrenzung derartiger Waffen unterbrechen. „Die Parteizeitung „Prawda" sagte Gromyko, es sei „ein „Irrtum" zu glauben, die Genfer Gespräche könnten fortgesetzt werden, wenn die USA mit der Stationierung der Waffen beginnen hätten. Damit spreche sich Gromyko indirekt gegen eine Zwischenlösung aus. Falls die amerikanischen Raketen in Westeuropa auftauchen sollten, entstünde eine „qualitativ neue Lage". Die Verantwortung für die Folgen dieses Schrittes fiele dann den USA und der Nato zu. Die von Moskau angestrebte Null-Lösung könne Moskau nicht akzeptieren, auch wenn dies zum Stillstand der Verhandlungen an der Nachrüstung von Hunderten von US-Raketen führen. Gromyko meinte, derzeit gebe es keine Hoffnung auf einen Kompromiß.

PANORAMA

Zehn Tage nach Operation gestorben

EB München — Zehn Tage nach der Operation ist am Mittwoch in München der 27jährige Mann gestorben, dem sich in Deutschland gleichzeitig Herz und Leber transplantiert worden waren. Todesursache lauf Universitätsprofessorn: Versagen von Leber und Nieren. (Siehe Panorama)

KÖLN

Verstärkte Überprüfung privater Rasenmäher

M. Köln — Regierungspräsident Antwerpes will die Ceven beaufsichti im Frühjahr verstärkt elektrische Rasenmäher in privaten Gärten überprüfen lassen. Bei Stichproben im letzten Jahr wies von 115 überprüften Geräten nur 36 Rasenmäher keine Mängel auf. (Ausführliches Rheinland auf der „Quer durch Köln")

ÖTV fordert fünf Prozent mehr Lohn

Mindestens 110 Mark im Monat · „Kein großer Spielraum nach unten"

Stuttgart (Hs. dpa) — Fünf Prozent mehr Lohn und Gehalt, mindestens jedoch 110 Mark monatlich, fordern die sechs DGB-Gewerkschaften der öffentlichen Dienstes in der Tarifrunde 1983. Die ÖTV-Vorsitzende Monika Wulf-Mathies, erklärte, diese Forderung lasse „keinen großen Spielraum nach unten". Zu Die Gewerkschaften verlangen außerdem 30 Tage Urlaub für alle und einen besseren Kündigungsschutz. Der stellvertretende ÖTV-Vorsitzende Merten erklärte, insgesamt betrage die Forderung rund 5,8 Prozent. Die ÖTV-Forderung enthalte die Forderung berücksichtige die schwierige wirtschaftliche und finanzpolitische Lage und die Notlage öffentlichen Haushalte. Von der Basis seien fünf bis über sieben Prozent gefordert worden, sagte Merten. Deshalb habe man sich auf den unteren Bereich der Skala beschränkt. „Zu niedrig dürfe das Ergebnis aber nicht ausfallen", betonte die ÖTV-Vorsitzende. Durerate zu erreichen, die die ÖTV bei fünf Prozent ansetzt. Außerdem wolle man ein Lohndiktat der Arbeitgeber verhindern. Anders als in der Vergangenheit liege die ÖTV-Forderung für die rund 2,7 Millionen Arbeiter und Angestellten im öffentlichen Dienst erheblich unter der früheren Forderung von IG Metall, die 6,5 Prozent mehr Lohn und Gehalt fordert. Für die Arbeitgeber wies Bundesinnenminister Zimmermann die Forderung zurück.

148b

Frankfurter Allgemeine

ZEITUNG FÜR DEUTSCHLAND

D 2954 A

Donnerstag, 24. Februar 1983, Nr. 46/8 D — Herausgegeben von Bruno Dechamps, Jürgen Eick, Fritz Ullrich Fack, Joachim Fest, Johann Georg Reißmüller — 1,20 DM

CDU und FDP in Berlin gehen weiter aufeinander zu

Wk BERLIN, 23. Februar. In Berlin ist ein weiterer wichtiger Schritt auf dem Weg zu einer Koalition aus CDU und FDP getan worden.

Kurznachrichten (Spalte 1):

1 Kampf um das Pariser Rathaus

1 Kann Heimweh krank machen?

10 Politische Bücher

12 Das deutsche Exil in der Tschechoslowakei nach 1933

12 Wer könnte Casanova gefährlich werden?

Deutsche Ungewißheiten für Washington

13 Wettbewerbspolitik als Entdeckungsverfahren

21 Türnahy und seine Welt-Bass

23 Das Kino der Gefühle im Berliner Filmfestspiele

9 Briefs an die Herausgeber

Seisebatt: Die ersten Schritte im Kinderschiksern

Die Bundesregierung will den Wald retten

Strengere Auflagen für Kraftwerke

Kohl: Schwere, zum Teil irreparable Schäden / Die Forschung nach den Ursachen / Kabinettsbeschluß

hi. BONN, 23. Februar. Mit der Verabschiedung der Großfeuerungsanlagen-Verordnung hat das Bundeskabinett am Mittwoch einen weiteren Schritt in Richtung eines besseren Umweltschutzes getan.

Die PLO nennt Reagans Nahost-Plan „ungenügend"

Tagung des Nationalrates beendet / Arafat bleibt Vorsitzender / Erfolg für die „gemäßigte Linie"

ALGIER, 23. Februar (AP). Der Vorsitzende der „Palästinensischen Befreiungsorganisation" (PLO), Arafat, hat am Mittwoch den Vorstand der Organisation einberufen, um die vom „Entfgergelement" der Palästinenser.

Nürnberg warnt vor „Panikmache" unter Jugendlichen

Die Ausbildungsplätze werden zum zentralen Wahlkampfthema / Glombig: Zahlen / Die Zusagen der Wirtschaft

hoe. FRANKFURT, 23. Februar. Die Frage, ob in diesem Jahr jeder lehrstellensuchende eine Lehrstelle findet, wird immer mehr zu einem zentralen Wahlkampfthema.

Zimmermann gegen Beteiligung an der Volkszählung auf

BONN, 23. Februar (dpa). Bundesinnenminister Zimmermann hat die Beteiligung der Bundesregierung aufgerufen, sich an der Volkszählung am 27. April zu beteiligen.

Frankfurter Allgemeine Zeitung GmbH
Postfach 2901 · 6000 Frankfurt am Main 1

Fünf-Prozent-Forderung im öffentlichen Dienst

STUTTGART, 23. Februar (AP). Fünf Prozent mehr Lohn und Gehalt, mindestens aber 110 Mark, fordern die sechs DGB-Gewerkschaften des öffentlichen Dienstes in der anstehenden Tarifrunde für die rund 3,5 Millionen Arbeiter und Angestellten bei Bund, Ländern und Gemeinden.

Gesucher an alle Funktionäre der FDP: Es geht aufwärts

BONN, 23. Februar (AP). Der FDP-Vorsitzende, Außenminister Genscher, hat die Funktionäre der Partei aufgerufen.

Abwegiger Widerstand

fr. Was immer der Staat tut – Bürgerinitiativen sind auf dem Plan, es zu verhindern.

Wird Glemp verkannt?

Von Bernhard Heimrich

In Polen erfüllen jetzt die Staatsanwälte und Richter der Plesnill.

Malta: Entführer lassen ihre Geiseln frei

VALETTA, 23. Februar (dpa). Die Entführer eines libyschen Verkehrsflugzeugs haben nach 54 Stunden dauernden Verhandlungen auf der Mittelmeerinsel Malta ihre Geiseln freigelassen.

Andreas Kohlschütter aus Algier: Die PLO nach der zweiten Vertreibung (S. 9)

Stellenangebote
Neue Positionen – neue Aufgaben
Seiten 34–38

DIE ZEIT

Für Ihre Reise:
Angebote – Informationen
Seiten 47–60

Nr. 9 | 25. Februar 1983 | 38. Jahrgang. Preis 3,00 DM

WOCHENZEITUNG FÜR POLITIK · WIRTSCHAFT · HANDEL UND KULTUR

C 7451 C

Zeitverlag Gerd Bucerius KG
Postfach 10 68 20, 2000 Hamburg 1

Stalins Schatten über Moskau

Die Sowjetunion dreißig Jahre nach dem Tod des Diktators / Von Christian Schmidt-Häuer

Nicht im Kreml, wie das Kommuniqué meldete, sondern in seiner Vorortvilla traf ihn der Schlag: Vor dreißig Jahren starb Josef Stalin. Schon zu seinen Lebzeiten, als das Regime des monströsen Diktators noch als Prototyp eines unwandelbaren Terrorsystems galt, hatte George Orwell prophezeit: Es sei sonnenklar, daß der Stalinismus unvermeidlich enden werde. Der Autor von *1984* wurde bald bestätigt. Die despotische Supermacht entfernte sich relativ schnell vom verstorbenen Superdespoten – gemessen am moskowitischen Entwicklungstempo, das stets niedrig war, weil der Staat immer ungleich stärker zu sein trachtete als die Gesellschaft. So ist es bis heute: Nicht Gesellschaftsreformen und strukturelle Pluralisierung haben den Abstand zu Stalins Schreckensregime vergrößert, sondern materielle Interessen, die Bürokratie und Bürger verbinden.

Am Ende der Stalin-Ära erhielt der Kollektivbauer 24 Kopeken pro Tag und eine Hose pro Jahr. Als der neue Parteichef Andropow kürzlich in einem Moskauer Betrieb – leutselig wie einst Chruschtschow – mit den Werktätigen sprach, fragte er einen Facharbeiter: „Ganz im Vertrauen – wie groß ist Ihr Verdienst?" Die Antwort: „Ausreichend – 380 Rubel." In der *Prawda* stand am nächsten Tag nur noch das Wort „ausreichend", die 380 Rubel waren gestrichen worden. Der Verdienst lag, wie bei vielen begehrten Facharbeitern, über dem legalen Limit. Selbst der Kollektivbauer erhält heute mehr als hundert Rubel im Monat. Das ist umgerechnet zwar weniger als die Hälfte der bundesdeutschen Arbeitslosenunterstützung. Aber es muß gemessen werden an dem was war: Vor der Revolution lagen die Löhne unter dem Existenzminimum, und 1933 verhungerten rund vier Millionen Menschen.

Als sich diese große Hungersnot bereits deutlich abzeichnete, 1932, ließ Stalin noch 1,5 Millionen Tonnen Getreide exportieren – fast vier Millionen Bauern starben einfach für die Handelsbilanz. Heute, fünfzig Jahre später, gibt der Kreml die Hälfte seiner Devisen für Lebensmittelimporte aus, innerhalb von zehn Jahren haben sich die Lebensmitteleinfuhren verzehnfacht. Die Grundnahrungsmittel werden mit über hundert Milliarden Mark jährlich subventioniert.

Dieser Vergleich zeigt die *activa* und *passiva* der Bilanz dreißig Jahre nach dem Tode des Diktators. Chruschtschow und Breschnjew konnten Stalins Massenterror auch deshalb abbauen, weil sie den Massenkonsum kontinuierlich erweiterten. Aber dies geschah ohne grundlegende ökonomische Reformen. In den vergangenen dreißig Jahren hat sich zwar der Pro-Kopf-Konsum verdoppelt, aber die Wachstumsrate der Arbeitsproduktivität ist seit den sechziger Jahren um die Hälfte zurückgegangen. Statt mit Stalins eisernem Besen sicherten die Unternehmen die Planerfüllung mit Selbstbetrug. Der kleine Diebstahl im Betrieb zählte unter Breschnjew zur Verbesserung der Arbeitsplatzbedingungen.

Doch wie schon die Untertanen im alten Rußland, so reagierten auch viele Sowjetbürger ambivalent auf die Konsequenzen, die sie selbst aus den Mängeln des Systems zogen. Als hätte es die furchtbaren Menschenopfer auf dem Altar der Industrialisierung nicht gegeben, wuchs der naive Glaube, daß Stalin alle Wirtschaftsprobleme lösen würde. Je tiefer Breschnjews Regime in Lethargie und korrupte Selbstbedienung verfiel, desto häufiger priesen Sowjetbürger in Schlangen, Bierhallen und an Omnibusstationen den toten Diktator: Stalin habe jedes Jahr die Preise gesenkt und für anständige Disziplin gesorgt.

Spartanischer Puritanismus

Nun, seit gut hundert Tagen, haben die Sowjetbürger wieder einen, der ihnen Disziplin einpaukt. Jurij Andropows Miliz besetzt am hellichten Tage überfallartig Kinos, Kaufhäuser, Metroeingänge und greift sich alle jene heraus, die sich unerlaubt vom Arbeitsplatz entfernt haben. Dem Feldzug gegen die Korruption fallen auch Minister zum Opfer. Gleichzeitig zieht der neue Parteichef in der Kulturpolitik die Zügel noch schärfer an, experimentelle Theaterstücke und Filmprojekte werden gestoppt. Nach Chruschtschows Populismus und Breschnjews Immobilismus geht jetzt ein spartanischer Puritanismus von der „Andropolis" aus, wie der Volksmund inzwischen den Kreml nennt. Kündigen diese Maßnahmen, dreißig Jahre nach dem Tode des Kreml-Tyrannen, eine Rückkehr zu stalinistischen Methoden an?

Die Entwicklung seit Stalin gibt dem neuen Parteichef keine brauchbaren Ansatzpunkte. Die Wendemarke, über die auch Andropow das Sowjetsystem vorerst nicht hinauszuführen wagt, hatte Kossygins Reform von 1965 aufgezeigt: eine konsequente Abkehr von Stalins Superzentralismus. Kossygins Wirtschaftsprogramm beruhte auf alten Ideen des polnischen Ökonomen Oskar Lange, die der sowjetische Professor Libermann aufgegriffen hatte. Marktkräfte wie Angebot und Nachfrage sollten eingeführt, die Unternehmen von externer Planung und Kontrolle befreit werden. Aber die Angst der Oligarchie vor einer Systemauflösung durch ökonomische Dezentralisierung ließ die Reform scheitern.

Die Furcht der Parteibürokratie war auch erklärlich. Schließlich hatte Chruschtschow – seit er 1956 auf dem 20. Parteitag mit seinen Enthüllungen über die Verbrechen Stalins den Schatten des Tyrannen kühn zu bannen suchte – auf das Vertrauen der Massen und gegen die Parteielite gesetzt. Als der ukrainische Populist nach achtjährigem Kampf dem toten Diktator dann doch unterlag, zog Breschnjew daraus drei Lehren: Er deckte die Verbrechen Stalins wieder zu, er beschränkte sich auf das Vertrauen in die Parteikader, und er sicherte der Bürokratie ungestörte Privilegien.

Die Entwicklung gab ihm zunächst recht. Die erste Dekade unter Breschnjew zwischen 1965 und 1975 war mit ihren wirtschaftlichen und sozialen, innen- und außenpolitischen Leistungen das erfolgreichste Jahrzehnt der Sowjetgeschichte. Die Wachstumsraten betrugen rund sechs Prozent im Jahr, Führungskader und Fraktionen in der Partei waren verständigungsbereiter. Außenpolitisch erhielt die Sowjetunion von US-Präsident Nixon die Anerkennung als gleichrangige Weltmacht.

Doch seit Mitte der siebziger Jahre ist der Aufwärtstrend umgeknickt. Die Energieversorgung fiel ab. Die Geburtenraten im industriellen Westen der Sowjetunion sinken, in etwa fünf Jahren wird der Arbeitskräftemangel einen dramatischen Höhepunkt erreichen. Die Landwirtschaft fiel in den letzten Jahren wieder weiter zurück (Andropow bietet da bisher auch nichts an). Moskaus ungehemmte Aufrüstung verdarb nicht nur die gerade erreichte Partnerschaft mit Washington, sie entzog auch der eigenen Konsumgüterindustrie immer mehr Kräfte, bis der Versorgungsstand der Bevölkerung einfror. Jetzt wird der Lebensstandard auf Jahre hinaus sinken.

Eiseshauch aus alten Tagen

Die Sowjetbürger haben auf diese Entwicklung im Grunde ähnlich „konterrevolutionär" reagiert wie die Polen – nur im Rahmen ihrer eigenen Traditionen. Was sich in Danzig als große nationale Verweigerung manifestierte, das praktizierten an den sowjetischen Arbeitsplätzen Millionen kleiner Aussteiger. Sie „streikten" gegen Niedriglöhne und Versorgungsmiseren, indem sie während ihrer Dienststunden einkauften und bummelten.

Dagegen richtet sich Andropows neuer Feldzug. Aber wie will er ihn gewinnen? Mit öffentlicher Anprangerung durch die Medien? Ein „Held der Arbeit" lief jüngst Reportern vor die Kamera, als er während der Arbeitszeit das Werk zum Einkaufen verließ. Unter Stalin wäre dieser Mann in einem sibirischen Lager verschwunden, hier trollte er sich unbekümmert davon. In Andropows neuer Botschaft spüren manche einen leichten Eiseshauch aus Stalins Tagen: „Wir müssen in den Kampf um Disziplin einen großen Inhalt hineinbringen und sie unmittelbar mit der Produktion verbinden."

Doch die Untertanen der Zaren und die Sowjetbürger haben sich ähnlichen Appellen fast immer entzogen, weil sie auf einzigartige Weise Loyalität und Opposition zur Ablehnung von Verantwortung vermengten. Stalin beugte sie durch erbarmungslose Rechtlosigkeit. Seine Nachfolger kehrten zu jener Tradition zurück, die der Publizist Nowikow schon im 18. Jahrhundert umriß: „Rußlands Glück ist die schlechte Anwendung schlechter Gesetze." Wie kann Andropow die Gesetze „besser" anwenden?

Viele Sowjetbürger werden nun über die volle Arbeitszeit im Betrieb bleiben, statt bestenfalls sechs Stunden wie unter Breschnjew. Aber werden sie deshalb auch mehr tun? Der Erfolgsmeldung, daß die Industrieproduktion im Januar auf 6,3 Prozent hochgeschnellt ist (gegenüber 2,8 Prozent 1982), wird kein langer Aufschwung folgen, wenn Andropow die Kontrollen nicht durch konkrete Reformen ergänzt. Denn die Schrauben lassen sich nicht mehr so weit anziehen wie in Stalins Tagen. Damals war die Produktion noch so schmal und so wenig spezialisiert, daß der georgische Diktator das Land mit Sklavenarmeen und rücksichtslosem Dirigismus ins Industriezeitalter hämmern konnte. Auch dreißig Jahre nach Stalin gibt es noch Zwangsarbeit für Gefangene, wie *Nowosti* gerade offen zugegeben hat. Aber das sind keine millionenstarken Sklavenheere, mit denen Andropow auch gar nichts anfangen könnte – ihm helfen nur Facharbeiter und gewaltige Kapitalinvestitionen. Und die gedeihen nicht in einer totalitären Zwangswirtschaft.

Dreißig Jahre nach Stalins Tod ergibt sich für das überladene Imperium, das er seinen Nachfolgern hinterlassen hat: Der Konflikt zwischen den gestiegenen Konsumerwartungen und der zurückbleibenden Produktivität wird zunehmen. Weil die Wachstumsraten sinken, die Militärausgaben aber unvermindert steigen, verschlingt die Rüstung einen immer größeren Anteil des Bruttosozialprodukts. Wenn der Parteichef den Verbrauchern künftig auch nur 1,5 Prozent Konsumzuwachs pro Jahr sichern will, dürften die Rüstungsausgaben gerade noch um ein Prozent jährlich steigen – und nicht um drei bis vier Prozent wie bisher.

Wie sehr Andropow die innenpolitischen Zügel auch anziehen wird – er ist kein „Eisenfresser", er hat die Armee in allen seinen Reden nur kurz bedacht, er will mit Amerika verhandeln. Washington sollte diese Bereitschaft nutzen. Dem Westen kann nicht an einer Sowjetunion gelegen sein, in der es keine Alternative gibt zum ungebremsten militärischen Machtausbau auf Kosten von 260 Millionen Menschen, zu einer Politik, die Stalins Schatten verlängern würde auf unabsehbare Zeit.

Neuer Besen Andropow

Raketen-Wirrwarr

Der deutsche Wahlkampf und die Nachrüstung / Von Dieter Buhl

Wenn sich unsere Verbündeten inzwischen um die „psychische Gesundheit" *(New York Times)* der Bundesrepublik sorgen, braucht das niemanden zu wundern. Der Wahlkampf provoziert auch hierzulande immer öfter Kopfschütteln. Wortgemetzel, Ehrabschneidung, politische Brunnenvergiftung? Die sprachlichen Entgleisungen sind nicht das Hauptproblem; an die abstoßenden Wahlkampfrituale haben wir uns beinahe schon gewöhnt. Mehr beunruhigt die besessene Beschäftigung mit dem sperrigen Raketen-Thema, das in dieser Schlußphase vor dem 6. März erneut die Auseinandersetzung beherrscht.

Dabei waren sich zu Anfang alle Parteien einig: Dies sollte kein Raketenwahlkampf werden. Ein guter Vorsatz, denn die komplizierte Abrüstungsmaterie drohte neben den Wählern auch die meisten Politiker zu überfordern. Doch die Raketendebatte ist wieder voll entbrannt und, schlimmer noch, Freunde und Gegner außerhalb unserer Grenzen werden mit hineingezogen. Der deutsche Wahlkampf, ein beinahe weltumspannendes Ereignis? Wo solche Anmaßung waltet, läßt der Spott gewöhnlich nicht lange auf sich warten.

Gewiß, zwei Tatsachen sprechen für das starke Engagement: Die atomare Angst sitzt tief. Die Alternativen Krieg oder Frieden, Ab- oder Aufrüstung wiegen im Ernstfall schwerer als alle übrigen tagtäglichen Probleme, Arbeitslosigkeit und soziale Sicherheit inbegriffen. Ein nukleares Armageddon erübrigte schließlich sämtliche anderen Sorgen. Nur fragt sich, ob die Hektik der Wahlkämpfer der Sache dient. Ob Hans-Jochen Vogels drängender Brief an den amerikanischen Präsidenten die Genfer Verhandlungen wirklich vorantreibt? Ob die politische Entsendung des Bonner Abrüstungsexperten Ruth nach Moskau den Kreml wirklich zu Konzessionen bewegt? Zu befürchten ist, daß die deutschen Aktivitäten das Gegenteil bewirken: weniger Geduld mit deutschen Empfindlichkeiten bei den Amerikanern und mehr Hoffnung bei den Russen auf den Zwist im Westen, der sowjetische Konzessionen bei den Raketen überflüssig machen könnte. Was Washington von der Aufgeregtheit des Verbündeten hält, hat Außenminister Shultz deutlich gesagt: Die Genfer Verhandlungen richten sich nicht nach irgendeinem Wahltermin, sie haben ihr eigenes Tempo.

Was heißt auch schon die sozialdemokratische Behauptung: „Wer Kohl wählt, bekommt automatisch Raketen?" Bedeutet sie: Wer Vogel wählt, bekommt bestimmt keine? Auch der will sich nicht endgültig festlegen, selbst wenn manchem SPD-Strategen dieser Eindruck offenbar nicht unlieb wäre. Die Verhandlungen werden nicht von deutschen Wahlkämpfern, sondern von den Weltmächten geführt. Ohne Zweifel kommt der Bundesrepublik als Stationierungsland eine wichtige Rolle zu: Mit ihrer Weigerung, die neuen Raketen aufzunehmen, wäre das westliche Programm praktisch gescheitert.

Gerade da aber bleibt einiges zu wünschen übrig. Daß der SPD-Spitzenkandidat selbst die Situation viel differenzierter sieht, als seine Reden oft vermuten lassen, hat er erst vorige Woche in einem *ZEIT*-Interview bewiesen: Seine Warnung, das Wählervotum als Raketen-Plebiszit zu bewerten, weil es sich aus einem „Bündel von Motiven" zusammensetze, können auch seine politischen Gegner unterschreiben. Denn wie er erfahren sie täglich, daß die Wähler vor allem danach fragen: Wer verschreibt die wirksameren Rezepte gegen die Arbeitslosigkeit, wer weist den schnelleren Weg zum wirtschaftlichen Aufschwung?

Wenn gerade die SPD trotzdem so vehement auf die Abrüstungsdiskussion setzt, zwingt sie zur Suche nach ihren Motiven. Spielt dabei neben dem ehrenwerten Bemühen um unsere Sicherheit und unser Überleben auch wahlpolitisches Kalkül mit, etwa nach der Devise: Die Sozialdemokratie ist der einzige Friedensgarant – eine Behauptung, die sich bei vielen Wahlen ausgezahlt hat? Diesmal könnte sich die Rechnung als falsch erweisen. Selbst wenn die außenpolitischen Leistungen Willy Brandts und Helmut Schmidts unvergessen bleiben, so leicht läßt sich die Union nicht mehr als Störenfried in die Ecke drängen. Mit dem Monopolanspruch auf Friedensfähigkeit ist kein Sieg mehr zu erringen.

Diese Erkenntnis sollte die Endphase des Wahlkampfes bestimmen. Das Raketenthema ist ausgereizt. Es hat hierzulande mehr Angst verbreitet als vertrieben. Es hat im Westen falsche Befürchtungen und im Osten falsche Erwartungen geweckt. Dabei steht trotz des Parteiengetöses außer Zweifel: An Cruise missiles und Pershings werden sich die deutschen Geister nicht grundsätzlich scheiden. Neutralismus steht in keinem Wahlprogramm. Wer immer die nächste Regierung führt, ob Sozialdemokraten oder Christdemokraten, wird bei den Bemühungen um Abrüstung die deutschen Interessen im Auge behalten. Und er wird die Bündnisinteressen dennoch nicht übersehen.

DIESE WOCHE

Parkplatz der Hölle
In der Laborstadt Los Alamos wird seit dem Abwurf der ersten Atombombe auf Hiroshima das Gros der amerikanischen Nuklearwaffen weiterentwickelt. Michael Naumann besuchte diese intellektuelle Rüstkammer der Apokalypse

Die Weltwirtschaft ist unser Schicksal

Zum erstenmal seit dem Machtwechsel in Bonn meldet sich Bundeskanzler a. D. Helmut Schmidt zu Wort – nicht als Parteipolitiker, sondern als Weltwirtschaftsexperte. Er hat inzwischen ein Konzept erarbeitet, wie eine weltweite, katastrophale Wirtschaftsdepression verhindert werden kann. Sein großer Aufsatz erscheint in Deutschland exklusiv in der *ZEIT* und gleichzeitig in London, Paris, Mailand und Tokio.

Extra: Seiten 25 – 31

Alte Platte …

Der Fluch der bösen Tat hat wieder einmal sein sprichwörtliches Walten bestätigt. Phase I: Minister Zimmermann konnte der Versuchung nicht widerstehen, auf der Landesversammlung des Bundes der Vertriebenen zu behaupten, die ehemaligen Ostgebiete seien ja gar nicht endgültig an Polen abgetreten. Phase II: Von den Vertriebenen, die sich in der Mehrzahl mit ihrem Los abgefunden haben, witterten einige Morgenluft und schrieben Briefe an die polnischen Besitzer ihrer ehemaligen Höfe. Darin wird gedroht, diese müßten damit rechnen, daß sie oder ihre Nachkommen eines Tages den Hof ohne Entschädigung wieder loswürden. Phase III: Die Warschauer Armeezeitung *Zolnierz Wolnosci* sieht darin einen neuerlichen Beweis für den Revanchismus der Deutschen – ein Vorwurf, der inzwischen glücklicherweise vergessen war.

Fazit: Die polnische Regierung, die die Normalisierung im Verhältnis ihrer Bevölkerung zu der „konterrevolutionären" Bundesrepublik seit langem mit äußerstem Argwohn betrachtet, ist ganz glücklich: Nun kann sie, dank Friedrich Zimmermann, wieder die alte Platte auflegen. *Dff.*

Rechte Gefahr

Als vor einigen Jahren Willy Brandt und Herbert Wehner Alarm schlugen, weil der Rechtsradikalismus in der Bundesrepublik immer gefährlicher werde, wurden sie fast verlacht. Der Spott verstummte nach den Anschlägen gegen Ausländerheime und nach dem Blutbad auf dem Oktoberfest. Doch selbst nach dem jüngsten blindwütigen Bombenterror gegen amerikanische Wohnsiedlungen blieb die Öffentlichkeit geneigt, diese Vorfälle eher der Linken anzulasten. Jetzt, da fünf Neonazis als Täter verhaftet wurden, schmückt sich der konservative Innenminister mit dem Fahndungserfolg.

Es ist an der Zeit, ebenso gründlich wie seinerzeit beim Auftreten des Linksterrorismus nach den Motiven zu forschen, die bei jungen Rechtsradikalen die Bereitschaft zur Gewalt fördern. Und der neue Bundestag muß darüber nachdenken, ob es sich diese Nation fünfzig Jahre nach dem 30. Januar 1933 leisten kann, neonazistischen Aktivitäten und der sie begleitenden Hetzflut braunen Schrifttums tatenlos zuzusehen. *kj.*

Zugereiste

Zugereiste in ihrem Freistaat zu wissen, das war für rechte Bayern schon immer ein Graus; sie granteInd zu verfolgen, ein Akt stammesbewußter Selbstachtung. Nun aber wird aus Folklore Ernst. Wenn im April in München die Volkszähler ausschwärmen, können sie einem ansehnlichen Nebenerwerb nachgehen. Entdecken sie nämlich, gewissermaßen als Abfallprodukte, unangemeldet Zugereiste, erhalten sie eine Prämie: 2,50 Mark für das Stück; doppelt soviel, wenn's ein ausländisches ist.

Schnüffeln werden ausschließlich öffentlich Bedienstete, deren eigentlicher Auftrag Volkszählung heißt und nicht Spitzelei. Natürlich ist das nun alles gar nicht so gedacht; „schwarze Listen" werden – da dürfen wir aber froh sein – nicht geschrieben. Doch bleibt es erlaubt, die Ergebnisse der Zählung mit den Daten der Melderegister zu vergleichen. Und wer daraufhin von den Behörden zur Kasse oder außer Landes gebeten wird, dürfte es schwer haben, ein allerdings nicht erlaubtes Zusammenspiel zwischen Statistik und Verwaltung zu beweisen. Was würde es auch nützen?

Danken wir also den Münchnern, denen gelungen ist, zu beweisen, daß sich eine Datenfülle wie diese problemlos mißbrauchen läßt. *rf*

C 7451 C

Nachricht, Interpretation von Nachricht, Meinung und Kommentar streng voneinander zu trennen und sie auch als solche kenntlich zu machen. Ein so aufgefaßter verantwortlicher Journalismus ist von höchstem öffentlichem Interesse.

Comic als Sonderform:
Der Comic ist eine Bildergeschichte mit Sprechblasentext. Er stellt in der Literatur und in deren Mitteilungsweise eine Besonderheit dar. Eigentlich nur durch aneinandergereihte Bilder, wie in der Szenenfolge eines Films, eine Geschichte erzählend, könnte die Bildergeschichte meist der zusätzlichen Definition durch Text entbehren. Aber so wie die Bänkelsänger schon ihre Bilder mit Liedern und Reimen kommentiert haben, so möchte man auch die Bilder durch zusätzlichen Text gewissermaßen abrunden. Zusätzliche Wörter oder Sätze ermöglichen bessere Überleitungen, differenzieren Aussagen oder drängen das Bild durch treffende Schlagworte zurück, was für das schnellere Aufnehmen des Gemeinten von Vorteil ist. Comics lesen sich rasch. Man verzichtet zwar auf den gewohnten Text, aber Schrift zieht in einer ganz neuen Form in das Bild ein. Der Comic bedient sich dabei einer Anzahl von Schriftsignalen, die in ihrem Ausdruck, ähnlich den Buchstaben, festgelegt sind.

Der Text – Dialoge und Kommentare zu dem Geschehen – wird in sogenannten *Sprechblasen* in das Bild eingefügt. Bereits die Form dieser Sprechblase deutet auf die Art des Gesprochenen und auf den Inhalt hin (Abb. 149).

Noch schneller als das »Anlesen«, »Diagonallesen« oder »Überschriftenlesen« geben abgekürzte Sätze, Schlagworte oder auch nur einzelne Buchstaben Tatbestände und Gefühle signalhaft, sozusagen augenblicklich und auch komplex zu verstehen. Komplizierte Inhalte können auf diese Weise sicher nicht vermittelt werden, aber

149 Verschiedene Formen von Sprechblasen: Sie sind symbolisch-zeichenhafte ▷
Zusätze zum Bild, unterstützen und erweitern seine Aussage.

150 Satz, Buchstabenform und Schreibweise sind ein zusätzlicher Ausdrucksfaktor. ▷
Hier wird besonders deutlich, wie wesentlich die »Form« zur Mitteilung gehört.

149

150

151   Abbildungsfolge aus dem Comic »Pravda« von Guy Peellaert und Pascal Thomas

aktionsgeladene Vorgänge sind so gut darstellbar. Hier wird durch die Aufbereitung des Leseproduktes Schnellesen programmiert. Es ist übrigens ein Hinweis auf die Fülle des gedruckten Angebotes, wenn für Manager und Leute, die beruflich viel lesen müssen, »Schnellesekurse« angeboten werden. Das spricht nicht eigentlich gegen die scheinbar »oberflächlichen« Leser, sondern für eine Zeit, in der das Leseangebot von Tag zu Tag größer und »unkonsumierbarer« wird.

Satz, Buchstabenform und Schreibweise sind ein zusätzlicher Ausdrucksfaktor beim Comic. Einzelne Worte wirken wie Schlaglichter, wie ein Schrei, ein Echo. Hier wird sehr deutlich, wie wesentlich »Form« und Setzung der Schrift zur Mitteilung gehören. Die Mitteilung könnte auf das Bild in manchen Fällen fast verzichten, da man den Sprecher förmlich vor sich sieht (Abb. 150).

Auch das Bild wird so gestaltet, daß es sofort erfaßbar ist (Abb. 151). Unser Beispiel zeigt auch, daß die Schrift ohne die hinweisende oder abgrenzende Sprechblase ebenso in das Bild eingebaut werden kann: Wie Steine purzeln die Buchstaben auf einen Kopf herunter. Sie führen die Aktion aus, die sie lautmalerisch kommentieren.

b)   Film und Fernsehen

Wenn man beide Medien analysiert, so stellt man fest, daß jedes von ihnen eine Art Medienverbund darstellt. Die Verkettung miteinander wirkender Mitteilungsträger, bewegter Bilder und kommentierender Sprache, bewirkt – innerhalb einer bestimmten Sendezeit – fast die »totale« Information.Schrift spielt in diesem Kontext eine große Rolle.

Vom Untertitel des Stummfilms oder fremdsprachiger Filme bis zum Vorspann wird Schrift als Mitteilungsmöglichkeit verwendet. Wichtiger noch als beim Film ist der geschriebene Text beim Fernsehen. Hier bietet sich ein weites Feld für Schriftgestaltung. Vom Pausenfüller über graphische Tableaus in den Nachrichtensendungen bis zur Programmvorschau reichen ihre Einsatzmöglichkeiten. Sie hat jedoch nicht nur die Funktion, Bilder zusätzlich zu veranschaulichen und zu erläutern, sie wird auch bildmäßig verwen-

152 Phasen eines zerfließenden Schriftbildes (Fernsehvorspann): Schrift wird zu einem
»Bildspiel« entwickelt.

det. Gerade das »experimentelle« oder mechanisch beeinflußte, gelenkte Spiel mit Schrift wird durch die Videokamera zu einem kunstvollen, künstlerischen Ausdrucksmittel, das bei der Aufbereitung von Fernsehprogrammen einen festen und bedeutenden Platz einnimmt. Schriften werden lebendig, Buchstaben werden vor unseren Augen unsichtbar geschrieben, kommen aus einem nebligen Hintergrund auf uns zu, fangen an zu funkeln, wachsen ins Überdimensionale, zerplatzen, verglühen, zerbröckeln, zerspringen, zerflattern, zerfließen (Abb. 152). Buchstaben befinden sich in der Luft, im Weltraum, im Wasser, sie tanzen über einen Tisch, in einen Behälter hinein, sie stehen praktisch für jeden anderen Gegenstand, für jede andere Handlung, die uns etwas verdeutlichen kann. Alle gestalterischen Erkenntnisse werden hier durchgespielt: Die Schrift und ihre Buchstaben bedeuten anderes als sie selbst, sie sind Metasprache oder Kunstzitat. Sie zeigen sich uns als Verwandeltes, in Verwandlung Begriffenes, als Konstantes, als Vergängliches, als Illusion. Diese Irritation des Auges, die damit verbunden ist, steht im Gegensatz zu dem, was Schrift eigentlich meint und bedeutet: Statik, Konstanz, Signal – ruhiges oder spontanes Aufnehmen von Information, wobei der Eindruck von Schrift als lange tradierte Konstante im Erscheinungsbild wiederholbar ist. Film und Fernsehen haben der Schrift dagegen eine ganz neue Rolle zugewiesen.

c) Schrift zwischen Kunst und Konsum

Die kompliziertesten und schönsten Schriftbilder kann ein Kalligraph lediglich mit Feder und Tusche oder Tinte ausführen. Dem stehen die unendlichen Möglichkeiten gegenüber, die mechanische, nur indirekt vom Menschen zu steuernde Apparaturen und Werkvorgänge zur Schriftgestaltung bieten. Die manuellen wie die mechanisch-elektronischen Verfahren können jedoch Schriftkunst hervorbringen.

Das Selbertun, das eigenhändige Schreiben, die Einflußnahme des Menschen auf die Art des Darzustellenden konfrontiert den Ausübenden unmittelbar und total mit Fragen der Gestaltung. Die Vernachlässigung dieser Art von Arbeit war deshalb für die maschinellen Gestaltungsverfahren mit Schrift stets von Nachteil. Die Schnelligkeit der Herstellung und die Möglichkeit des massenhaften Ausstoßes von Schrifterzeugnissen rücken wirtschaftliche Belange in den Vordergrund, materiale und gestalterische Qualitäten jedoch in den Hintergrund.

Künstlerische und individuelle Schriftgestaltung sind jedoch Voraussetzung für Schriftkultur, gerade auch auf technischem Sektor. Deshalb sollte das Schriftschreiben weiterhin Disziplin an allen Hochschulen für Gestaltung bleiben, wenn eine allgemein künstlerische Ausbildung garantiert werden soll. Die durch Tradition bereits manifestierten Erfahrungen mit Schrift und Gestaltung schlechthin müssen weitergegeben werden, damit Schriftqualität und Kreativität erhalten bleiben, auch bei der Arbeit mit elektronischen Medien. Die Arbeit mit Schrift fördert in besonderer Weise die Konzentration, die Besonnenheit, das Vermögen zur Proportionierung und das Erkennen von »Maß«. Gelerntes und optisch Formuliertes kann nirgends so gut kontrolliert werden wie bei geschriebener Schrift. Sie zwingt zu Überlegung, Übung, Beachtung von Gesetzmäßigkeiten, zu Ehrlichkeit in der Arbeit, zu Einsatz, ja zu Meditation und innerer Sammlung. Hierin liegt ihr allgemeiner pädagogischer Wert sowie ihr therapeutischer Aspekt.

Form, Maß, Zusammenspiel von optischer Aussage und Inhalt – das alles macht Schrift zu einem der Gestaltung verpflichteten Medium von hohem Rang. Umfassendes Wissen allgemeiner sowie spezieller und technischer Art sind hier Voraussetzung für hohe Ansprüche. Ob Schrift für einen bibliophilen Band oder für einen Werbespot verwendet wird, ist für ihre Güte und Qualität ohne Belang. Auch wirtschaftliche Aspekte sprechen nicht gegen die künstlerische Gestaltung. Sie können sie vielmehr anregen und in die Verkaufsstrategie mit einbeziehen. Vermarktung kann durch Qualität unter Umständen mehr zu Kunstsinn und bildnerischer Erziehung beitragen als falsche Erziehungspraktiken. So ist kaum zu bestreiten, daß das Design eines Produktes häufig erst seinen Absatz garantiert.

Es ist eben nicht gleichgültig, wie man ein Wort schreibt, einen Begriff oder einen Inhalt durch Schrift und ein entsprechendes Erscheinungsbild für andere verständlicher macht (Abb. 153). Es

a

b

153 Die Wirkung eines Wortes wird durch das Schriftbild bestimmt, der Begriff selbst
veranschaulicht.

kommt darauf an, wo das Geschriebene eingesetzt werden soll,
welches Produkt es vielleicht zieren und benennen soll, ob einen
Blumenkalender oder eine Pralinenschachtel, einen Katalog für
Gartenartikel oder eine Anstecknadel.

Wenn man auch nicht immer entscheiden kann, ob eine Schrift
»künstlerisch« ist, so kann man doch zumindest beurteilen, ob sie
nüchtern, ausgeschmückt, variiert oder verziert ist und ob sie
entsprechend feierlich, kostbar, aufwendig, exklusiv, rankend,
malerisch, schwebend, schwungvoll, dynamisch oder steif wirkt.
Ihren Ausdruck kann man durch die Verwendung eines bestimmten
Materials und einer bestimmten Technik steuern. Veränderungen in
der subjektiven Einstellung können jedoch bewirken, daß auch
Schrift ihren Ausdruck verändert. So kann eine nüchterne Schrift in
einer späteren Zeit, wenn noch reduziertere Formen verwendet
werden, durchaus als ornamental empfunden werden.

3 Die Konsumgüterindustrie

Wir sprechen von Produktdesign, Verpackungsdesign und Werbedesign. Diese Begriffe bezeichnen jeweils die Gestaltung eines bestimmten Produktes, dessen Hülle und seine Bekanntmachung durch zusätzliche Druckerzeugnisse.

a) Produktdesign

Das Produktdesign steht im Dienst einer Gesamtkonzeption: Es umfaßt die Gestaltung des Gegenstandes selbst, seine Beschriftung und nähere Ettikettierung, nimmt aber auch Einfluß auf die Verpackung und die Werbung (Abb. 154). Produkte, die anderen ähnlich sind, sind auf spezielle Markierungen besonders angewiesen. Hier dient die Beschriftung der Kennzeichnung und der Orientierung.

Sie kann aber auch die Handhabung des Produktes erläutern. Solche Gebrauchsanweisungen müssen deutlich erkennbar angebracht und lesbar sein. Hier wird Schrift zweckbestimmt verwendet. Dennoch spielen auch in diesem Fall gestalterische Fragen durchaus eine Rolle. Durch die Wahl der Schriftart, durch Fettsatz u.ä. wird der Inhalt des Textes auch optisch hervorgehoben, das Produkt »handhabbarer« gemacht.

Unansehnliche, kleine oder in der Form wenig auffallende Gegenstände oder Objekte versieht man häufig mit Zusatzsignalen. Die Schrift wird dazu besonders gern eingesetzt, weil sie nicht nur Mitteilung macht, sondern gleichzeitig bildwirksame Signale aussendet. Die Schriftgestaltung eines Plakates (Abb. 155), das für Wolle werben soll, zeigt, daß die Schrift Aussehen und Qualitäten eines Produktes exzellent aufgreifen kann. Der unregelmäßige Faden des Naturproduktes ist sehr treffend nachempfunden. Die Gestaltung erinnert auch an das bekannte Wollsiegel (Abb. 156). Schrift kann Wolle charakterisieren. Aber Genaueres über eine bestimmte Wolle erfahren wir aus der Banderole, die die Wolle zusammenhält. Auf ihr sind Firma, Materialbeschaffenheit, Menge, Fadenstärke, Stärke der Stricknadel angegeben. Bei vorgeschriebe-

International anerkannt.
Eine der exclusivsten
Cigaretten der Welt.

Ihre Handschrift spricht für Sie wie Ihre Cigarette: Fountain-Pen in feiner Liniengravur, gold-plated. Exclusiv von Dunhill im guten Fachgeschäft.

INTERNATIONAL

DUNHILL
The name Dunhill is the registered trade mark of Alfred Dunhill Ltd. London

London · Paris · New York

dunhill
London · Paris · New York
One of the most distinguished tobacco houses in the world

154 Die Produkte selbst (Füllfederhalter, Feuerzeug) wie auch die Zigarettenpackung derselben Firma sind sorgfältig im Design aufeinander abgestimmt. Anzeige aus einer Zeitschrift

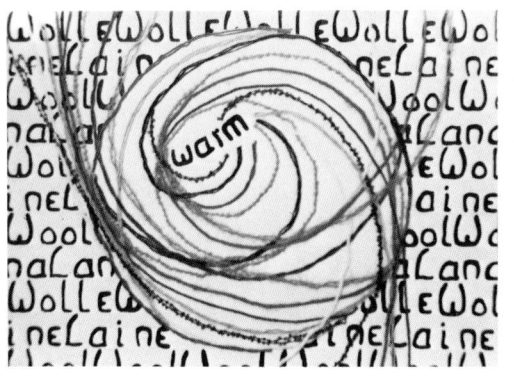

155 Plakatentwurf für das Produkt Wolle: Schriftgestalterische Aufmachung stellt immer Werbung dar. Schülerarbeit (12. Klasse)

156 Amtlich festgelegtes Wollsiegel

ner Verwendung, Behandlung und Wartung eines Produktes wird seine Haltbarkeit und dauerhafte Qualität garantiert. Solche Hinweise wiederum fördern seinen Absatz.

Die schriftgestalterische Aufmachung eines Produktes stellt immer Werbung dar.

b) Verpackung

Die Verpackung orientiert sich in ihrer Gestaltung am Design des Produktes. So verwendet sie etwa die gleichen Buchstabentypen und farblichen Akzentuierungen, die auf dem Produkt zu finden sind. Diese Formen- und Zeichenübereinstimmung dient der schnelleren Identifikation einer Ware (Abb. 157). Sie schützt die Produkte nicht nur, sie macht eben auch in besonderer Weise auf sie aufmerksam. Dabei leistet die Beschriftung einen Hauptbeitrag. Sie benennt, klärt auf, belehrt, ja sie verführt auch. Ein bekannter Begriff, Reim oder Slogan kann Signalwirkung bekommen: Hört man ein Wort, oder sieht man eine bestimmte Schriftzeile, dann fällt einem ein bestimmtes Produkt oder eine bestimmte Verpackung ein, vielleicht auch noch viel mehr, zum Beispiel ein Erlebnis.

Hygienebewußte
Haut- und
Körperpflege

seba med pH WERT 5,5 ®

klinisch geprüft
pH WERT 5,5
ärztlich empfohlen

die biologisch
wirksamen Präparate
zur Reinigung
und Pflege
- der empfindlichen
und problematischen
Haut

+++die seba-med Information+++
aus der Hautklinik+++

pH 5,5
seba med ®

Biologische Desodorierung ohne chemische Zusätze

seba-med mit dem pH-Wert 5,5 der gesunden Haut

● hemmt das Wachstum geruchsbildender
Bakterien und verhindert dadurch das Entstehen
von Körpergeruch,

● reinigt porentief und schonend,

● stabilisiert den natürlichen Säureschutzmantel
der Haut.

seba-med wurde in Zusammenarbeit mit Universitäts-
und Hautkliniken entwickelt und erprobt.

seba-med Reinigung: Compact Wasch-
stück · Flüssig Wasch-Emulsion · Dusch-
und Schaumbad · Shampoo

seba-med Pflege: Lotion · Creme
In mehr als 30 Ländern erhältlich.

klinisch geprüft
pH WERT 5,5
ärztlich empfohlen

Hervorragend biologisch abbaubar
nach OECD-Test
geprüft durch Institut Fresenius, Taunusstein

COUPON
Gegen Vorlage dieses Coupons erhalten Sie eine
seba-med Probe.
Sebapharma GmbH & Co. 5407 Boppard/Rhein

in Apotheken
seba med
und Drogerien

157 Einheitliche Gestaltung von Produkt, »Gebrauchsanweisung« (Beipackzettel), Verpackung
und Werbung

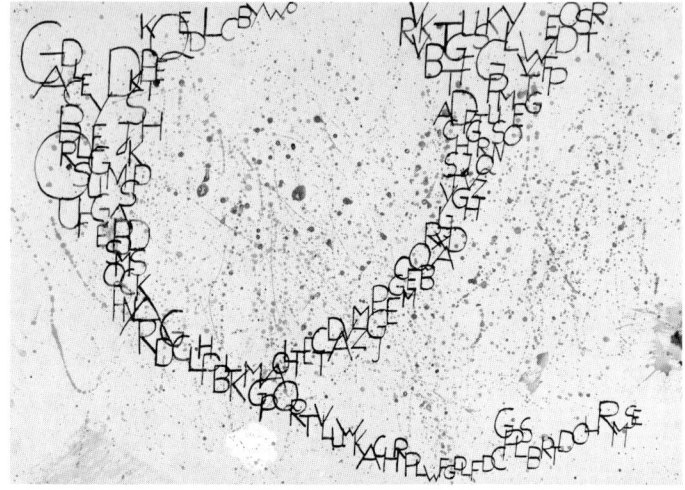

158   Buchstabenkomposition als Entwurf für ein Verpackungspapier. Schülerarbeit
      (10. Klasse)

Die Art der Verpackung sollte darüber hinaus dem Charakter des Produktes entsprechen. Unsere Beispiele, Entwürfe für ein Verpakkungspapier (Abb. 158) veranschaulichen dies: Eine so gestaltete Verpackung eignet sich besonders für ein flüssiges, vielleicht prikkelnd-spritziges Produkt. Dieser Eindruck entsteht durch die Anordnung der Buchstaben, vor allem aber durch die verwendete »Dripping-Technik«, bei der man die Farben auf die Malfläche tropfen und fließen läßt.

c)   Werbung

Aus unserer Konsumgesellschaft ist Werbung nicht mehr wegzudenken. Ursprünglich mit den besten Absichten eingeführt, ist uns inzwischen klar, daß sie uns aus dem Dilemma, aus einem Riesenangebot gleichwertiger oder auch in der Form ähnlicher Produkte auswählen zu müssen, nur begrenzt helfen kann. Trotz der Information, die sie transportiert, ist sie ein Instrument der Beeinflussung

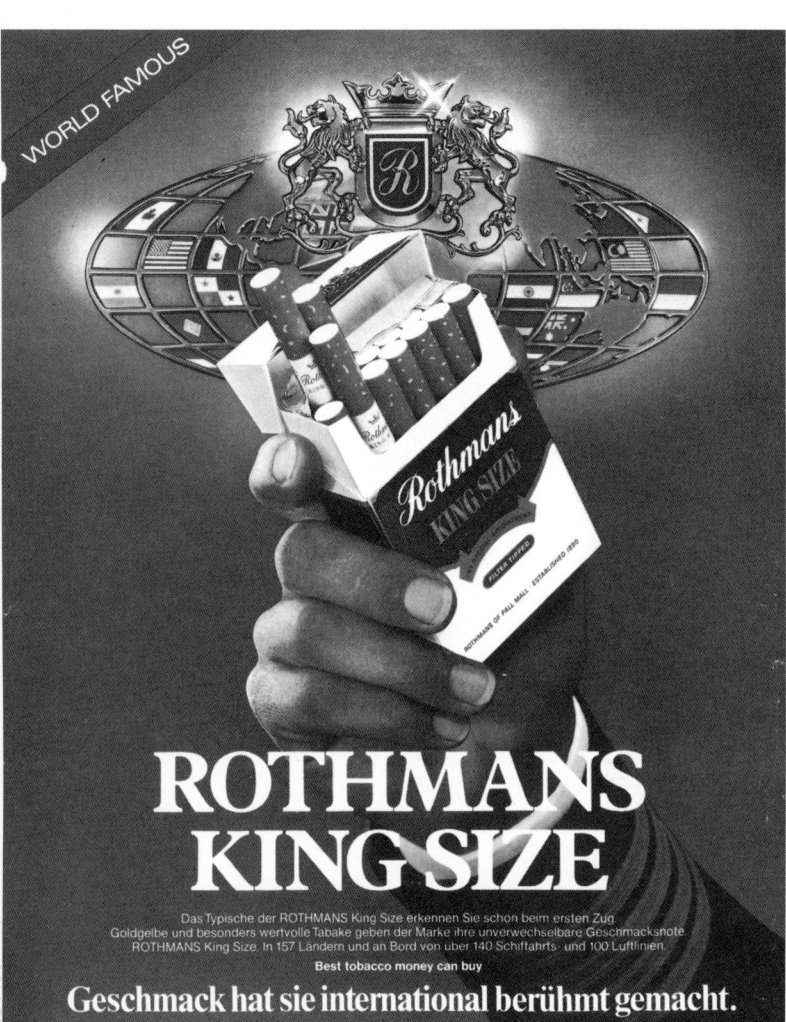

159   Zigaretten-Reklame aus einer Zeitschrift

160 Plakat für eine Zigarettenmarke, gestaltet aus Elementen der Packung. Schülerarbeit (12. Klasse)

und Manipulation. Mit immer neuen Bildern und Bildformen, die
über das Unterbewußtsein, das Gefühl und den Instinkt wirken,
steuert sie den Konsumenten. Das ganze Repertoire an Möglichkeiten – Bilder, kommentierte Bilder, farbige Bilder, optische Effekte,
symbolische oder tradierte Formen und Wertvorstellungen – wird
dabei eingesetzt. Text und Schrift unterstützen diese Absichten der
Werbung, bedeuten Versicherung und Siegel für Versprechen, sind
Aufhänger oder Aufreißer. Der Slogan faßt brennpunktartig alle
Aussagen zusammen, schafft Verbindung. Bilder vom Produkt,
optisch aufbereitet durch Farbe, Sprache, Schriftbild, Firmensignet,
Markenname, Gütezeichen und wirkungsvolle Zusatzbilder, unterstützen die Wirkung (Abb. 159).

Text und Schrift gehen in der neuen Bildwirkung der Superzei-
chen Werbeseite, Prospekt oder Annonce eine ganz neue Verbindung ein, die dem Schriftbild zu einem neuen Wirkungskreis
verhilft. Die Macht des gedruckten Wortes und seine optische
Ausstrahlung wird hierbei besonders augenfällig. Die künstlerische
Arbeit ist in der Werbung nicht wertfrei, sondern dem Zweck
untergeordnet (Abb. 160).

Hallo Janine D.

Sag Hallo zu einem neuen, anhaltenden Duft.
Ganz jung. Ganz selbstbewußt.
Für Mädchen von heute.
Sag Hallo zu Janine D.

Eau de Toilette · Parfum · Luxus-Seife
Duftschaumbad · Duft-Deospray · Körperlotion

Duschgel – NEU von Janine D.

Janine D. treffen Sie jetzt auch in den 4711-Fachgeschäften in Belgien, den Niederlanden, Österreich und der Schweiz.

a

161 a–d)   Parfum-Reklamen aus Zeitschriften

161b

"Alles, alles was ich erkenne, erkenne ich nur, weil ich liebe." TOLSTOI.

261 c

Dior-Dior

161 d

Mit Vorliebe bezieht man auch Personen in die Werbung mit ein, mit denen der Konsument sich identifizieren kann oder sich gern identifizieren würde. Gezeigt werden schöne junge Frauen, kernige Männer, muntere, gesunde Kinder, tüchtige Hausfrauen, liebevolle Großmütter, gemütliche Großväter. Sie alle können jedoch auch sozusagen als ihr Gegenbild auftreten, um zu zeigen, wie man sich *nicht* verhalten darf, wenn man seinen Mitmenschen nicht unangenehm auffallen will.

Werben kann man für alles und jedes, werben *muß* man auch angesichts des Warenangebotes, besonders für sogenannte Luxusgüter (Abb. 161).

Während im ersten Beispiel (Abb. 161a) eine junge moderne Frau und ein eingängiger Slogan – die junge Frau reagiert auf einen Zuruf, der vom Betrachter selbst zu kommen scheint – das Produkt Parfum »verkaufen«, präsentieren die Parfum-Reklamen etwa von Yves Saint-Laurent und Juvena (Abb. 161b, c) nur das Produkt selbst, lassen seine Aufmachung, Flaschenform, Verschluß, Beschriftung allein wirken. Namen und Signet sind der Blickfang. Da auf weiteren Text bewußt verzichtet wird (natürlich aus der Kenntnis heraus, daß das Produkt keiner Erläuterung bedarf, ein Slogan wäre gar ausgesprochen unfein), vermitteln diese Werbeseiten angemessen die Exklusivität des Produkts.

Die Dior-Anzeige (Abb. 161d) hingegen stellt nicht das Produkt in den Mittelpunkt, für das sie wirbt, sondern die elegante, jugendstilhaft gezeichnete Gestalt einer Frau, ein Geschöpf des international renommierten Modezeichners René Gruau. Hier wirken sowohl der Firmenname Dior wie die künstlerische Gestaltung (die der Meister sogar – links oben – wie all seine Arbeiten signiert hat) exklusiv, auch von einer langen Tradition geprägt. Der Schriftzug des jeweiligen Markennamens wiederholt sich auch in den Werbemitteln etwa für andere Artikel aus der Serie oder des Hauses, er kommt später auf neuen Werbeseiten und Plakaten mit neuen Bildern wieder. Der Schriftzug bleibt gleich, immer wiederkehrendes Signal zur Identifizierung.

4 Zusammenfassung

In unserer Umwelt als unserem Lebensraum haben alle Phänomene, die der Kommunikation dienen, Gebrauchswert. Verabredete Zeichen, wie auch immer gestaltet und transportiert, sind soziale Verständigungsvehikel. Zu ihnen sind Leuchtreklamen, Plakate oder Formulare und Ausweise ebenso zu zählen wie die Medien – Rundfunk, Presse, Film- und Fernsehen – oder die Konsumwerbung.

Die Schrift spielt in allen eine überragende Rolle. Sie bestimmt unser Städtebild, unser Arbeits- und unser Privatleben. Sie dient der Nachrichtenübermittlung, der Bildung und der Unterhaltung – aber auch zur Manipulation. Ihr Medium sind u. a. Bücher, Zeitungen, Zeitschriften, Comics, Broschüren, Prospekte, Flugblätter, Plakate, Anzeigen.

Produkte des täglichen Gebrauchs werden mit Schrift bezeichnet, geschmückt, erläutert, angepriesen. Im Produkt-, Verpackungs- und Werbedesign spielt daher die Schrift eine sehr wesentliche Rolle und dient der Identifizierung und Identifikation.

Künstlerische Schriftgestaltung heißt hier, Text so sichtbar und wirksam zu machen wie nur möglich. Das setzt Wissen um die gestalterischen Möglichkeiten, technischen Verfahren und deren Wirkung voraus. Im landläufigen Sinne ist derjenige ein Schriftkünstler, der Schrift »schön« schreiben und komponieren kann. In unserer Zeit ist vor allem auch derjenige ein Schriftkünstler, der souverän mit dem Medium Schrift umzugehen weiß.

V Aussagewerte der Schrift

Die Vielfalt der Schrift und ihre Bedeutung lernt man nicht nur kennen, indem man selbst Buchstaben, auch mit künstlerischem Anspruch, schreibt. Durch Quellenstudium und die Beschäftigung mit ihrer Geschichte und Entwicklung, ihren Gestaltungsgesetzen und Anwendungsbereichen wird man ebenfalls an den Themenkomplex Schrift herangeführt. Über welchen Weg man sich dem Bereich Schrift auch nähert, man wird entdecken, welchen Einfluß dieses Medium hat und welch überragende Bedeutung für unser ganzes Leben.

In den vielen modernen Anwendungsgebieten wird Schrift als Form und Zeichen, d. h. als Bild und Signal wirksam. Daß einem Jahrtausende alten Medium wie der Schrift auch heute noch oder gerade in unserer Zeit so viele neue Möglichkeiten offenstehen, beweist seine Wandlungsfähigkeit, aber auch seine Stabilität.

Wir sind uns inzwischen der Absprachen durch Zeichen besonders bewußt geworden. Wahrnehmung und alle mit ihr verbundenen Erfahrungsweisen, vor allem die optischen, bedeuten Lebensbewältigung schlechthin.

Zur Diskussion:
Die Abbildung zeigt das sehr bekannte Firmenzeichen einer ebenso bekannten Firma in seiner hundertjährigen Entwicklung (Abb. 162). Es ist ein gutes Beispiel für die Veränderung eines Bildzeichens, das aber in den Grundbestandteilen, formal wie inhaltlich und von der Aussage her, erhalten blieb. Wenn ein Markenzeichen aktualisiert wird – sei es aus ästhetischen oder anderen Gründen –,

1878	1910	1922
1933	1938	heute

162   Entwicklung des Markenzeichens der Firma Pelikan von 1878 bis heute

so dürfen die Änderungen nie so weit gehen, daß der Kunde es nicht mehr wiedererkennt. Das Typische, ihm »Bekannte« muß erhalten bleiben, um ihn in seinem Kaufverhalten nicht zu irritieren.

Die abgebildete Signet-Folge kennzeichnet nicht nur eine formale Entwicklung und die sie bedingenden optischen Aussagemöglichkeiten verschiedener Zeiten, sie signalisiert ebenso die Entwicklung einer Weltfirma – der Firma Günther Wagner Hannover, der Pelikan-Werke – in ihrer Entstehungs- und Expansionsgeschichte. Das Markenzeichen war 1878 von einem unbekannten Lithographen unter Verwendung des Familienwappens der Familie Wagner entworfen worden. An den »Verjüngungskuren« waren namhafte Graphiker beteiligt: 1910 E. W. Baule, 1922, 1938 und 1978 Prof. O. H. W. Hadank, der Nestor der deutschen Gebrauchsgraphik.

1 Buchstabe und Schrift als Bildelemente

a) Ausdrucksmittel im Bild

Eine Bildgestaltung erschließt sich durch einen bestimmten Inhalt und die verwendeten Motive, außerdem durch die sogenannten bildnerischen Elemente Punkt, Linie, Fläche, Farbe und Form, ebenso durch Tiefe und durch die Komposition als gezielt angestrebte Ordnung und Orientierung. Den bildnerischen Elementen ebenbürtig ist das einzelne Buchstabenzeichen, das formal ähnlich organisierten Bildwerken eingegliedert werden kann wie jedes andere Teil des Bildganzen.

Wir haben schon an anderer Stelle darauf hingewiesen und veranschaulicht (vgl. Abb. 133, 147), welche Bedeutung der Buchstabe oder Schrift im allgemeinen als Bildelement für die bildende Kunst ab etwa 1910 hat. Wirken sie hier als abstraktes Kompositionselement und in Kombination mit anderen bildhaften Elementen, so können sie auch allein Träger und Gerüst einer Komposition oder bildlichen Ausgestaltung sein.

Neben dem bereits gezeigten Beispiel (vgl. Abb. 100) sei hier, stellvertretend für viele Künstler der »Moderne« auf die Arbeiten von Jasper Johns (Abb. 163) verwiesen, in denen eine gezeichnete oder gemalte Ziffer bildbestimmend ist. Jasper Johns hat in der vorliegenden Abbildung Ziffern so ineinandergefügt, daß man einerseits das Gefühl hat, ins Innere einer Digitaluhr zu sehen, in der abrufbar alle Formelemente der Ziffern gespeichert übereinanderliegen, man aber andererseits zunächst nur ein Liniengefüge erkennt, das in Parallelen, Senkrechten, Waagerechten, Schrägen und Kurven eine Gliederung der Bildfläche vornimmt, die gläsern und durchsichtig wirkt. Das Auge registriert bekannte Formen, die der Betrachter aufgrund seiner Erfahrungen als Ziffern erkennt und aus der Formenanhäufung herauszulösen versucht. Johns interessiert das praktizierte Spiel mit der Form, die Schichtung, die daraus entstehende Räumlichkeit, die Art der Verzahnung bekannter Zeichen zu vieldeutigeren Formengebilden.

163   Jasper Johns, O through 9, 1965. Privatbesitz

Die Vielfalt macht die Eindeutigkeit der Ziffern und ihre schwungvolle Gestalt besonders deutlich, obwohl man als Betrachter entscheiden muß, ob man sie sich als durchsichtige Gebilde oder als feste helle Körper vorzustellen hat, die durch die schwarzen Linien lediglich umrissen und dadurch vom Untergrund abgehoben werden. Bei Jasper Johns sind Buchstabe und Ziffer damit ein ganz spezieller Umweltbezug, zentrales Bildmotiv.

b) Flächenhaftigkeit und Tiefenillusion

Schrift ist ein graphisch-plakatives Medium, ornamental-flächig in der Gestaltung. Klar steht Buchstabe neben Buchstabe. Jedoch seit ihrer Entdeckung und Verwendung als Bildelement, Kompositionsfaktor, Ausdrucksform erscheint sie auch bildhaft-plastisch, dreidimensional, illusionistisch.

Gino Severini füllt zum Beispiel eine Fläche so, daß verschiedene Schriften sich überlagern, diagonal in die Bildmitte vorstoßen, zu kreisen beginnen (Abb. 164). Durch diese formale Behandlung entsteht der Eindruck von Raumtiefe, und Bewegung wird zum Kreisen, das ein zischendes, quirlendes Geräusch signalisiert, zum Strudel in die Tiefe. Man weiß nicht, wo die Splitter der Buchstabenfragmente versinken, wo der Grund zu suchen ist.

Wenn Schüler ein Wort oder einen Begriff in plastischen Buchstaben in eine Landschaft hineinstellen oder -bauen (Abb. 165), dann empfinden sie auch, daß dieser Begriff sich der Landschaft mitteilt, wie ein Körper ist, der Volumen hat und einen Raum ausfüllen kann. Schrift wird ganz sicher heute genauso raumfüllend erlebt, wie man sie hier sieht. Sie bewegt sich in den gleichen physikalischen und geistigen Räumen, in denen sich der Mensch selbst bewegt.

Das hier abgebildete Piktogramm (Abb. 166) zeigt eine in sich bewegte Fläche, so wie man sie etwa in der Op Art findet. Die Fläche hat eine Eigenstruktur, die der einer sandigen Dünenlandschaft gleicht. Das Flimmern dieser fließenden Bewegung stellt Belebung und Bildaussage dar, und zwar unmittelbar.

Ein weiteres Beispiel für flächenhaft-räumliche Darstellung ist die Anzeige aus einer Tageszeitung (Abb. 167): Obwohl die Schrift

SEVERINI

165 Schrift, raum-
füllend in einer
Landschaft.
Schülerarbeit
(9. Klasse),
Collage, Mal-
und Zeichen-
technik

selbst nur wenig Platz benötigt, umfaßt das Feld, auf dem sie steht,
einen weit größeren Raum. Dieser Freiraum wurde weder zu klein
noch zu groß bemessen, um die Schrift weder einzuengen noch
verloren erscheinen zu lassen. Raum ist hier nicht Tiefenraum,
sondern Raum in der Fläche.

166 Piktogramm
aus dem Wort
»Punkt«.
Schülerarbeit
(12. Klasse)

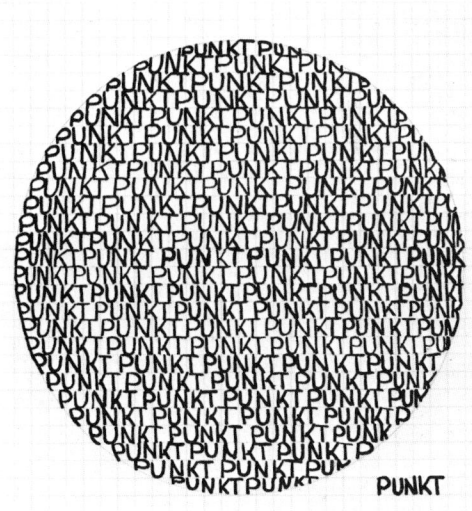

◁ 164 Gino Severini,
Danseuse = mer.
1914.

ARTIS

Probeheft: ARTIS 775 Konstanz · Postfach

Monatszeitschrift für
alte und neue Kunst
Informationen
Berichte · Kritik
Größter monatlicher
Ausstellungs- und
Auktionskalender

167 Zeitungsanzeige: Durch die Anordnung, Größe und Verschiedenartigkeit der Schrift entsteht lediglich eine Textfigur, die aus einer umrandeten leeren Fläche hervortritt; Raum ist hier kein Tiefenraum.

c) Optische Aussage

Die optische Aussage von Schriftzeichen erfolgt schnell, signalhaft, gleichzeitig aber auch wie ein Bild oder ein Bildelement. Eine Schrift kann geordnet, harmonisch und übersichtlich oder unklar, ja ent- oder verfremdet erscheinen, dadurch vielleicht sehr reizvoll, aber unleserlich sein. Sie kann einer Situation angepaßt und damit dieser dienlich sein, sie kann jedoch auch bewußt irritieren wollen. Wenn sie mehr als bloß sachliche Mitteilung beabsichtigt, d. h. wenn ihre Form eine optische Wirkung haben soll, kann sie auf sehr verschiedene Weise aussagekräftig sein. Auch der Betrachter selbst, seine Subjektivität bestimmt ihre Aussage. Wird der Leser überfordert, dann wird er die Mitteilung nicht verstehen. Dieser Effekt ist der negativste, den Schrift auslösen kann.

Die angesprochene Disposition des Lesers gilt es daher zu berücksichtigen. Ist er ein lesendes Kind, ein Langsamleser, ein des Lesens Ungeübter, ein Leser ohne künstlerische Vorbildung usw.? Insofern muß derjenige, der mit Schriftbildern bestimmte Absichten verfolgt, psychologisch geschult sein, um ihre Aussagen entsprechend zu formulieren. Er muß also genau wissen, wen er ansprechen und erreichen will.

Von der Überflutung durch Ge- und Bedrucktes wurde schon gesprochen. Je mehr Schrift es gibt, desto mehr muß man auswäh-

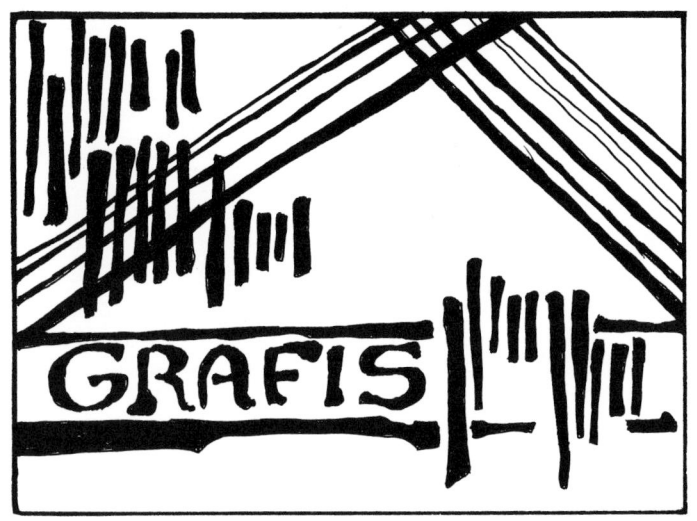

a

168a, b)   Verbildlichung eines Begriffs durch Linien, kleine Flächen und das entsprechende geschriebene Wort. Zeichnung nach Schülerarbeiten (12. Klasse)

b

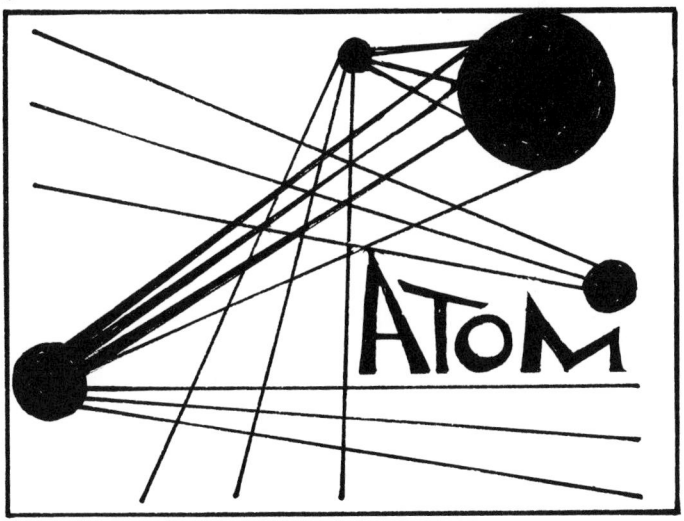

len, desto mehr wird die Wahrnehmung irritiert. Die Bedeutung einer schriftlichen Aussage für einen persönlich offenbart sich nicht immer auf den ersten Blick. Die wichtigsten Vertragsklauseln werden häufig in die unscheinbarsten Schriftzeilen gekleidet. Je mehr Text das »Kleingedruckte« aufweist, desto eher ist man geneigt, es zu ignorieren. Was beschwerlich, was in einer langweiligen oder schwer verständlichen Sprache abgefaßt ist, liest man nicht gern. Diese Tatsache machen sich viele Verkäufer zunutze.

Somit steht die deutliche, schnörkellose, gut lesbare Aussage neben der künstlerisch-formalen und der »Negativaussage«: Eine feierliche Schrift bringt eine häßliche Umgebung noch mehr zur Geltung, eine kleine Schrift, ganz unten und kaum leserlich angebracht, beinhaltet oft die Hauptsache des Textes, zu dem sie gehört, und wird übersehen, was oft schwerwiegende Folgen haben kann.

Die Technik, in der ein Buchstabenzeichen gestaltet und in einen Kontext einbezogen wird, ist mitbestimmend für seinen Ausdruck. So kann ein Bild von großem Formenreichtum und kräftigen Farben einen Schriftzug in der Wirkung sehr mindern: Er könnte sich gegen die Übermacht der anderen Elemente nicht durchsetzen. In einem Bild wiederum, das durch matte Farben und einfache Formen eher zurückhaltend ist, würde eine aufwendige Schriftgestaltung als unangenehmer Eindringling in der Gesamtkomposition wirken. In einem Ganzen besteht ein gewisses Gleichgewicht, die einzelnen Komponenten müssen miteinander korrespondieren (Abb. 168).

Schon ein einzelner Buchstabe kann, je nach Gestaltung, in uns verschiedene Assoziationen wecken und uns veranlassen, darüber nachzudenken, woher wir ihn kennen, was er bedeutet (Abb. 169).

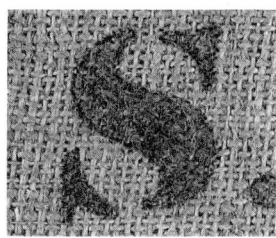 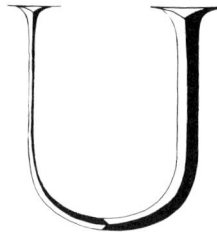

169 Schon ein einzelner Buchstabe kann verschiedene Assoziationen wecken.

2   Die Schrift als Signal

Buchstaben und Text können Signal sein, zwar auch in einem Bild, aber doch in erster Linie in unserer Umwelt. Ein Signal muß schnell und deutlich wahrnehmbar sein, in der Form meist einfach und reduziert, in der Farbe eindeutig und auffallend. Rot hat den Charakter einer Signalfarbe und wird daher besonders häufig verwendet (Abb. 170).

170

171a

171b

170   Der Signalcharakter eines Buchstabens wird häufig durch die Farbe Rot unterstützt: Apotheken-A.

171a, b)   Hinweiszeichen: a) Verkehrszeichen (ehemaliges Parkverbot) – b) Warnung vor feuergefährlichen Stoffen

a)   Auffordern: Hinweisschilder

Gebot- und Verbotszeichen, Verhaltenssymbolen vielfältiger Art aus Buchstaben begegnen wir überall: Verkehrsschildern, die Buchstaben mit anderen einfachen Zeichen kombinieren, Hinweisschildern, Wegweisern usw. (Abb. 171). Zu den Signalen im weiteren Sinne gehören u. a. auch Gütesiegel, Stempel, Wappen, Marken, Signets (vgl. Abb. 172–174) und Piktogramme (vgl. Abb. 176). Neueste Bildaufkleber und Ansteckplaketten signalisieren Vorlieben etwa für ein Land, eine Sportart, eine Partei, Verständnis für Kinder, Tiere, Umweltprobleme usw.

b)   Beeindrucken: Markenzeichen und Signets

Gleich einer Unterschrift oder Signatur gibt es Schriftzüge oder Signets, die für Firmen stehen, für Produkte, für Institutionen. Sie

172   Firmensignets aus einzelnen Buchstaben oder in Kombination mit ihnen

haben sich oft zufällig ergeben, meist wurden sie jedoch sehr bewußt
entworfen und gestaltet. In Abständen werden sie eventuell geringfügig verändert, wenn man der Meinung ist, daß ihre Form nicht
mehr zeitgemäß ist (vgl. Abb. 162).

Signets können aus Einzelbuchstaben, Buchstabenkombinationen oder Wörtern bestehen. Oft sind diese Buchstabenzeichen mit
anderen, meist geometrischen oder schmückenden Formelementen
verbunden. Diese Zeichen oder Symbole bescheinigen verschiedene
Eigenschaften, werten auf, sind Gütesiegel (Abb. 172–174).

c)   Symbolisieren: Piktogramme

Alle Informationszeichen können zu Symbolen werden. Symbole
sind Sinnbilder, die durch ihre formale Vereinfachung schnell zu
erfassen sind. Sie verweisen auf einen Sachverhalt, der bildlich und

173   Signets von Luftverkehrsgesellschaften ▷

 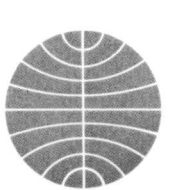 

  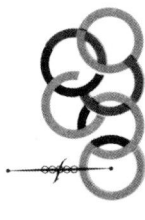

Wolfgang Stoeckel
Leipzig

Peter Schoeffer
Mainz

Michael Wenßler
Basel

Artemis-Verlag
Zürich

Atlantis-Verlag
Zürich, Freiburg i. Br.

Bärenreiter-Verlag
Kassel

C. H. Beck'sche
Verlagsbuchhandlung
München

Bibliographisches
Institut
Mannheim

Breitkopf & Härtel
Wiesbaden

F. A. Brockhaus
Wiesbaden

J. G. Cotta'sche
Buchhandlung
Stuttgart

Diederichs Verlag
Düsseldorf

Ensslin & Laiblin
Reutlingen

Herder
Freiburg (Breisgau)

Insel-Verlag
Frankfurt (M)

Paul List Verlag
München

R. Piper & Co.
München

Philipp Reclam jun.
Stuttgart

Rowohlt Verlag
Hamburg

Springer-Verlag
Berlin, Göttingen ,
Heidelberg

Suhrkamp Verlag
Frankfurt (M)

Georg Thieme
Verlag
Stuttgart

Ullstein
Berlin, Frankfurt (M),
Darmstadt

sprachlich nur ungenügend oder kompliziert dargestellt werden könnte. Sie haben beschwörenden Charakter, ob in kultischer oder profaner Hinsicht. Symbole können aus einzelnen Buchstaben, Bildern oder geometrischen Grundzeichen gebildet werden, aber auch alle diese Elemente einbeziehen und formal verbinden.

Ein Symbol beruht, wie alle Informationszeichen, auf Absprachen. Es steht für etwas, das man vereinbart hat oder das sich im Laufe der Zeit, sogar über längere Zeiträume hinweg, als stillschweigende Absprache manifestiert hat. Trotzdem kann es aber auch seine Wirkung verlieren oder verändern. Man kann also allen mehr oder weniger abstrakten Symbolen verschiedene Bedeutung zuweisen.

Es gibt uralte und moderne Symbole. Die uralten, die *Archetypen,* behalten allein durch die Einfachheit ihrer Formen hohe Bedeutung, und es ist sicher nicht zufällig, daß sie auch die Grundformen der Buchstaben bestimmen. So ist das Kreuz Archetyp und gleichzeitig christliches Zeichen mit vielen Bedeutungsinhalten. Schlechthin ist es das Symbol für die Kirche. Übrigens erscheinen alle christlichen Symbole vor anderen abstrakten Kunstäußerungen (Abb. 175a). Wie die Symbole bildeten sich auch schon sehr früh die Schriften aus: Zwei übereinanderliegende Balken, ähnlich wie beim Kreuz, bilden zum Beispiel jeweils die Buchstaben X und T. Die christlichen Symbole sollen beschwören wie viele Urzeichen oder Archetypen: Der Zauberer etwa zieht einen magischen Kreis, der ausschließt und Geister abhalten soll oder der einschließt, beschützt. So streicht das Kreuz auch durch, löscht aus.

Buchstaben speziell, einzelne Buchstaben oder Text, können ebenfalls Symbolwirkung haben, vergegenwärtigen. Der Anfangs- und der Endbuchstabe des griechischen Alphabets, Alpha und Omega, stehen für Anfang und Ende (Abb. 175b): Sie vergegenwärtigen die Begrenzung des menschlichen Lebens. Der Schriftzug INRI, der über dem christlichen Kreuz angebracht ist, bedeutet: Jesus Nazarenus Rex Judaeorum (lat., Jesus von Nazareth, König der Juden). Ein weiteres Beispiel: Ein Text, der in die romanische

◁ 174 Verlagssignets: Sie verwenden nicht nur Formen der Adelswappen, sie stellen sozusagen selbst solche dar.

a b

175 a, b) Symbole: a) IHS = Monogramm Jesu Christi – b) A + O = Alpha und
Omega, Anfang und Ende

Bronzetür des Mainzer Doms eingegraben wurde, billigte der Stadt
und deren Bürgern bestimmte Rechte zu. Die Bürger konnten aber
gar nicht lesen. Doch die Tatsache, daß diese Zeichen dort angebracht waren, wo Gott thront, an geweihter Stelle, bedeutete, daß
Gott hinter der Textaussage steht, daß er seinen Segen dazu gibt und
die zugebilligten Rechte auf Dauer garantiert. Die Buchstaben
bekommen Ewigkeitswert, und durch die Aufzeichnung will der
Mensch beschwören.

Auch Sonderschriften, die Buchstaben auf eine andere als auf
optische Weise deutlich machen, stellen Symbole dar. So sind die
erhabenen, ertastbaren Punkte der Blindenschrift Symbole für
Buchstaben und Sprache (vgl. Abb. 77). Ideenzeichen treten bei
Sonderschriften an die Stelle von Buchstaben, so auch die Liniege-
füge der Kurzschrift (vgl. Abb. 79) und das akustische Alphabet der
Morse-Zeichen (vgl. Abb. 78).

Die Symbole unserer Zeit sind die Piktogramme (Abb. 176). Sie
werden allein oder in Verbindung mit Schrift verwendet. Überall
dort, wo es um schnelle Information geht, sind sie zu finden, auf
Flugplätzen, Bahnhöfen, im Straßenverkehr. Das Fernsehen
benutzt sie zur Kennzeichnung eines Sendebeitrags. Wo viele
Menschen aufeinandertreffen oder sich versammeln, sind sie inzwischen unerläßlich. Der Schweizer Schriftkünstler Josef Müller-

176 Sport-Piktogramme, entworfen für die Olympiade in München 1972. Graphic ▷
Designer: Gerhard Koksch, Elena Winshermann, Rolf Müller u.a., Design
Coordinator: Otl Aicher

177   Das Wort als sicheres Geleit und eindeutiger Hinweis: Das Wort »Turm« legten
deutsche Urlauber auf Mallorca für andere Urlauber aus Steinen, um so auf einen
kaum sichtbaren Trampelpfad hinzuweisen.

Brockmann fragt sich, ob die Schriftentwicklung im Bildzeichen
endet. Zugegeben: Eine Orientierung zum Bild hin, auch zum
künstlerischen Bild, ist bei der Schrift durchaus zu bemerken. Aber
das, was Text übermitteln kann, vermögen Piktogramme nicht zu
leisten. Vielmehr erweist sich immer wieder, daß ein Wort immer
noch als sicheres Geleit und eindeutiger Hinweis fungieren kann,
auch wenn es nur eine kurze signalhafte Mitteilung macht, wie unser
Beispiel zeigt (Abb. 177). Dem aus Steinen gelegten Wort »Turm«
ist sehr eindeutig zu entnehmen, für wen dieser Hinweis gedacht ist
und wer die gute Idee hatte.

178   Aus dem Piktogramm entwickelte sich der Aufkleber; hier zwei Beispiele aus dem
vielfältigen Angebot

232

a

b

179 a, b)   Ein als Werbung entworfenes, exakt ausgeführtes Piktogramm kann zerstört, destabilisiert werden durch seine Verwendung als »Freie Form« in der Kunst:
a) Coca-Cola-Reklame aus einer Zeitschrift – b) Wolf Vostell, Coca-Cola. 1961. Décollage, Papier auf Hartfaserplatte, zweiteilig, 210 × 310 cm. Köln, Museum Ludwig.

Aus den Piktogrammen haben sich die Aufkleber entwickelt (Abb. 178), die mit Sprüchen und entsprechenden Bildsignalen Autos, aber auch andere Gegenstände zieren können, und die Protestplaketten, die man anstecken kann, um seine Einstellung zu bestimmten Problemen zu bekunden. Mit der Entwicklung von vorzüglichen Klebern hat so das Piktogramm, das Bild oder Wort oder beides sein kann, als neue Signalform weitere Funktionen erhalten.

233

Piktogramme als Bildvorlage:
Ein bestehendes Zeichen, das als Piktogramm – exakt entworfen und
ausgeführt, deutlich in der Form, eindeutig in der Aussage – einen
hohen Bekanntheitsgrad hat, kann zerstört, destabilisiert und
dadurch neu erlebbar werden, und zwar als »freie Form«. Design
und Kunst, Kunst und Design spielen einander so Motive zu. Der
Zugriff auf die Werbewelt hat auf diese Weise der Pop Art Themen,
Bild- und Arbeitsmaterial geliefert (Abb. 179).

3   Die Schrift im Bild

Buchstaben und Schrift sind graphische Elemente (griech. graphein
= schreiben). Sie haben in bildlichen Darstellungen stets eine
bestimmte Funktion. In den Mosaiken von Ravenna oder an der
Bronzetür des Hildesheimer Domes (Abb. 180) bezeichnen bzw.
unterstreichen sie die Identität bzw. die Bedeutung der Figuren.
Eine ganz enge Verbindung von Bild und Schrift finden wir in der
Malerei der Japaner und Chinesen. In China wird die Malerei sogar
als eine von vielen Schriften bezeichnet. Durch Zwischen- oder
aleatorische Techniken, auch durch neue Techniken etwa mechani-
scher Art, beginnen sich auch bei uns die Übergänge der einzelnen
Gestaltungsarten zu verwischen. Neue philosophische und wissenschaftliche Untersuchungen, ebenso eine neue Auffassung von
Schrift in ihrer ästhetischen Aussage und als Kommunikationsträger
unterstützen diesen Vorgang. So ist Schrift auch nicht mehr nur
Medium der »Schwarzen Kunst«. Die Farbe mit all ihren Aus-
drucks- und Wirkungsmöglichkeiten gehört heute selbstverständlich zur Schriftgestaltung und zur Bildwirkung der Schrift. Sie
potenziert ihren Aussagewert im Hinblick auf ihre Betonung,
Bewegung, Dynamik, Rhythmik und Tiefe, sie gliedert.
   So hat der Kubismus Schrift und Buchstabe als Gestaltungsmittel
entdeckt und verwandte sie in seinen Collagen in allen möglichen
Variationen (Abb. 133, 147, 181) – Realitätssplitter in einer Fiktion.
Er hat damit vielen Künstlern eine Art Norm an die Hand gegeben,
von der aus sie ihren eigenen Stil entwickeln konnten, wie etwa Kurt

+SCS BALTHASSAR +SCS MELCHIOR +SCS CASPAR.

a

180a, b) Verdeutlichung und Unterstreichung des bildlich Dargestellten durch
Schrift: a) Darstellung der Heiligen Drei Könige, die mit Namen bezeichnet sind.
Mosaik. Ravenna, San Apollinari – b) Teil der Bernwardstür. Hildesheim, Marien-
dom. Das Bronzerelief zeigt Verhör und Verurteilung der Menschen; der Text
betont ihre Verderblichkeit und ruft zur Buße auf.

b

ANDOMINC MXV B EP DIV MEM HAS VALVAS E V SILES

181   Juan Gris, Syphon, Glas und Zeitung. 1916. Öl auf Leinwand, 55 × 46,5 cm. Köln, Museum
       Ludwig

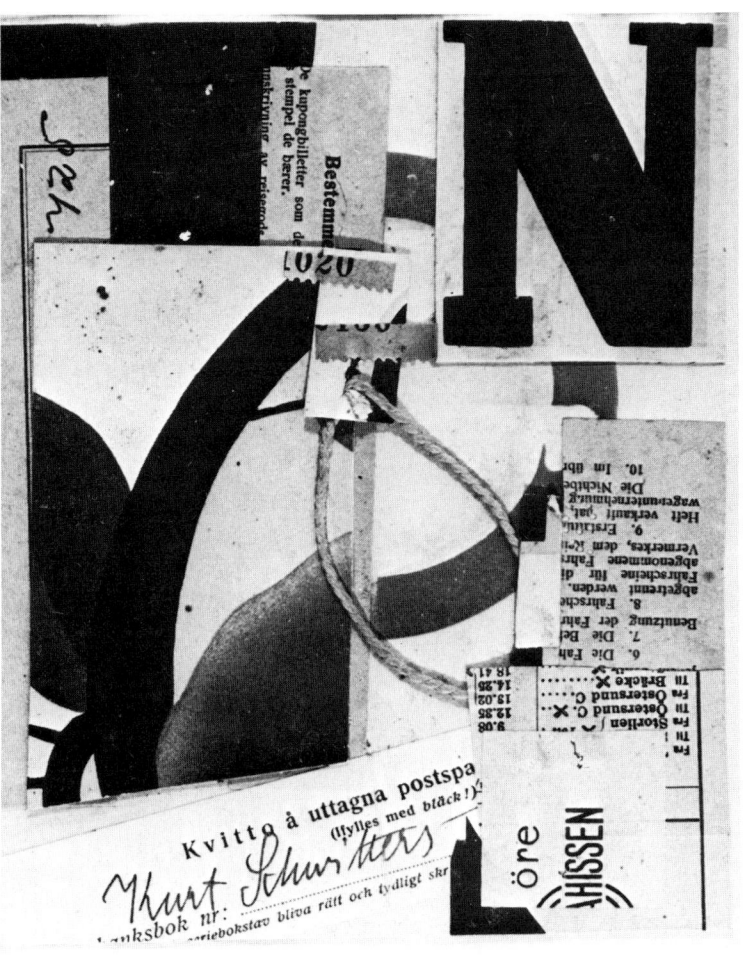

182   Kurt Schwitters, Ohne Titel (N). 1936/37. Collage, 14,9 × 11,9 cm. London, Marlborough Fine Art Ltd.

Schwitters, der in seine Arbeiten häufig Buchstaben, Schriftzüge, Textfetzen miteinbezog, sie teilweise sogar selbst zum Sujet machte (Abb. 182).

a) Buchstabe als Bild

Die bildhafte Wirkung des einzelnen Buchstabens erlaubt es, ihn völlig aus einem Schriftverband zu lösen und zur Belebung oder Gliederung einer Fläche zu benutzen. In dieser Funktion kann er Hintergrund sein, wie es die Abbildung des Initials S mit der Darstellung einer Madonna mit Kind aus einer Handschrift vom Ende des 14. Jahrhunderts zeigt (Abb. 183), oder er kann, wie in der Arbeit einer Schülerin (Abb. 184), selbst Bildträger werden, indem er sowohl durch sein Zeichen wie durch seine inhaltliche Verbindung zum Bildthema Bildinhalt schlechthin wird.

183 Buchstabe als Bildgerüst: S-Initial mit stehender Muttergottes aus einer Handschrift vom Ende des 14. Jahrhunderts. Feder, Deckfarben, 13 × 9,5 cm. Nürnberg, Germanisches Nationalmuseum

184 Buchstabe S als Reklame für einen Wein, der aus der Scheurebe hergestellt wird. Schülerarbeit (7. Klasse)

185　Buchstaben als wichtigstes Bildelement. Schülerarbeit (9. Klasse)

b) Bild aus Buchstaben

In Bildern, die aus Buchstaben bestehen oder Buchstabenkombinationen als zentrales Gestaltungsmittel verwenden, hat der einzelne Buchstabe eine untergeordnete Bedeutung. Er wirkt auch nicht als Einzelform und wird weniger beachtet, obwohl er die Bildstruktur bestimmt (Abb. 185). Durch das Übereinanderlegen verschiedener Buchstaben und ihre unterschiedliche farbige Behandlung entsteht ein sehr nuancenreiches Bildganzes, in der das Buchstabengefüge als Stabilisierungsfaktor formal und kompositorisch von Bedeutung ist. Als Strukturelement verliert er sein Eigenleben und ordnet sich in das Bildganze ein.

　　Der abgebildete Eiffelturm aus Buchstaben (Abb. 186), die das Wort Paris immerzu wiederholen, ist ein gutes Beispiel dafür, wie formal und inhaltlich angemessen, ja strukturbildend Buchstaben für eine bildhafte Darstellung eingesetzt werden können. Die feinen und gleichmäßig gebildeten Buchstabenformen setzen das linien-

239

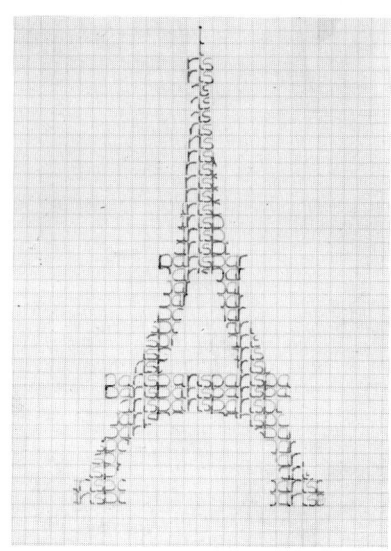

186 Piktogramm, das auf eine
Stadt (Paris) hinweist.
Schülerarbeit (13. Klasse)

haft-gitterartige transparente Erscheinungsbild des Pariser Wahr-
zeichens adäquat um. Dazu trägt der fragmentarische Charakter der
Buchstaben bei.

Ähnliche Bildwirkungen kann man schon aus vergangener Zeit
beispielhaft anführen (Abb. 188). Die Spirale aus Buchstaben von
einem geschnitzten Kirchengestühl aus dem Jahre 1510 dreht sich,
ähnlich den Pflanzenranken, von innen nach außen. Formal erinnert
sie an ein Labyrinth. Diese Arbeit ist ein Beweis dafür, daß man auch
schon in früheren Zeiten die optisch-dekorative Wirkung von
Schrift für die anschauliche Darstellung einer abstrakten Inhaltsan-
gabe einzusetzen wußte.

Im Bildgedicht wie im phonetischen Gedicht haben Buchstaben
und Text ein bildbeschreibende Funktion (Abb. 187). Wenige
Worte genügen, um Inhalte optisch zu vermitteln. Bildgedichte
machen visuell Mitteilung durch optisch-formale Anordnung und
Gestaltung, während gesprochene Gedichte über die Stimme, die
Betonung »sichtbar« gemacht werden und so ihren Inhalt entschlüs-
seln. Viele Stilrichtungen der Moderne (Dada, Op Art) bedienen
sich der Wortbilder als optisch-literarischer Aussage.

240

```
viel      iger
   stöcki
viel      iger
   stöcki
viel      iger
   stöcki
viel      iger-geg    der
   stöcki     lie   ter
viel      iger-geg    der                  kom
   stöcki     lie   ter-hoch    haus   plex
viel      iger-geg    der            kom
   stöcki     lie   ter-hoch    haus    plex
viel      iger-geg    der            kom
   stöcki     lie   ter-hoch    haus    plex
viel      iger-geg    der            kom
   stöcki     lie   ter-hoch    haus    plex
viel      iger-geg    der            kom
   stöcki     lie   ter-hoch    haus    plex
viel      iger-geg    der            kom
   stöcki     lie   ter-hoch    haus    plex
viel      iger-geg    der            kom
   stöcki     lie   ter-hoch    haus    plex
viel      iger-geg    der            kom
   stöcki     lie   ter-hoch    haus    plex
viel      iger-geg    der            kom
   stöcki     lie   ter-hoch    haus    plex
viel      iger-geg    der            kom
   stöcki     lie   ter-hoch    haus    plex
viel      iger-geg    der            kom
   stöcki     lie   ter-hoch    haus    plex
viel      iger-geg    der            kom
   stöcki     lie   ter-hoch    haus    plex                hoch
viel      iger-geg    der                  kom                           rhein
   stöcki     lie   ter          haus   plex schön    überm
viel      iger-geg    der
   stöcki     lie   ter
viel      iger-geg    der
   stöcki     lie
viel      iger
   stöcki
ein viel      iger
       stöcki
```

187   »Hochhaus«. 1976. Bildgedicht von Franz Toth, Bingen

188   »Spirale der Gerechtigkeit« vom Kirchengestühl des Meisters »Erhart Falkener
       von Abensberg us Beiern« in der Pfarrkirche St. Valentin in Kiedrich/Rheingau

189 a–f) Wort und Bild unterstützten sich als Zeichen und können einander ersetzen, wobei zahlreiche Zwischenstadien möglich sind:

a) Der Schriftzug »Schönes Haar«, ohne bildliche Unterstützung, wenn auch schwungvoll-dekorativ geschrieben

b) Verdoppelung der Aussage: Die Worte werden durch das Bild wiederholt

c) Das Wort »Haar« wird ersetzt durch das entsprechende Bild, was zum Verständnis eine gewisse Phantasie voraussetzt: Wort und Bild gehen, jeweils gleichwertig, eine Verbindung ein

d) Die Worte sind unauffällig, selbst wie eine Haarsträhne, in das Bild eingefügt

e) Die Worte erscheinen selbst als Haar und Locke

f) Auf die Worte wird ganz verzichtet, sie werden durch die Krone symbolisiert: Ein Piktogramm ersetzt die Schrift

c) Vexierwirkungen von Wort und Bild

Die Vexierwirkung von Schrift soll an einem Beispiel verdeutlicht werden, bei dem es darum geht, schönes Haar zu beschreiben (Abb. 189). Es zeigt, wie Wort und Bild sich als Zeichen unterstützen und sogar einander ersetzen können. Viele Zwischenstadien mit jeweils unterschiedlichen Anteilen von Schrift und Bild sind dabei möglich. Daraus wird vielleicht auch deutlich, wie es zur Bildung der Buchstaben kam: Man abstrahierte ein Bild immer mehr.

Die Erklärungen, die der Maler René Magritte als Verständnishilfen für seine Auffassung von Malerei und als Interpretationshinweise für seine eigenen Bilder, in denen häufig hineingeschriebene Worte und Begriffe erscheinen, gibt (Abb. 190), beschäftigen sich

242

mit einem Vexierproblem, das nicht auf die Austauschbarkeit der einzelnen Bildelemente hinzielt (wobei das einzelne Element mehr Bedeutung bekäme), sondern sie zeigen Möglichkeiten auf, die Aussagefähigkeit des geschriebenen Wortes in das rechte Verhältnis zum Bild und dessen Aussage zu bringen.

Die Vexierwirkung von Abbild als Bild und von Wort als Begriff besteht darin, daß beide Beschreibelemente die Realität nicht treffen und austauschbar sind. Jedes der Bildmotive, das abgebildete Objekt wie der beschreibende Begriff, schließen einander gedanklich aus: Eine Aussage wird durch ihre Verdoppelung nicht deutlicher, sondern eher undeutlicher, da es augenscheinlich sonst keine

190 René Magritte, Die Wörter und die Bilder. Bildessay (Ausschnitt), 1929 veröffentlicht in der französischen Zeitschrift »La Révolution surréaliste«. Magritte stellt hier systematisch die möglichen Verhältnisse zwischen Gegenstand, Name und Bild dar: Grundlage für seine Sprachbilder, in denen immer wieder anschaulich gemacht wird, daß ein Bild von einem Gegenstand ein Bild und kein Gegenstand ist.

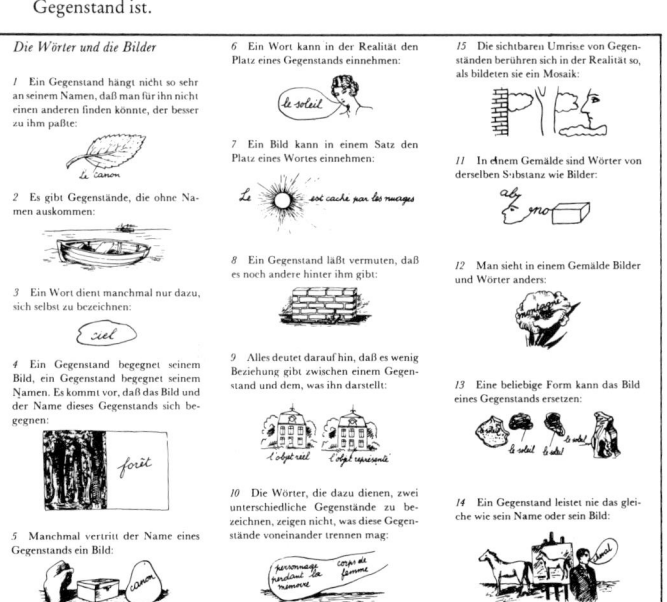

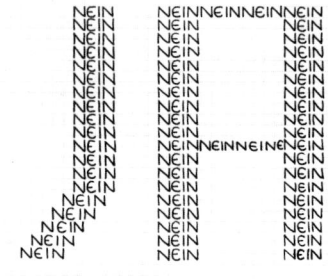

a

191 a, b) Vexierwirkungen:
a) Die Buchstaben J und A des
Wortes »JA« werden durch die
kleineren Großbuchstaben des
Wortes »NEIN« dargestellt,
die Aussage also in ihr Gegenteil gekehrt – b) Verdoppelung
des Inhalts durch Redundanz:
Das Gemeinte, »OBST«, wird
als Gegenstand und als geschriebener Begriff dargestellt.

b

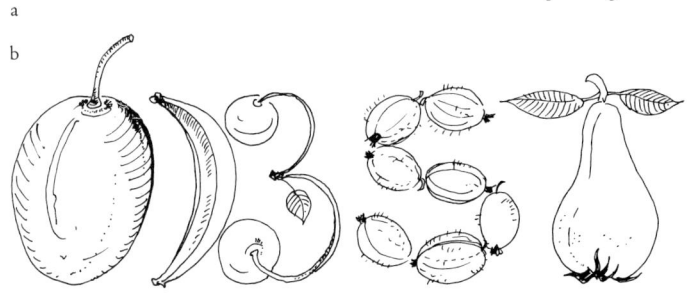

Notwendigkeit gäbe, sie zusätzlich durch einen Begriff zu vervoll-
ständigen, um sie eindeutig und präzise zu formulieren. Dadurch
soll die Aussage vieldeutig sein und dem Betrachter die Möglichkeit
lassen, eigene Deutungen zu finden.

Damit macht Magritte auch auf die Bedeutung und die Bilder der
Wörter aufmerksam: So wie reale Gegenstände im Bild nicht
identisch mit der Realität selbst sind, so können auch der Inhalt und
das optische Signal des geschriebenen Wortes vieldeutig sein. Es
signalisiert ebenfalls einen zufälligen Sinn, den Menschen ihm
gegeben haben. Auch einem Wort haben wir eine Bedeutung
beigemessen, die wir ihm wieder nehmen können. Die Wirkung, die
ein Bild als Bild hat, wird durch die Einfügung von Begriffen negiert.
Das Bild gibt keine genaue Auskunft, das Wort gibt keine genaue
Auskunft. Man könnte von einer negativen Vexierwirkung sprechen.

Die Paradoxie einerseits, die Verdoppelung andererseits durch
wort-bildliche Gestaltung zeigen unsere beiden Beispiele: Im ersten

192   Aufhebung der Vexierwirkung: Bild und Schrift ergänzen sich, wobei jeweils das eine das andere interpretiert. Schülerarbeit (11. Klasse)

a

193a, b) Vexierwirkungen: a) Der Regenbogen wird als Schriftband dargestellt. Schülerarbeit (9. Klasse) – b) Die Buchstaben stellen gleichzeitig Lebewesen dar. Schülerarbeit (6. Klasse)

b

Fall (Abb. 191a) werden die Buchstaben J und A des Wortes JA durch kleinere Großbuchstaben des Wortes NEIN dargestellt und so die Aussage des Wortes in ihr Gegenteil verkehrt. Dadurch sagt das Wort weder das eine noch das andere aus. Im zweiten Beispiel (Abb. 191b) wird das Gemeinte, der Begriff OBST, einmal als Gegenstand und einmal als Begriff vorgeführt, indem die Buchstaben O, B, S und T durch Früchte dargestellt werden. In der Verdoppelung der inhaltlichen Aussage fallen Bild und Buchstabe zusammen.

In der Gegenüberstellung der beiden folgenden Beispiele wird die unterschiedliche Behandlung unseres Themas »Buchstabe im Bild« deutlich. Während die Buchstaben, zu Schrifttext zusammengestellt, in dem Plakate (Abb. 192) das Bild interpretieren, ergänzen sich Bild und Schrift zu einer gemeinsamen Aussage, werden Buchstaben bzw. Schrift in unserem Gegenbeispiel (Abb. 193) vexierbildartig eingesetzt: Ein Regenbogen ist gleichzeitig ein Schriftband, Buchstaben sind gleichzeitig Lebewesen, Bauwerke oder Fördertürme.

4 Zusammenfassung

Buchstaben sind nicht nur Einzelformen im Zeilenverband oder im Textblock, Wörter sind nicht nur Bestandteile eines inhaltlichen Zusammenhangs, sondern Buchstaben und Schrift sind auch Bildelemente. Sie sind fähig, einzeln oder in der Kombination, im Zusammenhang und Zusammenklang mit anderen bildnerischen Elementen wirksam zu werden. Dabei können sie in Textzusammenhängen und Bildgestaltungen mit Textanteilen durch spezielle formale und/oder farbige Ausgestaltung eine optische Wirkungssteigerung erzielen, die so weit gehen kann, daß die optische die inhaltliche Aussage dominiert, wobei sie diese vertritt oder negiert.

Dabei bleiben aber die Erfahrungen, die der Betrachter mit Buchstaben gemacht hat, für die Deutung von Wichtigkeit, bestimmen sozusagen gleichzeitig ihre Aussage. Insofern ist der Buchstabe immer, wenn auch manchmal nur minimal, als Sprachträger erkennbar und wirksam. Er wird zitiert, variiert und bildmäßig eingesetzt wie jedes andere Bildelement auch; aber durch seine Form assoziiert er gerade in anderen formalen Zusammenhängen Vorstellungen, die mit seiner ursprünglichen Bestimmung und Bedeutung verbunden sind.

Schrift ist ein Zeichen unter vielen anderen Zeichen. Sie kann durch Verabredung zum Symbolzeichen werden, sie kann sich auch mit anderen Elementen zu neuen Zeichen, Piktogrammen, verbinden. Alle Zeichen ähneln sich durch die Einfachheit in der Form und durch ihre Beschränkung auf bestimmte Formanteile. Sie haben Signalcharakter, sind deswegen eindeutig in Form und Farbe, zweckbestimmt, können auffordern, beeindrucken, symbolisieren.

Die bildhafte Wirkung von Buchstaben kommt in vielen Bereichen zur Anwendung und Geltung, unter anderem im künstlerischen und besonders im werblichen. In der Werbung und als Kommentar oder Ergänzung zu Bildern hat Schrift eine neue Aufgabe gefunden.

Als mehrdeutiges Zeichen, das mit verschiedenen Inhalten belegt ist, aber auch selbst zum Bild werden kann, hat das Schriftzeichen oft eine »Vexierwirkung«.

VI Schriftkultur

Schriftkultur bedeutet Schriftpflege. Aber nicht nur der souveräne formal-technische Umgang mit Buchstaben ist dabei Vorausset-zung, sondern auch ihre sinnfällige Gestaltung und die adäquate Vermittlung des Inhalts. Obwohl Schrift immer Mitteilung macht von gedanklichen und sprachlichen Vorgängen und durch viele, sehr unterschiedliche Schriftbilder optisch wirksam wird, die man nur im Zusammenhang mit einem bestimmten Kulturkreis oder einer bestimmten Zeit und deren Auffassungen von Gestaltung und Mitteilung verstehen kann, muß man sich doch bewußt und im Detail mit der Gestaltung und Bedeutung von Schrift befassen. Für uns heißt das, historische Schriftvorlagen als solche zu erkennen und sie als Grundlage für moderne Auffassungen von Mitteilung zu benutzen.

Die technische Entwicklung, die Möglichkeiten und Gefahren der Massenkommunikation sowie der internationale Informationsaus-tausch tragen dazu bei, daß neue Schriftformen und neue Inhalte Schrift als zeitgemäß bestätigen und ihre Bedeutung sogar steigern. Sprache und Schrift beeinflussen einander mehr denn je. Durch Computertechniken und Vollautomatisierung, durch allgemeine zeichentheoretische und geisteswissenschaftliche Erforschung der optisch-ästhetischen Phänomene beginnt ein ganz neues Schriftzeit-alter, das der Revolution durch die Erfindung der beweglichen Druckletter und der Buchdruckerkunst im 15. Jahrhundert gleich-kommt.

Zur Diskussion:

Seit Ende der 60er Jahre kann man immer wieder in der Presse, ob in überregionalen oder lokalen Zeitungen, über Verbesserungen und Neuentwicklungen auf dem Gebiet der Satz- und Drucktechnik lesen.

Daß neue Möglichkeiten zur Herstellung von Presseerzeugnissen auch neue Arbeitsweisen verlangen, liegt auf der Hand. Daß dabei eventuell auch die Schrift, ihr Erscheinungsbild und ihr Ordnungsgefüge, Veränderungen erfährt, wenn sie vollautomatisch entworfen und gesetzt wird, leuchtet ein. Daß die Zeitersparnis bei allen technischen Vorgängen für die gestalterische Weiterentwicklung der Schrift genutzt wird, ist zu hoffen.

Schrift und Kultur hängen aufs engste zusammen, bedingen einander. Der Begriff Schriftkultur macht deutlich, daß Schrift selbst bereits Ausdruck kultureller Anliegen und -bemühungen ist. Durch die zahllosen technischen Neuerungen, die Text auf mannigfachste Art präsentieren, wie auch durch den Gebrauch von Sprache in ebenso vielen Möglichkeiten, durch die Verbindung von Wort und Sichtbarmachung von Wort als Buchstabenbild wie durch Verbreitung von Sprache und durch vielfältige Kommunikation ist Schrift ein Phänomen, das aus dem Miteinander der Menschen nicht wegzudenken ist und auch für den Einzelnen eine immense Bedeutung hat. Jeder Mensch ist insofern aktiv und passiv an Schriftkultur mitbeteiligt, als er selbst mit Schrift umgeht, sie schreibt und liest, sie gebraucht und konsumiert, was ihn nicht nur für Schrift, sondern ganz allgemein sensibel macht. Er kann so Erfahrungen sammeln, die zu machen er ohne Schrift und Text nie zu machen die Möglichkeit hätte.

1 Quellenstudium

Das Quellenstudium ist Voraussetzung, wenn man sich allgemein über Schriften, ihre Geschichte und Entwicklung in verschiedenen Kulturkreisen unterrichten will. Man kann zu diesem Zweck die originalen Schrift- und Textvorlagen studieren oder die umfangreiche Sekundärliteratur befragen. Bis vor etwa zehn Jahren gab es über das Phänomen Schrift fast nur historische Abhandlungen. Über die Gestaltung von und mit Schrift erhielt man vorwiegend apodiktische Anweisungen. Die Art der Behandlung und Verwendung von Buchstaben, die in der Kunst schon seit der Jahrhundertwende üblich war, wurde wohl als so ungewöhnlich empfunden – da man sie nicht unter dem gewohnten drucktechnischen Aspekt und mit den Maßstäben der für Buchstabenentwürfe geltenden Akkuratesse bewerten konnte –, daß man diese einfach ignorierte. Aber gerade bei der Schriftgestaltung ist der Übergang von Handwerk und Kunst sehr fließend, und es ist ganz legitim, daß zweckfreie Gestaltung zweckgebundene beeinflußt und umgekehrt. Allerdings ist die Kenntnis von gestalterischen Aspekten Voraussetzung für die technischen und umgekehrt.

a) Historische und fremde Schriften

Die Existenz und das Erscheinungsbild historischer Schriften und ihre Weiterentwicklung, die verschiedenen Möglichkeiten ihrer Anordnung, die Etappen und Stadien ihrer technischen Chronologie – angefangen bei der ausschließlichen Möglichkeit, Schrift zu schreiben, über die, sie mit Stempeln zu drucken und sie drucktechnisch zu vervielfältigen, bis zum Videotext – sind durch Zeugnisse aus verschiedenen Zeiten und Epochen belegbar. Solange man die Bedeutung der einzelnen Zeichen versteht, kann man ihrer Geschichte auch folgen. Wenn man aber andere Schriften als die uns vertraute lateinische betrachtet (Abb. 194), sieht man nur geheimnisvolle Symbole, Bilder oder schmückende Ornamentbänder. Ihren Sinn versteht man nicht, da man sie nicht entziffern kann. Sie bleiben somit völlig wirkungslos, wenn man ihre eigentliche Absicht, etwas mitzuteilen, bedenkt. Diese Schriften und die entsprechende Sprache müßten daher erlernt werden. Da uns in unserem Zusammenhang jedoch die Schrift vor allem als entzifferbares Phänomen interessiert, ist die Beschränkung auf uns verständliche Schriftformen und Zeichen nicht nur legitim, sondern sogar

#	
1	παντοίων ἀγαθῶν, ἅπερ
2	σπῶλα νὰ ολοχαοῖης
3	HFXIRFⅮPY:ⵜFRIⵑПI
4	ÎN ΛΝΔΥΔΙΚΨGDΗΔΝΝΕ. ΕΙ Γ
5	beaτa mapτonaϲ σιϛe.
6	293, 8 ʊ8ΓвϷ298Шε 8 8 ЬΔШ
7	Iиcoγca ΗΜЖΤΗ ЛЬСΤΗЖ и
8	Французская литература
9	*Французская литература*
10	Երե այոպկ∂ ɯɗեʔ
11	ბրրπɛδ ɓρɯɓy ɖɯɯε;
12	მაϧი6 პიᲠჯპისᲚ Ღი�’ᲗσᲠს:
13	ϑ౯ 2δჳᲗ ჳ ჳ౯6Ლϧ
14	𓈖𓏏 𓂻 𓆟 𓏤 𓅬 𓆓 𓃀
15	(script)
16	(script)
17	ПЄΝЄΙШΤ ЄΤ ⲄΝΜΠΗΥЄ
18	Ψ ᚦ 𒐕 Ψ 𐎀 (cuneiform)
19	(script)
20	(cuneiform)
21	OↃⴺⵥⴰ9⵿ⵊⴽOⴽⵍⵎⵋ
22	וַיֹּאמֶר אֱלֹהִים יְהִי־אוֹר וַיְהִי־אוֹר :
23	סימנים הראשונים הלכות השבת
24	(Hebrew cursive)
25	مُلْكِهِ مَرَأَى رَهَجًا قَرِيبًا مِنْهُ
26	هكذا القول لكم
27	أه هلاك نه هوء سگون
28	ኦቢሠ : ክሠσΗ : ኦໆ.ፕር :
29	(Syriac)
30	(Syriac cursive)
31	(script)
32	(script)

33	ᠰᠠᠢᠢᠨ ... (script)	42	തന്നെ ഏകജാതനായ
34	(Arabic/Persian script)	43	ഫലമറിവാന്‍ പ്രേമതാലശേകെ.
35	यत ईश्वरो जगतीत्यं प्रेम	44	ນັ້ນ ༌ ... ຄິບหาย,
36	আমি তোমাদিগকে বলিতেছি,	45	(Myanmar script)
37	કેમકે એેદાએે દુનીઆ	46	(Myanmar script)
38	(Tibetan script)	47	(script)
39	தேவன் தம்முடைய ஒரேபேரான	48	(script)
40	(Telugu script)	49	(script)
41	ದೇವರು ಲೋಕದ ಮೇಲೆ ಎಷ್ಟೋ		

sinnvoll. Was man hier an Erfahrungen sammelt, das kann man auch auf andere nationale Schriften anwenden. Wer sich hingegen zum Fachmann ausbilden will, wird sich ohnehin intensiv mit der Literatur zum Thema Schrift befassen.

Als Vorläufer unserer heutigen Schrift sind die altägyptische Schrift, die Keilschrift aus Mesopotamien und dem alten Persien, die Schriften der Hethiter, der Semiten, des griechischen Inselraums und besonders die der Griechen, dann die der Römer, aus der sich die abendländische Schrift entwickelte, von besonderem historischem Interesse.

Aus der byzantinischen Schrift entwickelten sich die slawischen Schriften, die aller Wahrscheinlichkeit nach auf die griechische Minuskelschrift des 9. und 10. Jahrhunderts zurückgehen. Sie verwenden kyrillische Buchstaben jeweils von verschiedener nationaler Färbung. Unter islamischem Banner entstanden verschiedene arabische Schriften. Außerdem bildeten sich Schriften in Indien, Hinterindien und Tibet aus, in Zentralasien, im ostasiatischen Raum mit China, Japan und Korea. Außerdem kennen wir noch die Bildzeichen der alten Schriften in Südamerika, der Azteken, der Mayas und der Inkas. Die Runen stellen ein Zeichensystem im nördlichen Abendland dar. Sie sind mit Ursprung der germanischen und dann der deutschen Schrift. So gibt es auch heute noch

◁ 194 1–57 Schreib- und Druckschriften, die nicht auf der lateinischen Schrift beruhen: 1 Griechisch (Druckschrift) – 2 Griechisch (Neugriechische Schönschrift) – 3 Gemeingermanische Runen – 4 Gotisch – 5 Irisch – 6 Glagolitisch – 7 Kyrillisch – 8 Russisch (Druckschrift) – 9 Russisch (Schreibschrift) – 10 Armenisch (Druckschrift) – 11 Armenisch (Schreibschrift) – 12 Georgisch (Mcheduli-Druckschrift) – 13 Georgisch (Schreibschrift) – 14 Altägyptisch (Hieroglyphen) – 15 Altägyptisch (Hieratisch) – 16 Altägyptisch (Demotisch) – 17 Koptisch – 18 Altkretisch (Linear B) – 19 Hethitische Hieroglyphen – 20 Keilschrift – 21 Phönikisch – 22 Hebräisch (Quadratschrift) – 23 Hebräisch (Rabbinisch) – 24 Hebräisch (Moderne Schreibschrift) – 25 Arabisch (Druckschrift) – 26 Arabisch (Tunesische Schreibschrift) – 27 Arabisch (Persische Schreibschrift) – 28 Äthiopisch – 29 Syrisch (Estrangelo) – 30 Syrisch (Serto) – 31 Pehlewi – 32 Awestisch – 33 Alttürkisch (Orchon-Runen) – 34 Brahmischrift – 35 Dewanagari – 36 Bengali – 37 Gudscharati – 38 Tibetisch – 39 Tamil – 40 Telugu – 41 Kanaresisch – 42 Malajalam – 43 Singhalesisch – 44 Siamesisch – 45 Birmanisch – 46 Javanisch – 47 Batak – 48 Makassarisch – 49 Balinesisch – 50 Chinesisch (Schreibschrift) – 51 Chinesisch (Druckschrift) – 52 Koreanisch – 53 Mongolisch (in uigurischer Schrift) – 54 Kalmückisch – 55 Japanisch (Katakana) – 56 Japanisch (Hiragana) – 57 Japanisch (Gras-Schrift)

195a, b) Frei erfundene Zeichen. Sie vermitteln die gleiche geheimnisvolle Verschlossenheit und Unentzifferbarkeit wie unbekannte, bereits bestehende Schriftzeichen. Schülerarbeiten (9. Klasse)

Hunderte von Schriften, die ihre ganz eigenen Formen haben. Die meisten werden geschrieben, manche aber auch gezeichnet oder gemalt. Wie schon erwähnt, wird in China die Malerei sogar als eine

196 Geheimzeichen Goethes (arab. hawa = Begehren, leidenschaftliche Liebe) für seine Liebe zu Marianne von Willemer, seiner Geliebten und Partnerin für den »West-östlichen Diwan«

von vielen Schriften bezeichnet – Hinweis auf eine gemeinsame Basis aller Zeichen und formal-optischer Wirkungsweisen. Buchstabenzeichen haben Statik, Dynamik, Rhythmik, Spannung, Proportion und eine Vielzahl von Formdetails. Unter diesem Aspekt ist es aufregend, nie dagewesene Zeichen, die Ausdruck für alles mögliche sein könnten, mit einem breiten Pinsel in lockerer schreibender Weise experimentell in der Entstehung zu erleben (Abb. 195). Im Ausdruck solcher frei erfundenen Zeichen verbirgt sich die gleiche geheimnisvolle Verschlossenheit und Unentzifferbarkeit wie in unbekannten, bereits bestehenden Schriftzeichen. Auch Goethe benutzte zum Beispiel ein fremdes Zeichen, um etwas damit zu verschlüsseln, was nur eine bestimmte Person entziffern konnte (Abb. 196).

b) Schrift als Ausdruck einer Zeit

Nicht nur im abendländischen Raum, sondern auch in anderen Kulturkreisen verändert sich Schrift im Laufe der Zeit. Schriften versinken, sterben, und neue werden unter den verschiedensten kulturellen und politischen Aspekten geboren. Wie bereits ausgeführt, spielen dabei die Möglichkeiten der technischen Herstellung von Buchstabenformen, also Werkverfahren, eine wesentliche Rolle, ebenso kulturelle Einflüsse, Stand der Zivilisation, der Technik, der Wissenschaften oder ein bestimmter Stilwille. Auch vom Sprachgebrauch hängt die Verwendung von Schrift ab, die Häufigkeit ihrer Anwendung und die Art ihrer formalen Wiedergabe und technisch-schriftkundigen Bearbeitung. Das gilt für die Handschrift wie für die maschinell zu setzenden Buchstabentypen.

Nicht nur die Anwendungsbereiche, in denen Schrift zweckentsprechend eingesetzt wird, sondern ebenso ihre Form sind Ausdruck für eine Zeit. Buchstabenformen, Sprachgebrauch und Schrifterzeugnis wie die Schriftwirkung werden durch eine Zeit und durch äußere Umstände in dieser Zeit bedingt. So kommen in unserem Industriezeitalter industriell entworfene und erstellte Schriften und solche Buchstabenformen, die durch neue Techniken und mechanische, sogar computergesteuerte Verfahren entwickelt werden,

abcdefghijkl

ABCDEFG

1234567890 ▪▪▪ ▪:▪.▪'▪▪

TYPOMUNDUS

197a, b) Schriften der elektronischen Datenverarbeitung: a) Bewegungsablauf der
Handschrift, Vorbild der computergesteuerten Schrift – b) Magnetschrift CMC 7 in
Form einer stilisierten Blockschrift: Sie besteht aus sieben senkrechten Strichen, die
in Anordnung und Zwischenabständen variabel sind – c) Magnetschrift E 13 B in
Form einer stilisierten Blockschrift: Sie ist in einem Rasterfeld von sieben horizonta-
len und zehn vertikalen Quadratfeldern konstruiert – d) Schriftentwurf für die
Ausstellung moderner »Typographie der Zeit«: Sie verwendet Formen und Zeichen
der elektronischen Datenverarbeitung, erinnert aber gleichzeitig an den Jugendstil,
wodurch ein widersprüchlicher Reiz entsteht.

zwangsläufig in Gebrauch. Es ist übrigens aufschlußreich, daß der
mechanische Schreibvorgang eines Computersteuerungssystems die
Handschrift und ihren Bewegungsablauf kopiert (Abb. 197).

Moderne Magnetschriften, die von einer Maschine selbsttätig
entworfen wurden, nachdem man ihr ein Programm eingegeben
hatte, werden bereits von Schriftgestaltern aufgegriffen und in ihren
Grundelementen und optischen Wirkungsweisen auf frei entworfene Schriften übertragen. Man erkennt auch hier die gegenseitige
Beeinflussung und die Anziehungskraft konstruierter Schriftbilder
auf handschriftlich oder zeichnerisch entwickelte Formen.

Für die Entwicklung neuer Produkte, wie zum Beispiel der
Digitaluhr, die im Gegensatz zum Uhrzeigersystem die Zeit durch
Aufblenden von Ziffern anzeigt, oder des Taschenrechners, der auf
kleinstem Raum verschiedene Zahlenreihen sichtbar machen muß,

198 Die Ziffer 8, aus der sich alle Ziffern bilden lassen

199 Anzeige aus der Tageszeitung einer Kleinstadt in den ▷
70er Jahren unseres Jahrhunderts, die mit dem Formengut der Zeit um 1900 für »moderne« Lampen wirbt

ist ein ganz bestimmtes Zahlenbild Voraussetzung. Es ist in der
Form so gebildet, daß es die Grundform zu allen Ziffern in sich
birgt. Je nachdem, welche Teile dieser Form man mit Knopfdruck
abruft, entstehen die gewünschten Zahlen in rotem oder grünem
Leuchtbild. Diese Komplettform ist die Ziffer 8, in ihr verbergen
sich alle vorkommenden Zahlen (Abb. 198).

Als Videotext sind schon jetzt Mitteilungen auf Fernsehschirmen
zu sehen, und es wird sicher nicht mehr lange dauern, bis wir die
täglichen Nachrichten auf Abruf in neuen konstruierten Schriften,
die elektronisch erstellt werden, von den Bildschirmen werden
ablesen können. Ob diese Tatsache das gesamte Zeitungswesen
revolutionieren oder gar verdrängen wird, darüber ist zur Zeit nur
zu spekulieren. Es wird jedenfalls noch vieler Bemühungen um die
Konstruktion deutlicher und gut leserlicher Schriftbilder bedürfen,
um deren schnelle Aufnahme von Bildschirmen durch das Auge
ohne Anstrengung zu garantieren.

c) Jugendstil: ein Höhepunkt in der Schriftgestaltung

Wohl zu keiner Zeit hat die Schrift und ihre bewußte Gestaltung eine
Epoche so eindeutig charakterisiert wie im Jugendstil. Viele Schriftgestalter halten den Formenreichtum der Schriften aus dieser Zeit
für unübertroffen phantasievoll, und es ist daher nicht verwunderlich, daß man ihn für viele nachfolgenden und auch aktuellen
Schriften als Fundus benutzte. In vielen Fällen ist der Jugendstil
sogar noch »Gegenwart« (Abb. 199).

258

LAMPEN
MODERNER ART

zu beziehen durch die
namhafte Lampenhandlung

Es mag an der Epoche gelegen haben und an verschiedenen äußeren Umständen, daß sich Künstler zusammenfanden, um das gesamte Kunsthandwerk zu reformieren und zu neuer Qualität zu führen. Hier wurden bildende Künstler erstmals zu Designern. Sie haben ganz neue Formen entwickelt, die lebendig und sozusagen antistatisch waren, wobei sich ihr Gestaltungswille auf alle Bereiche erstreckte: auf die Architektur, die Inneneinrichtung, Gebrauchsgegenstände jeglicher Art. Auch die Schrift wurde, ähnlich wie ein Besteck, neu gestaltet. Es entstand eine »Schriftkultur« im wahrsten Sinne des Wortes. Museen und Kunstschulen wurden eingerichtet und in den allgemeinbildenden Schulen legte man Wert auf eine bewußte Erziehung in den musischen Fächern.

Der Engländer William Morris (1834–1896) gab durch seine Schrift- und Einbandentwürfe für Bücher grundlegende Anstöße für eine bessere Schriftgestaltung, auch auf dem Kontinent. 1889–91 gründete er die Kelmscott-Press. Mit ihm wirkte der Maler und Graphiker Walter Crane (1845–1955). Auf der Grundlage, die William Morris geschaffen hatte, begann um die Jahrhundertwende sein Schüler Edward Johnston (1872–1944) in England zu arbeiten, ebenso seine Schülerin Anna Simons (1871–1951). Edward Johnston gab ein Schriftbuch heraus, das heute noch zeitgemäß wirkt.

In Deutschland führten Peter Behrens (1868–1940) und Fritz Ehmcke (1878–1965) zusammen mit Anna Simons zum ersten Male schriftkünstlerische Kurse durch. Das war 1906. Ihre Bestrebungen begegneten denen des Wieners Rudolf von Larisch (1868–1934) und des Nürnberger Schriftkünstlers Rudolf Koch (1876–1934), denen es ebenfalls durch ihren Schriftunterricht gelang, das gesamte Schriftschaffen zu beleben. Als einer der größten Schriftkünstler sei noch Otto Eckmann (1865–1902) genannt. Seine Schriftentwürfe wurden zum Inbegriff des Jugendstils (Abb. 200a). Sehr ähnlich in Ausdruck und Schwung sind die Entwürfe des flämischen Architekten und Malers Henry van de Velde (1863–1957). Wie die Gotik unterwarf er Bau- und Buchstabenformen dem gleichen Kanon (Abb. 200 b).

Die Schriften von Otto Eckmann wirkten revolutionierend. Es war außerdem das erste Mal, daß nicht ein Stempelschneider, sondern ein Künstler eine Drucktype entwarf.

ecce
homo

FRIEDRICH ONJETZSCHE

200   a) Entwurf und Ausführung der Eckmann-Druckschrift – b) Henry van de Velde,
       Titel zu Nietzsches »Ecce homo«, 1908

In Deutschland werden die Anstöße zu einer »Schriftpflege« auch in der allgemeinen Erziehung aufgegriffen. Mit den allgemeinen »Volksschulen« (1920) wurde auch eine vierjährige Grundschulpflicht für alle und die »Deutsche Schreibschrift« als allgemein verbindlich eingeführt. 1880 schon hatte der Gymnasialdirektor Konrad Duden (1829–1911) ein orthographisches Wörterbuch der deutschen Sprache geschaffen. 1896 bereits wurde die erste Lehrervereinigung zur Pflege der künstlerischen Bildung in der Schule gegründet. Seit Juli 1950 gibt es den Bund Deutscher Kunsterzieher, der der INSEA (International Society for Education through Art) angeschlossen ist.

1907 konstituierte sich in München der Deutsche Werkbund, der nicht über die Erziehung, sondern über eine Zusammenarbeit zwischen Künstlern und Industrie das Produktdesign verbessern wollte. Es bildeten sich auch internationale Vereinigungen zur Schriftpflege, die gleichzeitig die Verständigung aller Menschen untereinander fördern wollten. Die typographische Vereinigung ATYPI (Association Typographique International) beschäftigt sich auf internationaler Ebene mit dem modernen Schriftwesen, wobei sie ihr Augenmerk nicht nur auf dessen technische Weiterentwicklung, sondern vor allem auf gestalterische Probleme in Verbindung mit ethnologischen und soziologisch-kommunikativen Anliegen richtet. 1961 wurde mit der gleichen Programmatik die ICTA (International Center for the Typographic Arts) gegründet. Alle diese Vereinigungen sind der Initiative einzelner Persönlichkeiten zu verdanken. In jedem europäischen Land gab es eine Jugendstil-Bewegung mit unterschiedlichen, jedoch verwandten stilistischen Auffassungen, so daß für weitere Entwicklungen ein internationaler Ansatz vorhanden war. Die Jugendstil-Schriften sind Schmuck-schriften, deren Einzelelemente und Formen nicht konstruiert, sondern lebendig-pflanzenhaft erscheinen. Es ist interessant, daß Computerschriften ebenfalls knorrige Verdickungen aufweisen und auch im Ausdruck den Jugendstil-Schriften ähnlich sind.

Die Schrifterneuerung erstreckte sich auf alle Arten der Gestaltung, wobei auch auf den Gleichklang oder Zusammenklang aller gestalterischen Disziplinen Wert gelegt wurde. Alles mußte in der Form aufeinander bezogen sein, wie die graphische Illustration auf die Schrift und umgekehrt (Abb. 201). Aus dieser Zusammenarbeit und auch aus der Leitfunktion der Schrift sollten wir heute lernen.

201   Illustration von John Thirtle. Aus: The Studio, VII, Jg. 41, August 1896, S. 185 ▷

WYNKEN·BLYNKEN
AND·NOD·ONE·NIGHT·
SAILED·OFF·IN·A
WOODEN·SHOE·
SAILED·ON·A·RIVER·OF·
MISTY·LIGHT
INTO·A·SEA·OF·DEW!
WHERE·ARE·YOU·GOING
AND·WHAT·DO·YOU·WISH!
THE·OLD·MOON
ASKED·THE·THREE
WE·HAVE·COME·TO·FISH
FOR·THE·HERRING·FISH
THAT·LIVE·IN·THIS
BEAUTIFUL·SEA
NETS·OF·SILVER·AND
GOLD·HAVE·WE·SAID·

WYNKEN
BLYNKEN
AND·NOD.

JESSIE·M·KING

2 Schriftkünstler

Gerade die Jugendstil-Bewegung und die Jugendstil-Schriften zeigen, daß eine einzelne Persönlichkeit letztlich mehr Impulse geben kann als die größten technischen Errungenschaften. Der Mensch wirkt durch sein Talent, aber auch durch seine Motivation.

a) Graphiker

Bei einem künstlerischen Entwurf, etwa für ein Poster, einen Prospekt, einen Bildband, ein Cover, ist der Graphiker nicht unabhängig. Seine Ideen entwickelt er nicht zweckfrei, sondern im Hinblick auf ein bestimmtes Produkt und dessen Zielgruppe. Zu berücksichtigen hat er dabei auch herstellerisch-technische und wirtschaftliche Faktoren. In großen Verlagen oder Werbeagenturen, auch bei den Fernsehanstalten, gibt es für den künstlerisch-technischen Bereich meist einen verantwortlichen Art Director. Jedes »Schrift-Stück« ist Teil einer Gesamtkonzeption, die es zu erarbeiten gilt: Welche Schrift ist für einen bestimmten Inhalt zu wählen? Wie groß darf oder muß sie sein? Wie steht sie in oder zu den Abbildungen? Wie sollen überhaupt Überschriften oder Schlagzeilen sowie Text und Bild angeordnet sein? Welche technischen Probleme sind zu bewältigen? Was kostet es, eine bestimmte Idee zu verwirklichen? Diese und viele andere Fragen müssen befriedigend gelöst werden. Zu berücksichtigen ist auch, daß der Graphiker in einem Team arbeitet, das verschiedene Ideen unter verschiedenen Aspekten entwickelt. Es ist vorrangig seine Aufgabe, Teilbeiträge von Autoren, Redakteuren, Fotografen gestalterisch »unter einen Hut« zu bringen und zu einem kompositorisch, ästhetisch und optisch ausgewogenen Gesamtbild zusammenzufügen. Den so aus vielen Einzelelementen bestehenden Entwurf muß er zur Genehmigung dem Art Director vorlegen. Eventuell sind daraufhin Änderungen notwendig. Sind alle Schwierigkeiten bewältigt, wird der Entwurf herstellerisch ausgeführt und zum Druck vorbereitet.

b) Designer

Der Designer gestaltet die Form von Gebrauchsgegenständen aller Art in allen Einzelheiten. Da das Aussehen eines Produktes mit über seinen Absatz beim Verbraucher entscheidet, arbeitet auch der Designer zweckgebunden. Bei der Gestaltung ist zum Beispiel zu berücksichtigen, daß die Funktion eines Gegenstandes, sein Gebrauchswert, klar erkennbar ist, daß die Beschriftung leserlich ist, daß ein Verschluß praktisch ist und dennoch von einem Kind nicht geöffnet werden kann – kurz: daß alle Teile eines Produktes sowohl in gestalterischer wie funktionaler Hinsicht gut durchdacht sind.

Unerläßlich ist es auch für den Designer, Zeitströmungen rechtzeitig zu erkennen. Allerdings kann er selbst ebenfalls einen so eigenen Stil entwickeln, daß er Entwicklungen in Gang setzt. Sogenannte Markenartikel haben meist ein unverwechselbares »Styling«. Allein schon das vom Designer – der auch Graphiker und Werbefachmann sein muß – entworfene Firmen- oder Markenzeichen, das alle Produkte einer bestimmten Firma tragen, zeigt seine künstlerisch-gestalterische Potenz. Daß auch der Designer wirtschaftlich rentabel arbeiten muß, liegt auf der Hand. Deshalb ist es notwendig, daß er über umfassende technische und Materialkenntnisse verfügt.

c) Techniker

Der moderne Schriftgestalter muß auch Techniker sein. Er muß alle modernen Satz- und Druckverfahren kennen, und er muß vor allem wissen, wie Schrift durch elektronische und fotografische Mittel gestaltet und verändert werden kann (Abb. 202–204). Mit diesen Kenntnissen eröffnen sich ihm unzählige Möglichkeiten, kreativ zu arbeiten. Wie nie zuvor stehen ihm technische Mittel zur Verfügung, die er künstlerisch nutzen kann, um sie sowohl zweckfrei wie zweckgebunden anzuwenden und einzusetzen.

Schrift und Fotosatz

Schrift und Fotosatz

Schrift und Fotosatz

Schrift und Fotosatz

Schrift und Fotosatz

Schrift und Fotosatz

Schrift und Fotosatz

Schrift und Fotosatz

203 Fotosatzvariation: Die Umrißlinie der einzelnen Buchstaben, die im übrigen »hohl« sind, wird verdoppelt, verdreifacht, verdickt usw.

202 Schrift, die stufenweise fotografisch variiert wurde und sich dabei zunehmend in einer senkrechten Streifenrasterung auflöst, kann bis zur Unleserlichkeit verändert werden.

204 Buchstabenvariationen durch
Vorsatz eines Rasters beim Foto-
grafieren: Die einzelnen Buchstaben werden grundsätzlich und
auf vielfältige Weise in ihrer
Form verändert, ohne jedoch
unleserlich zu werden.

Winter Winter

Winter Winter

Winter Winter

Winter WWinter

Winter Winter

Winter Winter

3   Das technische Zeitalter

»Das Bleizeitalter geht zu Ende. Aufgaben und Chancen von Umschulung und Weiterbildung« – unter diesem Titel erschien am 10.3.1978 ein Artikel von Kurt Reumann in der FAZ. In diesem Artikel wie auch in vielen anderen Stellungnahmen zur Mechanisierung und Vollautomatisierung im Druckgewerbe, wird deutlich, welch einschneidender Vorgang zum wiederholten Male durch die Maschine im Arbeitsleben des Menschen hervorgerufen wird. Etwas wird dadurch besonders einsichtig: Wenn dem Menschen einfache mechanische Arbeitsvorgänge abgenommen werden, dann mag er das sehr lobenswert finden, wenn aber durch Fotografie, Elektronik und Datenverarbeitung, zu einem System verbunden, viele komplizierte Arbeitsschritte entfallen, fühlt sich der Mensch mit seinen Fähigkeiten überflüssig. Wenn bislang jemand gut ausgebildet war, brauchte er sich keine Sorgen um seinen Arbeitsplatz zu machen. Nun trifft es auch Spezialisten und Facharbeiter, deren Arbeitsplätze allerdings immer noch sicherer sind als die von Hilfsarbeitern. Dennoch müssen zum Beispiel auch Setzer und Drucker sich neu orientieren und weiterbilden. Nicht nur die Bildungspolitiker sind angesichts der strukturellen Veränderungen in der Arbeitswelt aufgerufen, sondern hier müssen vor allem arbeitspolitische und gesamtwirtschaftliche Konsequenzen gezogen werden. Angesichts solcher Probleme sind ästhetische Fragen sicher nicht von Belang. Dennoch lassen sie kreative und gestalterische Arbeit für die Zukunft in einem besonderen Licht erscheinen: Sie räumen ihr einen neuen Stellenwert ein.

a)   Mechanik und Elektronik

Die Bedeutung der Erfindung Gutenbergs lag darin, daß die geschnittene Letter sich als Stahlstempel mittels Abguß unter Zuhilfenahme einer Matrize beliebig nachgießen ließ. Durch präzisen Nachguß erschienen auch feinste Ausformungen im Druck sauber. Die Verbesserung der Buchstabenformen durch Konstruktion nach Maßsystemen in der Renaissance wurde von Bemühungen begleitet,

205 Beispiel für eine Vierfarben-Offsetmaschine

den Satz schneller zu bewältigen. Form und Technik bedingten sich immer gegenseitig. Die Zeilengußmaschine von Ottmar Mergenthaler 1884 und die Einzelbuchstabensetzmaschine von Tolbert Lanston 1889 brachten dann auch den endgültigen Durchbruch für die Mechanisierung des Satzverfahrens, nachdem 1811 Friedrich Koenig (1774–1853) bereits eine mechanische Schnellpresse erfunden hatte, auf der 1844 die »Times« in London erstmalig gedruckt wurde. Alle wesentlichen Vorrichtungen sind dabei automatisiert: das Zuführen der Bogen, das Einführen des Druckstockes, das Pressen und Ablegen des Druckbogens. Die technischen Bemühungen um weitere Verbesserungen sind seitdem nicht abgerissen, im Gegenteil. Wenn man die modernen Vierfarben-Druckmaschinen betrachtet, wahre Monstren, was Größe und Leistungsfähigkeit angeht, dann wird klar, wie wenig hier einem Menschen noch zu tun bleibt (Abb. 205).

Nicht nur Druckvorgänge laufen vollautomatisch ab, auch das Nachrichtensystem, das Redaktionen mit »Stoff« versorgt, ist computergesteuert. Von den elektronischen Möglichkeiten der Schriftgestaltung war schon die Rede. Computer können sehr viele Daten speichern, die auf Abruf bereitstehen, und viele Vorgänge im Satz- und Druckbereich selbsttätig ausführen. Aber auch vielfältige fotografische Möglichkeiten bewirken einen radikalen Umbruch in der Herstellung von Druckerzeugnissen. Man kann fotografisch nicht nur Schriften verändern, sondern mit Hilfe eines Kathodenstrahls, der mit Lichtimpulsen unterschiedlicher Frequenzen arbeitet und Fotomaterial belichtet, auch Buchstaben entwerfen und schreiben lassen.

All diese Neuerungen sind Mitursache der allgemeinen Arbeitslosigkeit und vor allem auch des Verlustes profilierter Tätigkeitsbereiche, aber sie haben auch neue hochqualifizierte Berufe geschaffen und neue Möglichkeiten der Gestaltung eröffnet. Die Erfindung Gutenbergs, die am Anfang dieser Entwicklung steht, gehört der Vergangenheit an. Ein neues Zeitalter hat begonnen.

b) Massenkommunikation

Manch Schriftkundiger meinte schon, daß Schrift sich im Zeitalter des Bildes mit dem Bleizeitalter gemeinsam verabschieden müsse; aber weder neue Techniken noch die weitgehende Verwendung von Piktogrammen sind ein Beweis dafür. Im Gegenteil: Druckerzeugnisse lassen sich leichter, vielfältiger und in großen Mengen herstellen, lassen sich auch in Massen »an den Mann« bringen. Buchstaben inspirieren zu vielen neuen Zeichen, die von vielen Menschen schnell und eindeutig erkannt und entschlüsselt werden können. Farbige und bildhafte Einsatzmöglichkeiten von Schriftzeichen ergeben sich nicht nur aus den zahlreichen neuen Techniken, sondern auch aus einem neuen Marktangebot. Das Medium Fernsehen hat die Wohnungen fast aller Familien in den Industriestaaten erobert. Auch hier interessiert die Schrift immer noch als Mitteilungsträger, aber gleichzeitig hat sie sich aktueller formaler Bildwirkungen bemächtigt, kann Verhalten beeinflussen, Gefühle wecken. Wenn wir auf Anhieb nicht beschreiben können, wie Schrift im Fernsehen aufbereitet wird, so ist das sicher nicht nur ein Zeichen mangelnder Aufmerksamkeit, sondern auch Gewöhnung und Beweis für die sinnfällige Gestaltung und Anwendung von Schrift.

Wie kein anderes Instrument hilft uns Schrift, außer der Sprache natürlich, mit anderen Menschen Kontakt aufzunehmen und mit ihnen in Verbindung zu treten. Es bleibt zu wünschen, daß trotz des Telefons Menschen auch weiterhin gewillt sind, sich in Muße den schreibenden Bewegungen und Schwüngen hinzugeben und für einen anderen eine persönliche Mitteilung aufzuzeichnen.

Die Medien sind für einen wechselseitigen persönlichen Meinungsaustausch ungeeignet, bilden jedoch eine ausgezeichnete Quelle für Informationen, die man gern als »Einwegkommunikation« bezeichnet. Massenkommunikationsformen, die sehr viele Menschen gleichzeitig erreichen und erreichen wollen, können den Bedürfnissen des einzelnen Zuschauers nicht immer Rechnung tragen. Die Programmgestaltung wird trotzdem die Interessen vieler unterschiedlicher Gruppen zu berücksichtigen versuchen und auf Ausgewogenheit achten. Auch wenn der Empfänger nur sehr begrenzt die Möglichkeit hat, Einfluß zu nehmen, so ist seine Stellungnahme und Bewertung doch von großem Wert. Massenkommunikation ist *eine* Art der Kommunikation und hat einen hohen Stellenwert. Die Intensität ihrer Übermittlungen ist durch private Kommunikation in der Form sicher kaum zu überbieten. Dennoch ist jede noch so unbeholfene Äußerung von persönlicher Herzlichkeit und die liebevolle Hinwendung zu einem anderen Menschen auch durch eine perfekte »Einwegkommunikation« nicht zu ersetzen. Auch Schrift wird deshalb weiterhin ein Massenkommunikationsmittel bleiben, an dem jeder einzelne teilhat.

Dabei setzen wir voraus, daß jeder lesen und schreiben, natürlich auch der Bild- und Werbewirkung von Schrift folgen kann. Massenkommunikation setzt eine umfassende allgemeine Ausbildung voraus. In vielen Ländern gibt es jedoch noch Analphabeten, in Afghanistan zum Beispiel sind es etwa 90% der Bevölkerung. Das Analphabetentum in Entwicklungsländern hat viele Ursachen, vor allem historische und wirtschaftliche Gründe. Aber wie läßt es sich erklären, daß in Ländern, in denen es eine allgemeine Schulpflicht gibt, auch Analphabeten leben? Dafür gibt es verschiedene Erklärungen. Zum einen liegt dies im geistigen Vermögen der entsprechenden Person begründet, auch die körperliche Verfassung und seelische Situation spielen eine Rolle. Zum anderen sind experimentelle Lehrmethoden die Ursache. So wurde die Ganzheitsmethode, die vor dem Erlernen der einzelnen Buchstaben das Lernen von ganzen Wörtern propagierte, wieder aufgegeben. Ein weiterer Grund für das Unvermögen im Lesen und Schreiben liegt tatsächlich in dem Überangebot von Gedrucktem. Viele Menschen sperren sich unbewußt gegen etwas, zu dem sie das Gefühl haben gezwungen zu werden. Daß Schrift zwingt, weil ihre Nichtbeachtung schmerzliche Folgen haben kann, ist offensichtlich. Eine Lese- und Schreibschwäche kann aber auch auf die Art der Darbietung von Schrift selbst zurückgeführt werden. So hat sich erwiesen, daß Legastheniker Schriftbilder mit dem Schwärzungsgrad und der Buchstabenbindung mittelalterlicher Handschriften und Frühdrucke mühelos lesen können, während die aus Einzelsymbolen zusammengesetzten Schriften unserer Zeit sofort zu der bekannten Hilflosigkeit und Fehlerhaftigkeit führen. Das hängt damit zusammen, daß der Schwärzungsgrad unserer Schriften stark zurückgegangen ist. Die Papiere der Frühdruckzeit waren noch sehr rauh, so daß der Druck entsprechend stark sein mußte. Durch die Entwicklung fast glatter Papiere und die Erfindung der Setzmaschine wurde das Druckbild zunehmend blasser. Fotokopien etwa, die ja heute vielfältig benutzt und gelesen werden, haben in der Regel einen Schwärzungsgrad von weniger als 5%. Computerschriften werden, um ein weiteres Beispiel zu nennen, entworfen, um blitzschnell von Maschinen gelesen werden zu können. An den Menschen, der sie schließlich auch entziffern muß, wurde erst in zweiter Linie gedacht.

c) **Lebensqualität**

Wenn wir auch festgestellt haben, daß Schrift und Bild in Verbindung mit neuen technischen Möglichkeiten der Massenkommunikation Vorschub leisten, so sollten wir unter diesem Begriff nicht nur Negatives verstehen. Allerdings darf eine »Allroundkommunikation« den Kontakt der Menschen untereinander nicht zerstören. Der Gebrauch von Schrift, privat und öffentlich, bedeutet Zivilisation. Nicht nur aus den Inhalten, die Schrift übermittelt, sondern auch aus optischen Signalen können wir Lebenssituationen ablesen,

206 a, b)   Schrift, befehlend-zwingend im Zeitalter der Massenkommunikation, kann
die Sicht verstellen und die Lebensqualität mindern. Schülerarbeiten (7. Klasse)

aktuelle wie historische und allgemeine Situationen rekonstruieren. Schreiben und Lesen sind in unserer Welt lebensnotwendig. Wirkliche Lebensqualität ist aber erst dann erreicht, wenn man das Phänomen Schrift in all seinen Facettierungen als Mitteilung erkennt und entsprechend reagieren kann. Als bewußte Form und als Stilelement, als wirkungsvolles Instrument der Meinungsbildung, als Mittel der Verwaltung und der Macht über Menschen stellt Schrift eine Art Waffe dar, die die Lebensqualität jedes einzelnen berührt. Die echte Lebensqualität, die durch Schrift garantiert wird, liegt nicht nur in dem direkten Nutzen, den sie bietet, sondern auch in ihrem ideellen Wert, den sie immer mehr bekommt, je vielfältiger sie sich in ihren Erscheinungsformen zeigt. Es liegt an uns, ob wir uns von der Technik möglichst billig und ohne eigenes Engagement bedienen lassen oder ob wir die freigewordene Zeit dazu verwenden, Computer so zu programmieren, daß sie den Bedürfnissen des Menschen – auch im künstlerischen Bereich – Rechnung tragen.

4 Zusammenfassung

Der Begriff Schriftkultur umfaßt alle mit dem Phänomen Schrift verbundenen Bereiche und Erscheinungen. Er meint: Geschichte und Entwicklung der Schrift, ihre Funktion als Mitteilungszeichen, ihre technische und künstlerische Gestaltung, ihren Aussagewert und ihre Anwendungsbereiche.

Auch im Zeitalter der Massenkommunikation ist Schrift eines der wichtigsten Medien zur Verständigung der Menschen untereinander. Dadurch, daß die meisten Menschen schreiben und lesen, also Schrift gebrauchen und konsumieren, haben sie ihren Anteil an der Schriftkultur.

Wenn man sich mit Schrift intensiv beschäftigen will, ist das Studium der Quellen unerläßlich. Da die Menschen sich seit Jahrtausenden schriftlich äußern und so immer bestrebt waren, Sprache dauerhaft zu fixieren, ihre Gedanken, Gefühle und Erkenntnisse mitzuteilen, liegen uns aus allen Zeiten und Epochen Zeugnisse vor. Auf diese Weise wird die Beschäftigung mit dem Phänomen Schrift auch zu einem Rückblick in die Vergangenheit. Wir erfahren dabei so viel über die Geschichte der Menschheit selbst, über ihre künstlerischen und technischen Bestrebungen wie durch kein anderes Medium – Schrift ist immer auch Ausdruck einer Zeit.

Das technische Zeitalter, in dem wir leben, hat Schriftkünstlern – Graphikern, Designern, Technikern – bis dahin ungeahnte Möglichkeiten eröffnet, mit Schrift kreativ zu arbeiten, sei es zweckfrei und allein künstlerischer Gestaltung verpflichtet, sei es zweckgebunden für die optischen Medien, im Verlagswesen, in der Werbung oder in der Konsumgüterindustrie.

Obwohl die Massenkommunikation, der permanente Austausch von Informationen, die Präsenz unzähliger Signale von Schrift und Bild oft beklagt werden, so steht doch außer Frage, daß die Möglichkeiten, sich zu informieren, zu bilden, zu unterhalten auch ein Stück Lebensqualität und Freiheit bedeuten.

Anhang

1 Themen für den Werkunterricht

Zusammenstellung unter den Gesichtspunkten der Schriftbetrachtung und -gestaltung

a) Allgemeine Themenkomplexe

Schrift als Aufzeichnung:
Notizen, Stenogramme, Abgelichtetes als Erinnerung und Speicherung, Fixierung eines wichtigen Vorganges mittels Unterschrift, Be- und Versiegelung, Signatur, Akten

Schrift als Mitteilung:
Postkarte, Brief, Glückwunschkarte, Einladungskarte, Beileidskarte, Telegramm, Presseerzeugnisse, Film, Fernsehen, amtliche Mitteilung

Schrift als Kennzeichnung:
Namensschild, Firmenschild, Hinweisschild, als Kennzeichnung des Inhaltes etwa von Dosen, Flaschen, Kästen, Mappen, Ordnern, Heften, Schreibgeräten, Tuben, Signets auf Produkten, Gebrauchsanweisungen, als Kennzeichnung von Büchern (Ex Libris)

Schrift als Schmuck:
Schmuckkarte, Schmucktelegramm, auf Kleidungsstücken, als Wandbild, auf Uhren, als Briefkopf, auf allen Arten von werbenden

Mitteilungen, Verzierung von sonstigen Gegenständen, etwa mit einem Monogramm

Schrift als Ausdruck für Bildung und Kultur:
In Presseerzeugnissen wirtschaftlicher, politischer, wissenschaftlicher, allgemein kultureller Art, als Schriftvorlagen, als Quellenstudium für Forschung und Ausbildung

Schrift als Medium in Technik und Verkehrswesen:
Fachliteratur, Bedienungsanleitung, Gebrauchsanleitung, Verhaltenshinweis mit Signalcharakter, Verkehrsschilder, Hinweisschilder, Stempel, Marken, Markierungen, Landkarten, Pläne

Schrift als Mitteilungsform in Politik und Bürokratie:
Vertrag, Abmachung, Urkunde, Flugblatt, Plakat, Bekanntmachung, Transparent, Ausweis, Marke, Wappen

Schrift als Hilfe für Handel und Wirtschaft:
Zeitung, Mitteilungsblatt, Handelsblatt, Bekanntmachung, Programm, Prospekt, Drucksache, Annonce, in der Werbung als Plakat, Verpackung, Dekoration, Ausstellungsstand, Werbesendung, Werbeaufschrift, Gütesiegel, Signet, Größenbenennung, Geldschein, Münze usw.

Schrift in der Umweltgestaltung:
Schilder, Fassadengestaltung, Schaufensterdekoration, Gestaltung von Straßenzügen, Stadtteilen, Zentren, Bekanntmachung von Vorkommnissen, Festen, Feiertagen usw., als Werbung auf Litfaßsäulen, Plakatwänden, Verkehrsmitteln, in Zentren wie Bahnhof, Friedhof, Vergnügungscenter, Börse, Einkaufszentrum, Flughafen, Kirmesplatz usw.

Schrift in der Bildgestaltung:
Im künstlerischen Bild, im Poster, Plakat, Kalender, als Glückwunschkarte, Prospekt, Anzeige, Einladung, Ankündigung, Verpackung, Gebrauchsanweisung, Buchumschlag, Schallplattencover, Aufkleber

b) Spezielle Themen

Verpackung:
Um welche Art Verpackung handelt es sich (Schachtel, Dose, Tüte)? Aus welchem Material ist die Verpackung hergestellt (Papier, Pappe, Plastik, Holz)? In welcher Form und Größe ist die Verpackung gestaltet? In welchem Umfang wurden bei der Verpackung Schrift, Bilder oder Zeichen verwendet? Welchen Verschluß weist die Verpackung auf? Enthält die Verpackung ein besonderes, verkaufsförderndes Element? Geht die Verpackung über ihren eigentlichen Zweck hinaus (dekorativer Aspekt, Vortäuschen von mehr Inhalt)? Ist die Verpackung im Verhältnis zum Inhalt angemessen?

Schallplattencover:
Ist das Thema der Platte veranschaulicht? Geschieht das nur durch Schrift? In welcher Form erfolgt das Zusammenspiel von Schrift und Bild? Welcher Text befindet sich auf der Hülle? – In der Hülle? Handelt es sich um eine Plattenhülle oder ein Plattenalbum?

Briefmarke oder Etikett:
Um welche Art von Marke oder Etikett handelt es sich? Welche Schrift(en) ist/sind verwendet worden? Welche Bilder und Zeichen? Wie ist der Raum aufgeteilt und ausgenutzt worden? Wie ist der Bezug zum Produkt, zur Aktualität?

Plakat:
Welche Aufgabe hat es? In welcher optischen Aufmachung präsentiert es sich? Welche bildnerischen Elemente sind eingesetzt? Wie ist die Aufteilung der Fläche? Wie ist Schrift eingesetzt? Wie ist Bild eingesetzt? Ist es auf Entfernung gut leserlich und erfüllt es damit seinen Zweck? Gibt es genaue Information? Wie ist der Text im Wortlaut? Um was für Arten von Schrift handelt es sich?

Jahreskalender:
Welchen Umfang hat er? Wie ist er technisch hergestellt? Wie sind Schrift und Bild verwendet? Sind Zeichen verwendet? Wie sehen die Ziffern aus? Wo sind sie angebracht?

Glückwunschkarte:
Welches Format hat die Karte? Was sagt sie inhaltlich aus? In welcher Form wurden Bild und Schrift verwendet? Wurden besondere Papiere verwandt? Weist die Karte eine originelle Verarbeitung auf?

Formular:
Welche Arten von Formularen gibt es? Wie ist ein Formular optisch gegliedert? Wozu dienen Formulare? Wo in unserer Stadt muß ich Formulare ausfüllen? Auf welchen Formularen und Schriftstücken befindet sich meine Unterschrift?

Geschäftsbrief:
Wie ordne ich Absender und Anschrift an? Wie gestalte ich Rand und Schriftblöcke?

2 Erläuterungen der Fachbegriffe

Abbreviatur (von lat. brevis = kurz) Abkürzung für Silben und Wörter, um den Schreibvorgang zu beschleunigen oder um ein schönes Schriftbild zu erzielen, auch aus Gründen der Raumersparnis. Anwendung bei antiken und mittelalterlichen Schriften.

Abreibebuchstaben Vorgefertigte Buchstaben, die durch Abreiben von einem Buchstabenträger und durch Anreiben auf dem Untergrund befestigt werden.

Alphabet Die Bezeichnung ist abzuleiten von den beiden ersten Zeichen der griechischen Buchstabenreihe, Alpha und Beta, und benennt die Gesamtheit der in einer bestimmten Schrift verwendeten Buchstaben.

Antiqua (lat. = alte Schrift) Kleinbuchstabenschrift der Renaissance, die auf der Karolingischen → Minuskel basiert, einer Kleinbuchstabenschrift aus dem Mittelalter. Runde Schriftform.

Bastardschrift Mischschrift, d. h. eine Schrift, die keiner bestimmten Schriftgruppe angehört.

Blindenschrift Ertastbare Reliefschrift, die in erhabenen und verschieden angeordneten Punkten die einzelnen Buchstaben des Alphabets darstellt. Ihr Erfinder ist der Franzose Louis Braille (1809–1852).

Blockbuch Buch aus Einzelblättern, die an einer Seite miteinander verbunden sind. Es entstand im Mittelalter aus einseitig mit Holzschnitten und kurzen Texten versehenen Blättern.

Blocksatz Zeilensatz, bei dem alle Zeilen gleich lang und in gleichem Abstand untereinander angeordnet sind (→ Flattersatz).

Blockschrift Blockartige, funktionale, einfache moderne Druckschrift (→ Grotesk).

Broschüre Kleines, heftartiges Druckwerk.

Capitalis Elegante römische Großbuchstabenschrift, mit der man Denkmäler und Gebäude schmückte. Die Capitalis quadrata und die Capitalis rustica, zwei Varianten der römischen Capitalis, wurden mit der Hand geschrieben und gelten als die ersten Verkehrsschriften. Ihre Formen wurden von der Schreibfeder beeinflußt, so daß sie Kurrentcharakter erhielten.

Cicero (= 12 Punkt) Typographische Maßeinheit von bisher 4,513 mm, jetzt von 4,5 mm.

Cursive (von lat. cursiva scriptura = laufende Schrift) Schrägstehende → Antiqua. Alle Handschriften sind Kursiv- (Kurrent-) oder Laufschriften. Die Cursive verbindet die einzelnen Buchstaben miteinander.

Demotische Schrift Verkürzte Alltagsschrift, letzte stark abstrahierte Form der altägyptischen → Hieroglyphen.

Deutsche Schreibschrift Sie hat sich aus der gotischen → Minuskel entwickelt und war die erste deutsche Verkehrsschrift. Sie wurde mit der Spitzfeder geschrieben (→ Sütterlin-Schrift).

Diptychon (griech. = doppelt gefaltet) Zwei zusammenlegbare Täfelchen, die durch Gelenke zusammengehalten werden. Ursprünglich waren sie aus Holz, später auch aus Elfenbein, Gold und Silber, künstlerisch mit Bildschmuck versehen, auf der Innenseite mit Wachs ausgegossen. Sie wurden in spätrömischer Zeit als Schreibtäfelchen benutzt.

Duktus Individuelle Eigenart des Schreibzuges.

Einblattdruck Blatt, das einseitig mit einem Holzschnitt bedruckt und im 15. Jahrhundert besonders verbreitet war.

Elefantenrüssel Besonders ausgebildeter Schnörkel an Großbuchstaben der → Fraktur, einer Abart der gotischen → Textura, die sich im Barock verschnörkelte und ausbauchte.

Fahne Korrekturabzug des gesetzten Textes auf Papierstreifen.

Fahnensatz Satz von Texten in Spalten (→ Kolumnen), die dann umbrochen (→ Umbruch) werden.

Faktur Spur, die man manuell oder mechanisch auf einer Fläche oder einem Material zeichnet.

Flattersatz Satz, bei dem – im Gegensatz zum → Blocksatz – die Zeilen unterschiedlich lang sind und nach typographischen Gesichtspunkten angeordnet werden.

Fraktur Schreib- und Druckschrift mit gebrochenen Linien, die auf der gotischen → Textura basiert und sich zu einer typisch deutschen Schrift entwickelt hat. Seit 1942 wurde sie von der → Antiqua verdrängt, ist aber auch heute noch, zum Beispiel in Titelköpfen von Zeitungen, zu finden.

Frühdruck (Inkunabel, Wiegendruck)   Druck, der kurz nach der Erfindung der Buchdruckerkunst, also vor 1500, entstand.

Fügung   Art der Satzweise von Buchstaben und Schriftzeilen, wobei die Abstände der einzelnen Buchstaben und Wörter zueinander von der Buchstabenform und -ausgestaltung abhängen.

Gleichzug   Beim Schreibvorgang mit einer Gleichzug- oder Kugelkopffeder entsteht ein gleichmäßiges Schriftband, in dem alle Einzelelemente des geschriebenen Buchstabens gleich breit sind.

Graphologie (von griech. graphein = schreiben)   (Nicht ganz unumstrittene) Lehre von der Handschriftendeutung. Sie schließt aus den in einer Handschrift erkennbaren Merkmalen (Geschwindigkeit, Druck, Größe, Lockerheit u. a.) auf den Charakter und die Disponiertheit des Schreibers.

Grotesk   Schrift ohne Verzierungen, so genannt, weil sie zur Zeit ihrer Entstehung (Anfang des 19. Jh.) im Zuge einer neuen Versachlichung, die später besonders durch das Bauhaus propagiert wurde, als »grotesk« zwischen den zeitgenössischen, oft stark verschnörkelten Schriften auffiel.

Handschrift   Mit der Hand geschriebene Schrift (Verkehrs-, Zierschrift). – Liturgisches Buch des Mittelalters, das mit der Hand geschrieben, verziert und mit Malereien und Randverzierungen ausgeschmückt ist. Besonders reich gestaltet war der Buchdeckel, vielfach aus Elfenbein geschnitzt oder mit Edelsteinen besetzt. Man spricht deshalb auch von mittelalterlichen Prachthandschriften.

Headline   → Schlagzeile.

Hieroglyphe (griech. = heilige Einkerbung)   Bilderschrift, im besonderen die der alten Ägypter.

Ideogramm (von griech. ideo = Begriffs..., Ideographie = Ideenschrift)   Begriffszeichen der ägyptischen → Hieroglyphen- und der

→ Keilschrift, die im wesentlichen Lautschriften sind. Die Chinesen fanden bereits vor 4000 Jahren für alle Schriften Ideogramme. In Ideogrammen Geschriebenes ist lesbar, ohne daß man die Sprache selbst kennt.

Illuminator (lat. = Erleuchter)   Handschriftenverzierer im Mittelalter.

Initial (von lat. initum = Anfang)   Der durch Größe und Ausschmückung, auch durch farbige Gestaltung hervorgehobene große Anfangsbuchstabe eines Wortes, schon während der Antike gebräuchlich. Im Mittelalter ist das Initial, verziert und koloriert, wesentlicher Bestandteil des künstlerischen Schmuckes der Bücher und paßt sich in der Verzierung den wechselnden Stilrichtungen an. – Auch Anfangsbuchstabe eines Namens.

Inkunabel (lat. = Windel, Wiege)   → Frühdruck.

Italic (Italique)   Englische und französische Cursive mit dem Charakter handgeschriebener Druckbuchstaben.

Kalligraph (griech.)   Schönschreiber. Mittelalterlicher Berufsschreiber (Urkunden u. a.).

Kalligraphie   Schönschrift, Schönschreibekunst: Jeder Buchstabe wird möglichst deutlich und besonders schön gestaltet.

Kapitälchen   Großbuchstabe, der im Verband mit Kleinbuchstaben in der Höhe der Mittellänge der Kleinbuchstaben entspricht.

Keilschrift   Wort- und Silbenschrift mit Ursprung in Mesopotamien. Ihre Zeichen haben sich aus Bildzeichen entwickelt.

Klebebuchstaben   Buchstaben, die, auf der Rückseite mit einem Kleber versehen, auf ablösbarem Trägermaterial aufgebracht sind. Sie können aus verschiedenem Material bestehen, auch reliefiert sein.

Knotenschrift (Quipu) Frühe Gedächtnis- und Rechenhilfe der Inkas, keine Schrift im eigentlichen Sinne: In mehrfarbige, nebeneinander angeordnete Schnüre wurden Knoten unterschiedlicher Größe und Knüpfung gemacht.

Kolumne (lat. = Säule) Schriftsatz der Seite eines Buches. – Auch untereinander geschriebene Buchstaben oder → Zahlzeichen.

Korrekturzeichen Zeichen zur Markierung von Fehlern in gesetzten Texten, im Druck- und Verlagswesen gebräuchlich.

Kurzschrift (Stenographie) Schrift, die für Laute und Lautfolgen abkürzende Zeichen und für häufig vorkommende Wörter oder Wortstämme »Kürzel« benutzt und so ein schnelles Schreibtempo ermöglicht. Sie reduziert auch die Textmenge erheblich. Nach dem Kürzungsgrad unterscheidet man Verkehrsschrift und Eilschrift.

Lapidarschrift (von lat. lapis = Stein) Frühe Steinschrift der Griechen und Römer.

Lateinische Schreibschrift Schreibschrift mit rundem Schriftbild, die 1942 die → Deutsche Schreibschrift ablöst.

Layout Skizze für den Stand und die Anordnung von Text und Bild auf einer Seite.

Legasthenie Schreib- und Leseschwäche bei im übrigen normaler Intelligenz.

Legende Bildunterschrift.

Letter (von lat. littera = Buchstabe) Drucktype, die aus einem viereckigen Schriftkörper besteht, der am Kopf seitenverkehrt den Buchstaben trägt.

Ligatur (von lat. ligare = binden) Optische oder formale Verbindung von zwei oder mehr Buchstaben zu einer Form.

Majuskel (von lat. maiusculus = etwas größer)   Großbuchstabe.

Marginalie (von lat. margo, marginis = Rand)   Kurze, in einer kleineren Schrifttype gesetzte, links oder rechts außerhalb des Satzspiegels stehende Randnotiz.

Matrize   Negativform eines Gegenstandes zur Herstellung von Duplikaten; im Druckgewerbe die Form für den Guß der Drucktypen.

Mediävalziffern   Minuskelziffern, d. h. Ziffern mit Ober- oder Unterlänge (→ Normalziffern).

Minuskel (von lat. minusculus = etwas kleiner)   Kleinbuchstabe.

Monogramm (griech.)   Buchstabe (Anfangsbuchstabe) oder Zeichen für Namen oder Titel.

Montage   Zusammenkleben der Filme etwa für eine Seite zur Herstellung der Druckform für Offset-, Licht- und Tiefdruck.

Morse-Alphabet   Akustisch wahrnehmbares Alphabet, eine Art Code, der die Buchstaben durch Kombinationen aus Punkten und Strichen (langen und kurzen Stromstößen) darstellt. Sein Erfinder ist Samuel Morse (1791–1872). Heute haben Telephon, Sprechfunk und Fernschreiber das Morse-Alphabet im internationalen Verkehr weitgehend ersetzt.

Normalziffern   Versalziffern, d. h. Ziffern von gleicher Höhe (→ Mediävalziffern).

Pagina (lat. = Seite eines Buches)   Seitenzahl.

Palimpsest (von griech. palinpsestos = wieder abgekratzt)   Pergament, von dem man die alte Schrift mit einem Bimsstein durch Abreiben entfernt hat, um es wieder verwenden, d. h. zum zweiten Mal beschreiben zu können.

Papyrus Schriftträger, der aus dem Mark der Papyrusstaude hergestellt wurde und von Ägypten aus in die ganze antike Kulturwelt gelangte.

Pergament Schreibuntergrund aus enthaarter, geglätteter und getrockneter Tierhaut, der im Vorderen Orient seit dem 2. Jahrhundert v. Chr. bekannt war und sich von Rom und Byzanz aus über das ganze Abendland verbreitete.

Phonogramm Lautzeichen des Alphabets.

Phonographie (griech. = Tonschreibung) Schallaufzeichnung zur Sichtbarmachung von Schwingungen oder zur späteren Wiedergabe.

Piktogramm Bildsymbol, das, unabhängig von Sprache, allgemein verständlich ist.

Polyptichon (griech.) Ein aus mehr als drei mit Wachs überzogenen Holzschrifttafeln zusammengefügtes Buch. – Altarwerk mit mehr als zwei Flügeln.

Quipu → Knotenschrift.

Raster Folie mit einem Gitternetz aus gekreuzten Linien oder Punkten zur Zerlegung von Halbtonbildern in einzelne Rasterpunkte.

Römische Capitalis → Capitalis.

Rollwerk Haarfeine, verschlungene Buchstabenendbetonungen, die sich im Zeitalter des Barock ausbildeten (→ Elefantenrüssel).

Rune (altnord. run = geheimnisvolle Kunde) Die ältesten Schriftzeichen (auch Zauberzeichen) der Germanen.

Satzspiegel Die bedruckte Fläche einer Buchseite (→ Kolumne), ausschließlich → Pagina und → Marginalien.

Schablone Aus einer Platte ausgeschnittene oder ausgestanzte Form, die sich durch Nachzeichnen oder Überwalzen mit Farbe vervielfältigen läßt.

Schlagzeile Besonders auffällige Überschrift in einer Zeitung oder Zeitschrift.

Schriftgrad Buchstabengröße, die bis vor nicht allzu langer Zeit nach dem Didot-System in Punkten, laut einer EG-Vereinbarung für jedes Schriftsystem jedoch nunmehr in mm angegeben wird.

Schwabacher Erste rein deutsche Schriftschöpfung, mit der beginnenden Renaissance entwickelt aus der gotischen → Textura.

Schwellzug Schreibspur, die, entsprechend der verwendeten Feder, durch Ausüben und Nachlassen von Druck ein an- und abschwellendes Buchstabenbild ergibt.

Serife Schmuckvolle Betonung der Buchstabenenden.

Signet Zeichen (Drucker- oder Verlagszeichen), das aus Buchstaben in Verbindung mit sonstigen Zierformen besteht.

Skelettschrift → Grotesk.

Stempeldruck Letterndruck. – Druck von Stempeln, die man selbst herstellen kann (Kartoffel-, Korken-, Linol-, Materialdruck).

Stenographie → Kurzschrift.

Sütterlin-Schrift Schreibschrift, die von dem Graphiker Ludwig Sütterlin (1865–1917) entwickelt und 1915 in mehreren deutschen Ländern eingeführt wurde. Sie wurde 1942 durch die → Lateinische Schreibschrift ersetzt.

Tachygraphie (griech. = Schnellschrift) Eine Art Kurzschrift der Antike.

Textura (gotische Textura) Gebrochene Schrift, die stilistisch der Auffassung der Zeit entsprach: Sie war schmal und hoch. Gutenberg benutzte sie als Drucktype für seine 42-zeilige Bibel.

Triptychon (griech. = dreiteilig) Drei miteinander verbundene Tafeln, die als Schriftträger benutzt wurden. – Dreiteiliges Tafelbild, das aus einem feststehenden Mittelteil und zwei beweglichen Flügeln besteht.

Typographie Die künstlerische Gestaltung eines Druckwerks, wobei die Wahl von Type und → Schriftgrad, des → Satzspiegels und sein Stand auf der Buchseite u.v.m. eine Rolle spielen.

Umbruch Die Zusammenstellung der gesetzten Textspalten, gegebenenfalls mit Abbildungen, zu Seiten.

Unziale Mittelalterliche Mischschrift, in der sich der Wandel vom Groß- zum Kleinbuchstaben vollzieht. Ihr Buchstabenbild war rund und geschwungen.

Versalien (von lat. versus = Zeile) Großbuchstaben.

Vielfachzug Durch eine Vielfachzugfeder, deren Spitze abgeknickt ist, kann, je nach Federhaltung, das Buchstabenbild sehr vielfältig gestaltet werden.

Vignette (franz. = Weinranke) Ursprünglich das in Form zierlicher Weinranken die Ränder spätmittelalterlicher Handschriften belebende Ornament, auch die Rahmenbordüre einer Buchminiatur. – Typographischer Schmuck.

Wechselzug Durch eine abgeschrägte Schreibfeder erscheinen die einzelnen Buchstabenglieder mal breit, mal schmal.

Wiegendruck → Frühdruck.

Zahlzeichen Ziffer.

3 Literatur

a) Schrift allgemein und mit Schreibanleitungen

Arpe, Heinrich: Handbuch der Kunstschrift. Matthieser Verlag, Tübingen 1953

Bentele, Ernst: Schrift geschrieben, gezeichnet, angewandt. Gröner Verlag, Ulm – Söflingen 1952

Betzler, Emil: Neue Kunsterziehung. Hirschgraben-Verlag, Frankfurt/Main ²1956, bes. S. 125–131

Boencke, Heiner/Humburg, Jürgen: Schreiben kann jeder. Rowohlt Verlag, Reinbek bei Hamburg 1980

Degering, Hermann: Die Schrift. Ernst Wasmuth Verlag, Berlin 1939

Delitsch, Hermann: Umgang mit Buchstaben. Lehrbuch des künstlerischen Schreibens. Verlag für Schriftkunde, Heintze & Blankertz, Berlin – Leipzig 1937

Dostal, K. G.: Schreiberziehung. Verlag Leitner & Co., Zürich – Wunsiedel 1965

Eberle, Ortwin: Schrift schreiben und zeichnen. Lehrgang zur Erlernung der verschiedenen Schriftarten. Otto Maier Verlag, Ravensburg ⁹1967

Ehmcke, F. M.: Ziele des Schriftunterrichts. Eugen Diederichs Verlag, Jena 1929

Eule, Wilhelm: Mit Stift und Feder. Fachbuchverlag, Leipzig 1955

Frutiger, Adrian: Der Mensch und seine Zeichen – Zeichen erkennen, Zeichen gestalten. Verlag Horst Heiderhoff, Echzell 1978

Gerstner, Karl: Programme entwerfen – Programme als Schrift, als Typographie, als Bild, als Methode. Verlag Arthur Niggli, Niederteufen/Schweiz 1968 (erw. Neuauflage)

ders.: Kompendium für Alphabeten – Eine Systematik der Schrift. Verlag Arthur Niggli, Niederteufen/Schweiz 1972

Gourdie, Tom: Das Schriftschreiben. Übersetzung (Puffin Book of Lettering, 1961). Otto Maier Verlag, Ravensburg 1963

Hampel, P.: Schriftschreiben. Otto Maier Verlag, Ravensburg 1938

Hurm, Otto: Die Neugestaltung des Schriftbildes. Sonderdruck aus: Nachrichten der Gießener Hochschulgesellschaft, 24, 1955

Johnston, Edward: Hand- und Inschriften, Alphabete für Schulen, Fachklassen und kunstgewerbliche Werkstätten. 1922

ders.: Schreibschrift, Zierschrift, angewandte Schrift. Übersetzung von Anna Simons. Verlag Klinkhardt & Biermann, 1922, Braunschweig ⁵1955

Kaempffe, Albert: Das ABC der Kunstschrift. Eine Anleitung zum leichten Erlernen der Kunstschriftformen für Schule und Beruf. Hrsg. von der Fa. Brause & Co., Iserlohn 1950

ders.: Die Druckschriften und ihre geschriebenen und historischen Vorbilder. Typographische Beilage in: Druckspiegel, 4, 1953, Otto Blersch Verlag

Kapr, Albert: ABC-Fundament zum richtigen Schreiben. Fachbuchverlag, Leipzig 1958

ders.: Deutsche Schriftkunst. VEB Verlag der Kunst, Dresden 1955

Kläger, Max: Schrift und Typographie im Unterricht. Don Bosco Verlag, München 1969

Koblo, Martin: Schriftschule. Brandstetter Verlag, Wiesbaden 1959

Koch, Rudolf: Das Schreibbüchlein. Bärenreiter Verlag, Kassel 1930

Kühne, Hans: Schriftschule. Georg Kallmeyer Verlag, Wolfenbüttel 1961

Kuhn, Robert (Hrsg.): Schriftgestaltung. Bd. 22: Schriften zur Kunsterziehung. VEB Verlag Volk und Wissen, Berlin (Ost) ⁴1975

Lange, Wilhelm, H.: Schriftfibel. Franz Steiner Verlag, Wiesbaden ³1944

ders.: Schriftfibel. Franz Steiner Verlag, Wiesbaden 1951 (1941 erstmals erschienen unter dem Titel: Kleine Schriftfibel)

Melchior, Friedrich: Erfolgreicher Schreibunterricht. 60 Fragen, 60 Antworten zum Schreibunterricht. Hrsg. von der Fa. Brause & Co., Iserlohn

Nerdinger, Eugen: Buchstabenbuch. Schriftentwicklung, Formbedingungen, Technik, Schriftsammlung. Verlag Georg Callwey, München 1954

Stiebner, Erhardt D./Leonhard, Walter: Bruckmann's Handbuch der Schrift. Unter Mitarbeit von Johannes Determann, Philipp Luidl und Alfons Huber. Verlag F. Bruckmann, München 1977

Trümper, Herbert (Hrsg.): Handbuch für Kunst- und Werkerziehung. Rembrandt Verlag, Berlin (West) 1953 ff. Bd. I: Die Bildnerischen Arbeitsbereiche, S. 229–244: Schrift. Von Bodo Toussaint. 1953 – Bd. III: Eingestreute Unterweisungen in Schrift für die verschiedenen Altersstufen (Volksschule). Von Herbert Trümper. 1963

Tschichold, Jan: Schriftkunde. Schreibübungen und Skizzieren. Verlag des Druckhauses Tempelhof. Berlin (West) 1951

ders.: Erfreuliche Drucksachen durch gute Typographie. Otto Maier Verlag, Ravensburg 1960

b) Schriftvorlagen

Klingspor, Karl: Über Schönheit von Schrift und Druck. Kurt Schauer Verlag, Frankfurt/Main 1949

Kriwet, Ferdinand: COM. MIX. Die Welt der Schrift- und Zeichensprache. Verlag M. DuMont Schauberg, Köln 1972 (studio dumont)

Lehner, Ernst: Symbols, Signs & Signets. The World Publishing Company, Cleveland – New York, 1950

Petzendorfer, L.: Hoffmanns Schriftatlanten. Verlag Julius Hoffmann, Stuttgart 1894 ff. Schriftatlas Bd. I und II (Neue Folge), 1903–1915: Alphabete, Initialen, Monogramme (Jugendstil) – 1952: Moderne Schriften

Rosen, Ben: Typos – Das große Buch der Druckschriften. Hrsg. von Kurt Weidemann. Otto Maier Verlag, Ravensburg 1963

Zapf, Hermann/Rosenberger, August: Feder und Stichel. Trajanus-Presse, Frankfurt/Main 1952

c) Handschrift

Brudi, Walter: Das Abenteuer der Handschrift. Akademie der Bildenden Künste, Stuttgart 1958

Cobbaert, Anne-Marie: Graphologie. Schriften erkennen und deuten. Ariston-Verlag, Genf/Schweiz 1973

Thompson, George L.: Better Handwriting. 1954, letzte Auflage 1957 (Puffin Picture Book 96)

Günther Wagner, Pelikan-Werke (Hrsg.): Schrift und Schreiben – Praxis des Schreibens – Lebendiges Schreiben – Grundlagen der Schreiberziehung, Hannover 1970. Autoren: Martin Hermersdorfer, Offenbach; Arnold Lämmel, Hannover; Dieter Gramm, Heidelberg

Wittlich, Bernhard: Wert und Grenzen der Graphologie. Arthur Wittemann Verlag, München 1957

d) Historische Schriftentwicklung

Barthel, Gustav: Konnte Adam schreiben? Weltgeschichte der Schrift. Von der Keilschrift zum Komputersatz. Verlag M. DuMont Schauberg, Köln 1972

Benz, Richard/Schleicher, Ursula: Kleine Geschichte der Schrift. Verlag Lambert Schneider, Heidelberg 1956

Földes-Papp, Károly: Vom Felsbild zum Alphabet. Die Geschichte der Schrift von ihren frühesten Vorstufen bis zur modernen lateinischen Schreibschrift. Belser-Verlag, Stuttgart 1966

Friedrich, Johannes: Geschichte der Schrift. Carl Winter Universitätsverlag, Heidelberg 1966

Gelb, I. J.: Von der Keilschrift zum Alphabet. Grundlagen einer Schriftwissenschaft. Verlag W. Kohlhammer, Stuttgart 1958

Goldschmidt, Victor: Die Entstehung unserer Buchstaben. Carl Winter Universitätsbuchhandlung, Heidelberg 1932

Jensen, Hans: Die Schrift der Vergangenheit und Gegenwart. VEB Verlag der Wissenschaft, Berlin (Ost) 1958

Melchior, Friedrich: Vom Werden unserer Schrift. Hrsg. zum 100jährigen Bestehen der Fa. Brause & Co., Iserlohn

Meyer, Hans Eduard: Die Schriftentwicklung. Graphis Press, Zürich/Schweiz 1958

Riegger-Baurmann, Roswitha: Schrift im Jugendstil. In: Börsenblatt für den deutschen Buchhandel, Sondernummer 21. 4. 1958, Frankfurt/Main

Tschichold, Jan: Meisterbuch der Schrift. Otto Maier Verlag, Ravensburg 1965

ders.: Geschichte der Schrift in Bildern. Holbein Verlag, Basel/Schweiz 1964

Virl, Hermann: Die Entstehung und Entwicklung der Schrift. Otto Blersch Verlag, Stuttgart 1949

e) Schreibmeister und Schreibmeisterbücher

Doede, Werner: Bibliographie deutscher Schreibmeisterbücher von Neudörffer bis 1800. Verlag Dr. Ernst Hauswedell & Co., Hamburg 1957

Jessen, Peter: Meister der Schreibkunst aus drei Jahrhunderten, Julius Hoffmann Verlag, Stuttgart 1936

Zapf, Hermann: William Morris. Klaus Blankertz Verlag, Scharbeutz/Lübecker Bucht 1949

f) Gutenberg

Kleukens, Christian Heinrich: Die Kunst Gutenbergs. In: Mainzer Druck, Nr. 1, Mainz 1951

Presser, Helmut: Gutenberg. Rowohlt Verlag, Reinbek bei Hamburg 1967 (Rowohlts Monographien Nr. 134)

Ruppel, Alois: Gutenberg. Verlag Gebr. Mann, Berlin (West) [2]1947

ders.: Gutenberg. Reta Baumann Verlag, Bayreuth 1957

g) Buchgestaltung (Typographie) und Buchdruck

Bass, J.: Das Buchdruckerbuch. Deutscher Fachzeitschriften- und Fachverlag, Stuttgart 1953

Barthel, Gustav/Krebs, Ulrich C. A.: Das Druckwerk. Verlag Berliner Union, Stuttgart 1963

Dahl, Svend: Geschichte des Buches. Verlag Karl W. Hiersemann, Leipzig 1941

Funke, Fritz: Buchkunde. VEB Verlag für Buch- und Bibliothekswesen, 1963

Hiller, Helmut: Wörterbuch des Buches. Verlag Vittorio Klostermann, 4., vollst. neu bearb. Aufl. Frankfurt/Main 1980

Kapr, Albert: Buchgestaltung. VEB Verlag der Kunst, Dresden 1963

Klein, Heijo: DuMont's kleines Sachwörterbuch der Drucktechnik und grafischen Kunst. DuMont Buchverlag, Köln 1975 (DuMont Taschenbücher, Band 15)

Koschatzky, Walter: Die Kunst der Graphik. Deutscher Taschenbuchverlag, München 1975

Lange, Wilhelm H.: Das Buch im Wandel der Zeiten. Franz Steiner Verlag, Wiesbaden 1951

Lewis, John: Typografie. Grundlagen und Experimente. Otto Maier Verlag, Ravensburg 1969

Luidl, Philipp: Typografie neu. Verlag W. Kohlhammer, Stuttgart – Berlin – Köln – Mainz 1971

Martin, Walter: Kleines Fremdwörterbuch des Buches und des Schriftwesens. VEB Verlag Otto Harrassowitz, Leipzig 1959

Presser, Helmut: Das Buch vom Buch. Carl Schünemann Verlag, Bremen 1962

Rahmer, Albert: Kleine Schule der Typographie. Otto Blersch Verlag, Stuttgart 1966

Ruder, Emil: Typographie. Ein Gestaltungslehrbuch. Verlag Arthur Niggli, Niederteufen/Schweiz 1977

Schramm, Albert: Schreib- und Buchwesen einst und jetzt. Verlag Quelle & Meyer, Leipzig 1921

Steinberg, S. H.: Die Schwarze Kunst. 500 Jahre Buchwesen. Prestel Verlag, München 1955

Thomas, Alan G.: Alte Buchkunst. Ariel-Verlag, Frankfurt/M. o.J.
Tschichold, Jan: Leben und Werk des Typographen Jan Tschichold. Mit einer Einleitung von Werner Klemke. VEB Verlag der Kunst, Dresden 1977

h) Bücher und Kataloge mit Beispielen zur modernen Schriftgestaltung

Damase, Jacques: Révolution Typographique. Edition Motte, Genève/Schweiz 1966
Fetcher, Alan/Forbes, Colin/Gill, Bob: Graphic Design. Visuel Comparisons. Reinhold Publishing Corporation, New York, Studio Vista, London, 1963; dt. Otto Maier Verlag, Ravensburg 1968 ff.
Die Kunst der Schrift. Katalog der UNESCO-Ausstellung. Hrsg. von der Staatlichen Kunsthalle Baden-Baden. Verlag Dr. Ernst Hauswedell & Co., Hamburg – Baden-Baden 1964
Schrift und Bild. Katalog. Hrsg. von der Staatlichen Kunsthalle Baden-Baden. Typos Verlag, Frankfurt/Main 1963
Typo Mundus. Reinhold Publishing Corporation, New York, Studio Vista, London; dt. Otto Maier Verlag, Ravensburg 1966

i) Spezialliteratur

Ebenböck, Fritz: Handbuch für Papier, Schrift und Druck. Otto Elsner Verlagsgesellschaft, Berlin – Leipzig 1943
Goldschmidt, Victor: Die Entstehung unserer Ziffern. Carl Winter Universitätsbuchhandlung, Heidelberg 1932
Kerner, Günter/Duroy, Rolf: Bildsprache 1. Don Bosco Verlag, München 1977
dies.: Bildsprache 2. Don Bosco Verlag, München 1981
Kowalski, Klaus: Die Wirkung visueller Zeichen. Ernst Klett Verlag, Stuttgart 1975
Kutter, Markus: Abschied von der Werbung. Verlag Arthur Niggli, Niederteufen/Schweiz 1976

Martin, Ernst: Die Schreibmaschine und ihre Entwicklungsgeschichte. Verlag Johannes Meyer, Pappenheim 1943

Mentz, Arthur: Geschichte der Kurzschrift. Heckners Verlag, Wolfenbüttel 1949

Müller-Brockmann, Josef: Geschichte der visuellen Kommunikation. Von den Anfängen der Menschheit, vom Tauschhandel im Altertum bis zur visualisierten Konzeption der Gegenwart. Verlag Arthur Niggli, Niederteufen/Schweiz 1971

Rademacher, Helmut: Das deutsche Plakat von den Anfängen bis zur Gegenwart. VEB Verlag der Kunst, Dresden 1965

Renker, Armin: Das Buch vom Papier. Insel-Verlag 1934

Schindler, Herbert: Monographie des Plakats. Süddeutscher Verlag, München 1972

Vorstius, Joris: Grundzüge der Bibliotheksgeschichte. VEB Verlag Otto Harrassowitz, Leipzig ^{5}1954

Abbildungsnachweis

Berlin (West), Verlag Walter de Gruyter   Abb. 17

Frankfurt/Main, ABDA – Bundesvereinigung Deutscher Apothekerverbände   Abb. 170

Hannover, Pelikan Aktiengesellschaft   Abb. 162

Heidelberg, Lossen Foto   Abb. 205

Herrsching, Schuler Verlagsgesellschaft mbH   Abb. 123a

Hildesheim, Hermann Wehmeyer   Abb. 180b

Hürth, Heinz Josef Schmitz   Abb. 140

Köln, Archiv DuMont Buchverlag   Abb. 6b, 32, 33, 47, 75, 77, 78, 80, 110a–c, 117, 124a, b, 125, 128, 129, 130, 131, 133, 143, 144, 147, 148, 154, 163, 164, 178a, 182, 197b–d, 200a, b, 201

Köln, Druckerei Willi Frings   Abb. 80

Köln, Pauli-Bach + Partner GmbH   Abb. 157

Köln, Rheinisches Bildarchiv   Abb. 179b, 181

Köln, Heinz Salberg   Abb. 49, 56, 177

Köln, Horst Schmidt-Brümmer   Abb. 138b

München, Deutsches Museum   Abb. 142

Nürnberg, Germanisches Nationalmuseum   Abb. 183

Paris, H. Roger-Viollet   Abb. 180a

Folgende Abbildungen wurden nach folgenden Werken reproduziert:

Abb. 14a, b, 41: Handarbeitsheft Nr. 1, 1973, S. 241, 48, 243. Orbis-Verlag, Hamburg

Abb. 34: Bernd Bexte/Reinhard Nißle/Wera Mertens, Letraset Typen. Deutsche Letraset GmbH, Frankfurt/Main 1976

Abb. 76, 106, 152, 202–204: Philipp Luidl, Typografie neu. Verlag W. Kohlhammer, Stuttgart – Berlin – Köln – Mainz 1971, S. 44, 138, 101, 108, 104/105

Abb. 79: Schlag nach. Bibliographisches Institut, Mannheim [10]1972, S. 419

Abb. 89: Letraset Handbuch Graphik Design. Deutsche Letraset GmbH, Frankfurt/Main

Abb. 99: Jan Tschichold, Meisterbuch der Schrift. Otto Maier Verlag, Ravensburg 1965, S. 112

Abb. 107a, b: Rasch, Druckerei und Verlag GmbH & Co. KG, Schriftmusterbuch

Abb. 121, 122: Ich sag dir alles. Mosaik Verlag GmbH, München 1980, S. 453

Abb. 123b: Edgar P. Vorndran, Entwicklungsgeschichte des Computers. VDE-Verlag GmbH, Berlin – Offenbach 1982, Umschlagtitel

Abb. 124a, b: Jan Tschichold – Leben und Werk des Typographen Jan Tschichold. VEB Verlag der Kunst, Dresden 1977, S. 20, 94

Abb. 151: Guy Peellaert/Pascal Thomas, Pravda. Carl Schünemann Verlag, Bremen 1968, S. 31

Abb. 162: Das Werben für den Pelikan. 125 Jahre Pelikan. Hrsg. von der Fa. Pelikan, Hannover

Abb. 173, 174: rororo Duden-Lexikon, Bd. 6. Rowohlt Verlag, Reinbek bei Hamburg 1973, Umschlag-Innenseiten und S. 2160

Abb. 176: Sehen und Hören. Design + Kommunikation. Ausstellungskatalog. Kunstgewerbemuseum Köln, 1974, S. 65

Abb. 190: René Magritte und der Surrealismus in Belgien. Ausstellungsprospekt. Kunstverein Hamburg, 1982

Abb. 194: dtv-Lexikon, Bd. 16. Deutscher Taschenbuch Verlag, München 1979, S. 209, 210, erarbeitet nach: Der Neue Brockhaus. Verlag F. A. Brockhaus, Wiesbaden [6]1979

Alle übrigen Abbildungsvorlagen wurden von der Autorin gezeichnet oder stammen aus dem Archiv der Autorin.

Copyrightnachweis

Autorin und Verlag danken allen, die durch ihre Unterstützung – sei es durch Abbildungsmaterial oder durch die Genehmigung zur Reproduktion – bei der Entstehung dieses Buches hilfreich waren (in einigen Fällen ließen sich Urheber oder Auftraggeber eines zitierten Bildbeispiels leider nicht mehr ermitteln). Der besondere Dank der Autorin gilt den Schülerinnen und Schülern, die ihr bereitwillig besonders gelungene Arbeiten für ihr Archiv und zu Reproduktionszwecken überließen.

Register

Die kursiv gedruckten Seitenzahlen verweisen auf das jeweilige Stichwort in den Erläuterungen der Fachbegriffe (S. 281 ff.).

DuMont's Handbuch für Grafiker

Eine Anleitung für die Praxis

Von Hugo Günter Magnus. 256 Seiten mit 53 Seiten farbigen Abbildungen, über 300 einfarbigen Abbildungen und Zeichnungen in Diagrammen, Literaturverzeichnis, Verzeichnis von Werkzeug und Werkstoff-Material, Leinen mit Schutzumschlag

»Wer als Praktiker dieses Buch durchblättert, wird sofort feststellen: hier hat ein Profi all das praktische Wissen und Werkzeug zum Handwerk des Grafikers in einer nachvollziehbaren Anleitung weitergegeben: vom richtigen Härtegrad des Bleistiftes für Schraffuren, über die verschiedenen Zeichen- und Malverfahren, Spritz- und Stubstechniken bis hin zu modernen Layout- und fotomechanischen Verfahren. Vorbildlich auch: die durchgängige Qualität der Illustrationsbeispiele. Insgesamt ein Buch, das nicht nur dem Berufsanfänger zu empfehlen ist, sondern als Handbuch auch dem Profi noch manche Hilfe an die Hand zu geben vermag.«   *form*

»Obgleich dieses praxisnahe Handbuch mehr für den Gebrauchsgrafiker bestimmt ist, bietet dieses sorgfältig ausgestattete Buch auch für den Künstler Wertvolles an Materialhinweisen. Die klare Anordnung, der knapp und präzise gehaltene Text und das Bildmaterial erhöhen den Nutzwert dieses Bandes.«   *Graphische Kunst*

DuMont's Handbuch der grafischen Techniken

Manuelle und maschinelle Druckverfahren – Hochdruck, Tiefdruck, Flachdruck, Durchdruck – Reproduktionstechniken – Mehrfarbendruck

Von Fons van der Linden. 228 Seiten mit 33 farbigen und 452 einfarbigen Abbildungen, Register, Leinen mit Schutzumschlag

»Van der Linden definiert, erklärt, demonstriert an Beispielen und mit Hilfe schematischer Zeichnungen die einzelnen Verfahren. Er geht auf ihre manuelle Handhabung seit ihrem Aufkommen ein und verweist auf ihre maschinelle Verwendung. Dies alles mit wohltuend prägnanter Klarheit, bereichert mit vielerlei Anmerkungen zu Papierqualitäten, Ätzgründen, Farben, Schadensquellen, Schadensäußerungen und Schadensbehebungen, Auflage-Erwartungen, die den wissensbegierigen Sammler besonders ansprechen.«   *Rheinische Post*

»Wer sich einen umfassenden Überblick über die vier grundlegenden Druckarten verschaffen will, für den ist dieses Buch gut geeignet. Es werden ausführlich alle Spezialtechniken, ihre Arbeitsweisen sowie die benötigten Werkzeuge und Hilfsmittel beschrieben. Eine übersichtliche Gliederung, ein umfangreiches Stichwortregister sowie 485 Abbildungen machen das Buch zu einem idealen Hilfsmittel für den interessierten Laien, aber auch für den beruflich mit dieser Materie befaßten.«   *Wiesbadener Kurier*

DuMont Taschenbücher

Band 2
Horst W. und Dora Jane Janson
Malerei unserer Welt

Band 3
August Macke – Die Tunisreise

Band 4　Uwe M. Schneede
René Magritte

Band 6　Karin Thomas
**DuMont's kleines
Sachwörterbuch zur Kunst
des 20. Jahrhunderts**

Band 8　Christian Geelhaar
Paul Klee

Band 12　José Pierre
**DuMont's kleines Lexikon
des Surrealismus**

Band 13　Joseph-Émile Muller
**DuMont's kleines Lexikon
des Expressionismus**

Band 14　Jens Christian Jensen
Caspar David Friedrich

Band 15　Heijo Klein
**DuMont's kleines Sachwörter-
buch der Drucktechnik und
grafischen Kunst**

Band 17　André Stoll
**Asterix – das Trivialepos
Frankreichs**

Band 18　Horst Richter
**Geschichte der Malerei
im 20. Jahrhundert**

Band 22　Wolfgang Brückner
Elfenreigen – Hochzeitstraum

Band 23　Horst Keller
Marc Chagall

Band 25　Gabriele Sterner
Jugendstil

Band 26　Jens Christian Jensen
Carl Spitzweg

Band 27　Oto Bihalji-Merin
Die Malerei der Naiven

Band 29
Herbert Alexander Stützer
Die Etrusker und ihre Welt

Band 30
Johannes Pawlik (Hrsg.)
Malen lernen

Band 31　Jean Selz
**DuMont's kleines Lexikon
des Impressionismus**

Band 32　Uwe M. Schneede
George Grosz

Band 33
**Erwin Panofsky
Sinn und Deutung in der
bildenden Kunst**

Band 35　Evert van Uitert
Vincent van Gogh

Band 38　Ingeborg Tetzlaff
**Romanische Kapitelle
in Frankreich**

Band 39　Joost Elffers (Hrsg.)
DuMont's Kopfzerbrecher
TANGRAM

Band 41　Heinrich Wiegand Petzet
Heinrich Vogeler – Zeichnungen

Band 43　Karl Heinz Krons
Gestalten mit Papier

Band 44　Fritz Baumgart
**DuMont's kleines Sachlexikon
der Architektur**

Band 45　Jens Christian Jensen
Philipp Otto Runge

Band 47　Paul Vogt
Der Blaue Reiter

Band 48　Hans H. Hofstätter
Aubrey Beardsley – Zeichnungen

Band 50
**Conrad Fiedler
Schriften über Kunst**

Band 52　Jörg Krichbaum/
Rein A. Zondergeld
**DuMont's kleines Lexikon
der Phantastischen Malerei**

Diaserien: FOTOGRAFIE · ZEICHENSYSTEME

Wahrnehmungsbereich: Stadt *von I. Ebeling, H. Schmidt-Brümmer, A. Schulz.* – Bildmanipulationen (Zerlegung, Reihung, Gegenüberstellung, Reduktion, Collage) als Methode, Sehgewohnheiten in der städtischen Umwelt aufzudecken. 12 Farbdias, meth.-did. Begleitheft, Literatur. **Best.-Nr. 81042.**

Logotypen *von Ingelore Ebeling.* Eine Sammlung von Schrift-Bild-Kürzeln insbesondere aus der Filmwerbung: auf T-shirts, Tüten, Autoaufklebern etc. – Kleinkunststücke zur sofortigen Wahrnehmung. 12 Dias, Sachanalyse, meth.-did. Hinweise und fotokopierbares Arbeitsblatt für die SE I + II, Literatur. **Best.-Nr. 80034.**

Der Kölner Dom als Zeichen *von Ingelore Ebeling.* Abbilder des Kölner Doms, die massenhaft auf Souvenirs, Aufklebern, Verpackungen etc. kursieren. Vom Wahr- zum Warenzeichen: Erkennung, Erinnerung, Aneignung. – 12 Farbdias, Sachtext unter zeichentheoretischem Aspekt, meth.-did. Hinweise SE I + II, Literatur. **Best.-Nr. 79033.**

Triviale Negerbilder *von Walter Grasskamp.* – Kolonialistisch verzerrte Bildmotive in europäischer Werbung und Buchillustration: der infantile, servile und fröhliche Mohr, der primitive Menschenfresser. Diener- und Trägerfiguren auf Plakaten, Verpackungen und Markenzeichen. 12 Farbdias, Sachtext, Literatur. **Best.-Nr. 78032.**

Die 50er Jahre: Idole – Mode – Wohnen *von Wilfried Dickhoff und Regina Boecker.* Ästhetische Begleitfiguren und Attribute des Alltags dieser Zeit. Mode, Architektur, Wohnungseinrichtung, Haushaltsgeräte und Autos, Idole und Verhaltensmuster. – 24 Dias (mit insg. 62 Abb.), Sachtext, did. Hinweise, Literatur. **Best.-Nr. 81101.**

Bestellungen und Prospektanforderung direkt bei
Vista Point Verlag · Gereonshof 30 · 5000 Köln 1 · Tel. 02 21 / 13 34 02